盘点各国"出轨观" ……………… 232
玛德琳娜与马卡龙 ……………… 233
拉菲堡：顶级酒庄之旅 ………… 58

**改变生活的四大心理发现** ……… 235
人均100岁的世界什么样 ……… 153
要想老的慢，购物、运动、玩游戏 … 239
消费习惯与大脑有关 …………… 242
环境与儿童健康的真相与谬误 … 167
人生逢九必出事？ ……………… 174
关于情绪的八个传说与事实 …… 240
远程医疗，离我们有多远 ……… 144
我们为何无法及时用上创新药 … 222
从指甲看健康 …………………… 102
每天吃够20种食材 ……………… 246
吃饭不能"趁热吃" ……………… 9
慢吃饭的四大招数 ……………… 247
为什么人民币没有3元 ………… 181

# 行政法院的设想与前途

□葛江涛

权力缺乏有效制约,是法治中国建设要直面的难题。设立独立的行政法院可以对公权力中最主要的部分——行政权形成有效制约。

十二届全国人大常委会第十一次会议于2014年11月1日上午在北京人民大会堂闭幕,表决通过全国人大常委会关于修改《行政诉讼法》的决定。

"民告官"在中国多年来一直被视为依法治国的标志之一。此次《行政诉讼法》修改,亦在依法治国、依法执政的背景下,被寄予厚望。

其间,一直被行政法学界强烈呼吁的行政法院设立问题再次被提出。

据新华社报道,十二届全国人大常委会第十次会议分组审议行政诉讼法修正案草案时,部分与会的全国人大常委会组成人员建议,必要时可设立行政法院,应对当前行政诉讼存在的问题。

以十二届全国人大财经委员会副主任委员辜胜阻为代表的常委们建议,将修正案草案二审稿第四条第二款修改为:人民法院设行政审判庭审理行政案件,必要时最高人民法院可以设立跨行政区域的行政审判机构审理行政案件。

最终在新的《行政诉讼法》中,第18条规定修改为:"最高人民法院批准,高级人民法院可以根据审判工作的实际情况,确定若干人民法院跨行政区域管辖行政案件。"

就设立行政法院建议的若干问题,本刊记者专访了中南大学法学学院院长陈云良。他同时也是国家社科基金重大项目"加快法治中国建设研究"等研究的核心成员。

## 十万比数百万

**《瞭望东方周刊》**:自《行政诉讼法》颁布至今已有25年,你如何看中国的行政诉讼现状?

**陈云良**:1989年通过的《行政诉讼法》为中国法治建设开启了"民告官"的制度先河,这对于破除传统等级观念,培育法律面前人人平等的法治文化,限制行政权力膨胀,监督政府,建构权利制约权力体制,具有里程碑式的意义。无论是法学界还是实务界一致认为,《行政诉讼法》在法治启蒙刚刚开始的

读者参考丛书
(122)
最合宜的位置
目录

行政法院的设想与前途 …………………… 1
治理当前政治生态中的八种不良现象 …… 7
当前国际形势演变的十个特点 …………… 10

**"中国制造"早已超越"山寨"时代**
——专访美国《连线》杂志前主编
克里斯·安德森 ………………… 15
"一带一路"重新定位中国地缘战略 ……… 20
"新常态下"如何用好外汇储备 …………… 21
什么是适当的货币政策 …………………… 24
美国放宽签证背后的经济账 ……………… 25
要让蓝领有机会向中产阶层成长 ………… 26
支付宝十年账单反映经济变迁 …………… 28
钱多活少路近,经济学家怎么看 ………… 31

**当下社会的十二种孤独** …………………… 33
"为坏人辩护"的刑辩律师 ………………… 29
冯仑:互联网没变,我们全变了 ………… 35
建立"金字塔"型分级医疗体系
——专访北京市医改办主任韩晓芳 ……… 37
快递员改变中国 …………………………… 40
笔记分析师的技术与江湖 ………………… 48
解密空气净化器 …………………………… 43

**80后独生父母调查** ………………………… 50
六种父爱 …………………………………… 52
母亲这种病 ………………………………… 55
你何以为报 ………………………………… 57
原本的味道最好 …………………………… 61

**狷老太** ·················· 23
叶兆言：面对女儿，我比想象的
　　更俗不可耐 ············ 66
郑渊洁：我的童话不公主、不王子，
　　是预防针 ············· 62
吴念真：台湾最会讲故事的人 ······ 69
阮仪三：古城镇"保护神" ········ 71
资本大亨汪嘉伟 ············· 75
令大海臣服的女王 ············ 84

**人生三境界** ··············· 42
什么是好生活 ·············· 27
花时间去做无用的事 ··········· 87
我为什么不能低头 ············ 54
做一个对自己有要求的人 ········· 94
最合宜的位置 ·············· 96
吃饭与时间 ··············· 99
放下的智慧 ··············· 97
狡猾是一种冒险 ············· 100
一个人的医院 ·············· 104
同学圈：只谈风月不谈风云 ······· 107
学学年轻一代的好心态 ········· 109

**改革太急与期待太高的中国大学** ······ 111
如何教学生读宪法 ············ 115
"穷养"孩子的标准是什么 ········ 112
这些答案一定要让孩子记住 ······· 116
家长五句最有魔力的话 ········· 110
一堂哲学课 ··············· 121

刘小枫谈古典教育 ………………………… 77
澳大利亚的独特家教 ……………………… 124
"成功学",多少人深受其害 ……………… 128
适合比努力更重要 …………………………… 73

**中国综艺少了一根原创筋** ……………… 129
我们追过的日本女神 ……………………… 135
音乐的声与味 ……………………………… 137
歌词打败汉语 ……………………………… 142

**陈丹青:我不过是在意淫** ……………… 138
李银河:我的小说没人敢出版 …………… 127
七十年代人的心灵史
——专访老舍、鲁迅文学奖获得者徐则臣
……………………………………………… 146
书应该是美丽的 …………………………… 93
闲书的味儿 ………………………………… 152
趣味诗谈 …………………………………… 118
名人书斋名趣话 …………………………… 156
中国传统敬辞你会用吗 …………………… 157

**太平轮沉船事件回放** …………………… 160
苏联"帝国大厦"倾塌之谜 ………………… 162
上海碉堡 …………………………………… 170
民国教授捞外快也很嗨 …………………… 122
香奈儿竟是纳粹间谍 ……………………… 173

**人类存在的意义** ………………………… 176
国民奴性如何产生 ………………………… 179

## 中美军事技术上的"时间差" ……… 150
中国核潜艇的第一代设计者 ……… 182
生物武器：用于战争的四大短板 ……… 186
移民外星还要多久 ……… 187
未来，机器是否会取代人工翻译 ……… 194

## 昔日北京的春日饮食 ……… 196
武康路：百年沪上名人路 ……… 189
大雅和谐：西安的城市特色之道
——专访中国工程院张锦秋院士 ……… 203
满载浪漫故事的中国爱情桥 ……… 201

## 中国护照有多少"含金量" ……… 212
上海距离国际顶尖大都会还有多远 ……… 114
移民：到欧洲去 ……… 214
"世界快乐地图"巡礼 ……… 208
竖版《世界地图》能解读出什么 ……… 105
一百年后世界讲什么语言 ……… 158
环球老年福利趣闻 ……… 217
九大世界遗产地令你心生敬畏 ……… 125
"美式扶贫"有多精准严密 ……… 219
德国：避难者的天堂 ……… 131
十道"柏林墙"至今依然矗立 ……… 184
英国就诊记 ……… 225
荷兰：可持续的自行车 ……… 89
维也纳咖啡地图 ……… 227
创办二十年的日本"今年汉字" ……… 4
韩国人的泡菜情结 ……… 165
游在南极梦在心 ……… 228

时代能够克服重重阻力顺利通过，是中国民主与法治建设的重大进步。立法参与者无不视之为人生重大成就。

《行政诉讼法》实施后，"民告官"不再是一件"大逆不道"的事，涌现了一批典型案例。行政诉讼原告胜诉率一度达到30%，实属不易，进步巨大。

但近年来，行政诉讼也存在立案难、审理难、执行难、上诉率高的困境。一些地方官员常以各种名义阻挠法院受理行政案件。因为法院在地方还没有独立性，受制于地方政府，不敢、不愿受理行政诉讼案件，行政庭"门前冷落鞍马稀"。

一直以来，全国行政诉讼案件稳定在每年10万至12万件。而人口只有8000万的德国，行政法院每年受理案件达30万件；人口不到1000万的瑞典，2011年行政法院受理案件总数为12.86万件。

据最高人民法院统计数据，2011年全国以不予受理和驳回起诉结案的行政案件，占全部一审结案总数的7.8%，是民商事案件的7.8倍。大量行政案件被拒之门外。信访不信法，每年行政诉讼只有10万件，而信访案件则达数百万件之巨。

## 权力缺乏有效制约是最大难题

**《瞭望东方周刊》**：行政诉讼为何出现这样的情况？

**陈云良**：立案难，立案以后要排除行政干扰作出公正的判决更难，导致上诉率畸高。据介绍，全国行政诉讼案件上诉率超过70%，有的省份甚至达到100%。有的判决政府败诉，但要得到执行难度也很大。

根据原《行政诉讼法》第13条规定，对地市级政府提起的行政诉讼由基层人民法院受理；根据原《行政诉讼法》第14条规定，中级人民法院管辖对国务院各部门或者省、自治区、直辖市人民政府所作的具体行政行为提起诉讼的一审案件。

由基层法院去审判地市级政府，由中级法院去审判省级政府，挑战显然很大。

上世纪90年代，某法院法庭庭长受理了以省政府为被告的案件，给省领导发了张传票，惹得领导大发雷霆，撤了庭长的职。现在各地中级法院较难受理以省级政府为被告的案件，20多年来，也几乎没有看到省级政府作被告的案件。

这次通过的新《行政诉讼法》有了重大进步，第15条规定，起诉县级人民政府行政行为的，由中级人民法院管辖。但还没有彻底改变下级审上级的局面。

鉴于行政审判专事于行政主体行政行为的审查、判决，是对公权力的直接监督，为了保证审判不受干扰、牵制，公正裁决，必须形成相对独立的行政审判系统。尤其需要尽快设立独立的行政法院,对行政权有效制约,从整体上而不是在局部和个案上,根本扭转权力腐败、政风不清的局面。

权力缺乏有效制约,是法治中国建设必须直面的难题。设立独立的行政法院可以对公权力中最主要的部分——行政权形成有效制约。

可能有人会说,现在的司法体制改革方向,确立了省级以下法院独立于地方政府,可以解决政府干扰行政诉讼的问题,单独设立行政法院没有多大必要。但行政审判和其他民事、刑事审判不同,要求更高的独立性。现有的按行政区划设立法院和省管思路,不能从根本上使行政审批摆脱地方干扰。特别是建设法治国家、法治政府需要根本解决权力制约问题,要对行政审判体制深化改革。探索有中国特色的社会主义法治道路,行政审判体制改革应当走在前面。

### 怎样设立行政审判系统

**《瞭望东方周刊》**:根据法律界人士多年探讨,你对新的行政审判系统有何设想?

**陈云良**:我认为,鉴于我国行政权独大的现实国情,必须设立单独的行政法院,专事行政审判,监督行政权。行政审判系统可以按四级设立。

建议在北京设立华北、华南、西北三大高级行政法院,受理各区域内以省级政府及其部门为被告的一审行政案件;在各省会城市及直辖市设立二至三个中级行政法院,受理各区域内以地市级政府及其部门为被告的一审行政案件;在地级市根据现有行政案件数量设立若干基层行政法院,受理各区域内以县级政府及其部门、乡级政府等为被告的一审行政案件。

此外,由最高人民法院行政庭审理三大高级行政法院的上诉案件,不再另外单独设立最高行政法院;以国务院及其部门为被告的一审行政案件,原告可以选择三个高级行政法院中的任何一个为管辖法院,以减少国务院及其部门的干预和影响。

从现有行政诉讼案件的受理情况看,以省级政府及其部门为被告的案件不多,以地市级政府及其部门为被告的案件也很少,最多的还是以县级政府及其部门为被告的案件。因此,建设重点在基层行政法院。

由于在县区不再设行政审判机构,原来各县区的行政审判人员都可以调入基层行政法院,解决人手不够的问题。而为了避免人情关系对行政审判构成影响,原来的行政审判人员需要跨地区或跨省交流,其配偶和未成年子女根据本人意愿可对等随调。

为了保障行政审判的公正,还可以采取更彻底的方案。以县级政府及其部门为被告的一审行政案件,直接由中级行政法院管辖,但这

# 创办二十年的日本"今年汉字"

□龚志伟

围绕税金的一系列社会现象成为公众热议的话题,种种乱象不能不引发世人的深思,这也就是"税"字高居榜首的理由。

2014年12月12日,全日本一年一度的"今年汉字"评选结果揭晓。和往年相同,书写仪式在坐落于京都市东山区的清水寺举行,一方长1.5米、宽1.3米的和纸(日本纸)被事先树立在俗称"清水舞台"的正殿中,住持森清范挥毫写下"税"字。

## 2014税金乱象多

在谈到为何是"税"字脱颖而出时,森住持认为:"我之前根本没想到会是'税'字,最终数它得票最多,想必同税金在多数日本国民心目中的严峻形势不无关系。明年是羊年,以'羊'为偏旁且寓意吉祥的字有'祥',希望那将是平平淡淡的一年。"很多人对于这个结果也感到意外,一位生活在京都市的六十余岁男性就表示:"我觉得今年是多灾多难的一年,所以自己选了'灾'这个字。这些年围绕税金的选举也进行过多次了,至于如何才能更好、更有效地使用税金,必须有更多人共同来思考。"

来自兵库县的二十余岁青年女子对媒体谈道:"票选结果竟然是'税',对此我深感意外。希望来

样在省会城市设立的中级行政法院数量就要大幅增加。

同时,以省会城市市政府及其部门为被告的一审行政案件,可提高一级由高级行政法院审理。以乡级政府为被告的行政案件,由现有各中级人民法院行政庭审理,不再单独设立基层行政法院。

根据当前司法改革的趋势,基层行政法院和中级行政法院法官也可以由省级法官遴选机构遴选,由省级人大和地市一级人大任免,高级行政法院和最高法院行政庭法官与最高人民法院法官产生办法一致。

在独立的行政审判系统设立以后,还应大幅度扩大行政法院受案范围,抽象行政行为、行政决策行为等都应当列入可诉对象,发挥行政审判对行政权力的监督制约作用。

(摘自《瞭望东方周刊》2014年第46期)

年能够诸事顺遂,选出一个孕育希望的字。"也有人不那么意外,一位正在清水寺礼佛的大阪女子抱怨道:"合着该是这个字。今年政府加收消费税,大伙都碎碎念呢。"

"日本汉字能力检定协会"称,2014年4月日本政府把消费税从5%上调到8%,而手握决定权的国会议员和县议会议员们本该致力于税金的有效利用,结果却纷纷卷入"政治与金钱"的漩涡,围绕税金的一系列社会现象成为公众热议的话题。种种乱象不能不引发世人的深思,这也就是"税"字高居榜首的理由。

根据协会的统计,2014年票选排名第二的汉字是"热"。在年初的索契冬奥会上,日本代表团历经数次激烈鏖战(日文汉字"热战"),最终摘获1金、4银、3铜共计8枚奖牌,这是继1998年在本土举办的长野冬奥会(10枚奖牌)之后的最好成绩。另外,搞得全球人心惶惶的"登革热"和"埃博拉出血热"(日文汉字"热"有发烧的意思)也是"热"字高居次席的主要原因。

每当岁末,设在京都市下京区的"日本汉字能力检定协会"就会通过邮寄明信片和互联网这两大渠道向公众征集"今年汉字",从中统计出得票最多的一个予以公布。今年11月1日至12月5日,协会共向全日本社会征集到167613张票,其中8679票是"税",第2－10位分别是:热、嘘(相当于"谎言")、灾、雪、泣、喷、增、伪、妖(相当于"流言")。

**食品安全引发深思**

2014年是年度汉字评选活动举办二十周年,自从1995年第一次"今年汉字"开展以来,每一年的汉字均出自专攻书法的森清范住持之手。京都市在2014年的评选活动结束后,在境内悉数展出了这些年来由森住持挥毫写下的二十个汉字。

1995年末第一次当选"今年汉字"的是"震"。当年关西地区遭遇阪神地震,六千余人罹难,而且大阪、神户地区是日本第二大经济区,地震所造成的直接经济损失相当于当年整个中国大陆GDP的七分之一,阪神地震理所当然地成为那一年日本最重要的事。

1996年的汉字是"食"。当年春天,先是从位于关西的冈山县和大阪府的一些学校里爆发了O157大肠杆菌食物中毒事件,随后波及全日本,近九千人遭到感染。战后日本经历过多次食品安全事件,比如1955年森永毒奶粉事件,以及众所周知的1956年"水俣病",所以政府相对重视相关领域的立法、监测和执法工作,而且相比中国,日本民俗更加看重健康和清洁,一旦爆发食品安全危机,哪怕涉及范围再小,也会立刻引来全国的目光。无独有偶,1998年的"毒"和2007年的"伪"也出自食品安全,前者的起因是和歌山市发生人为的咖喱投毒事件，后者源于"不二"等一批名牌食品企业爆出售卖过期产品的丑闻。

1997年当选的汉字是"倒"字。尽管日本并不处在亚洲金融风暴的中心，但余波所及还是让包括拥有近百年历史的山一证券等一大批金融企业在短时间内宣告破产，即日文汉字所谓的"倒产"（汉语里的"倒闭"）。

2002年是"归"，以纪念"朝鲜绑架案被害者"回国。朝鲜在20世纪60-70年代陆续从日本沿海掳走十余名日本公民，2002年日朝两国举行第一轮首脑会谈，时任朝鲜最高领导人的金正日第一次承认此事的存在，随后送返一部分日本受害者。

2003年是"虎"，阪神"老虎"棒球队赢得日本职业棒球联盟冠军。美国势力范围下的东亚国家和地区几乎都热衷于棒球，日本更是把棒球作为第一国民运动（日文汉字"野球"）。

## "金"字两度当选

惟一两度当选"今年汉字"的是"金"。2000年悉尼夏季奥运会，与2012年山中伸弥荣膺诺贝尔生理奖，都让"金"字荣登那两年民众心目中最好的年度总结汉字。此外，2013年东京成功申办2020年夏季奥运会，为低迷的日本经济注入一针兴奋剂，于是"轮"字当选（日文以汉字"五轮"称奥运会）。

2005年是"爱"，当年日本皇室的纪宫清子公主出嫁，同年举办爱知世博会。2006年是"命"，这个汉字在日语中的义项近乎汉语中的"生命"，该年明仁天皇的次子秋篠宫喜获一子，这是少嗣的日本皇室时隔四十年后再添男婴——值得一提的是，前一名男婴正是秋篠宫本人。

也有一些和日本国内没有直接联系的字，比如1999年的"末"代表世纪末；2001年的"战"字当选是因为这一年爆发"9·11"事件，小布什政府旋即出兵阿富汗；2004年印尼发生海啸，该年的汉字是"灾"；2008年年末正好是民主党候选人奥巴马高呼"改变"的当口，于是在旋即开展的"今年汉字"选举中，"变"字高居榜首。

"今年汉字"有对一年的总结，有对社会乱象的抱怨吐槽，也有部分传递出温情。2011年3月，日本东部遭遇大地震，到了年底日本民众选择"绊"字作为一年的总结。汉语的"绊"字引申出"牵连"的义项，在日文体系里，它发展为该字的一个主要涵义即情感纽带。一方面，大地震让全日本团结一致、共克时艰，另一方面，人类在灾难面前所表现出的弱小也促使日本人反思平日生活，加倍珍惜人与人之间、尤其是亲人间的感情。

（摘自《世界博览》2015年第1期）

# 治理当前政治生态中的八种不良现象

□ 党健仁

习近平总书记在十八届中央纪委二次全会上指出:"改进工作作风,就要净化政治生态,营造廉洁从政的良好环境。"在中央政治局第十六次集体学习时的重要讲话中,他再次强调,要营造良好的从政环境,也就是要有一个好的政治生态。营造良好的政治生态,先得找到政治生态受污染的根源,以便对症下药。综合一些学者的观点,营造良好的政治生态,必须治理以下八种不良现象。

"不跑不送,原地不动"的潜规则。干部群众普遍认为买官卖官是最大的腐败,"不跑不送,原地不动;只跑不送,暂缓使用;又跑又送,提拔重用",已成为一些地方干部升迁的潜规则,民主推荐、组织考察、集体研究等有时不过是走程序、走过场。在这种潜规则支配下,卖官者权力寻租,甚至明码标价,买官者投其所好,钱贿、色贿、雅贿无奇不有,于是"带病在岗""带病提拔""边腐边升"现象频现,而不跑不送者的政治发展空间因为这种"不正当竞争"而被大大压缩。

"拼搏不如拼爹"的特权现象。"我爸是李刚",一语道破了当今拼爹的社会病。现在"官二代"现象比较突出,有的领导干部钻政策空子曲线调动亲属进公务员队伍,有的另辟蹊径通过"党外路线"安排子女进班子。焦裕禄、杨善洲等优秀的党员干部,他们严于律己的同时严格要求子女亲属,不搞任何特权。

"能力不如关系"的关系学。升学、就业、考公务员、评职称、提拔、买房子、打官司、出国等等很多事情上,拉关系走后门,经营关系进"圈子"现象盛行。大到帮派小到"老乡圈""同学圈""麻将圈",形成各种各样的利益团体。有关系走遍天下,无关系寸步难行。这种"无人不求人、人人都被求"的"中国式求人",往往挑战法律尊严、政府公信力、社会公平和市场规则,必然导致权钱交易、人身依附。

"琢磨事不如琢磨人"的投机钻营。常言道:"君子做事,小人'做人'。"这里所谓的"做人"是指琢磨、算计人、拉关系。品行正派的人把精力用在事业上,心术不正的人则把心思用在投机钻营上,"琢磨事不如琢磨人"成了一些人的金科玉律。琢磨领导,了解他的喜怒哀乐,投其所好;琢磨对手,掌握他的弱点软肋,攻其不备;琢磨派系,打听谁是谁的人,谁听谁的话,四处讨好,八面玲珑;琢磨自己,无视缺点,放大优点,心生浮躁,盲目攀比。

"做事不如作秀"的形式主义。一为浮夸"秀数字"。数字出官,官出数字,俨然"皇帝的新装",上下心知肚明,左右互相攀比,以至层层作假,严重损害政府公信力。尤其在GDP统计上弄虚作假,地方汇总数据与统计局核算的全国数据差距较大。二为浮华"秀工程"。有的地方患政绩饥渴症,不顾经济条件和发展实际,不惜举债集资,甚至挪用救灾款,竞相建设大广场、大市场、大公园等政绩工程、形象工程,为自己积累升迁资本。三为浮躁"秀形象"。一些领导干部想方设法"策划""包装"自己,展示"个人魅力"。官员作秀,实质是官僚主义、形式主义,具有一定的欺骗性。

"多栽花少栽刺"的好人主义。由于存在片面以票取人问题,一些干部奉行"多栽花少栽刺"的处世哲学,把"圆滑"视为成熟,把"世故"当成稳重,滋长庸俗的坏风气。一则放弃积极的思想斗争,"批评上级放礼炮,批评同级放哑炮,批评下级放空炮",即使提点意见也是隔靴搔痒,不能触及问题,否则会被认为不团结、不成熟。二则讨巧卖乖,通过不正当手段联络感情,增加选票。对上级拍好,百般献媚,投其所好;对下级哄好,不讲原则,护着顺着;对同级敷衍好,称兄道弟,拉拉扯扯。三则回避矛盾,是非面前不开口,遇到矛盾绕着走。

"正不压邪"的反常现象。有的同志坚持原则,嫉恶如仇,成为我行我素者的绊脚石,往往明枪易躲,暗箭难防,正所谓"你和我过不去,我就让你出局";有的同志独善其身,不进"圈子",领导层没有力挺的靠山,同事中没有帮腔的"哥们",民主推荐时往往得票不多;有的同志埋头苦干,不混不赌,非但不能成为榜样,反倒成为被挖苦嘲讽的"另类";有的同志注重学习,学有所成,结果"聪明反被聪明误",往往不被重用。

"不怕犯事只怕'出事'"的地方保护主义。一些地方只怕出事不怕犯事,势必助长违法犯罪的侥幸心理,导致攻守同盟的抱团现象,产生有案不查的地方保护主义,形成滋长腐败的政治生态。

营造良好的政治生态是一项系统工程,需要多管齐下,综合治理。一是要强化领导干部的荣辱观。通过正反两方面的典型教育,弘扬正气,鞭挞落后,引导广大干部树立正确的价值取向。二是要把权力关进制度的笼子。要建立健全重大事项决策机制、选人用人机制、干部实绩考核评价机制和领导干部监督管理

# 吃饭不能"趁热吃"

"趁热吃"一向是中国人吃饭的习惯,专家认为,这是因为亚洲人体质相对较弱,吃热食可以为身体提供更多的能量,帮助人们御寒,保持体温。另外,许多食物的美味需要温度来"激发",而中国人的味觉和嗅觉早已适应了这种被温度激发出的香味,所以热食成为国人千百年不变的饮食习惯。

其实,趁热吃并不是什么好习惯,这样对身体健康很不利。因为我们的口腔、食道和胃黏膜一般只能耐受50℃至60℃的温度,过烫的食物温度在70℃至80℃左右,就很容易烫伤食道壁。中医认为,在消化道内,食物的消化过程适宜在接近体温的温度下进行。过热的食物会导致气血过度活跃,胃肠道血管扩张,对肠胃产生刺激。因此,最合适的食物温度是不凉也不热,用嘴唇感觉有一点点温,也不烫口。

滚烫食物能使口腔黏膜充血,黏膜损伤造成溃疡,破坏了黏膜保护口腔的功能。长期养成吃烫食的习惯还可能破坏舌面的味蕾,影响味觉神经,使口味越来越重。高温烫食对牙龈和牙齿都有害处,能造成牙龈溃烂和过敏性牙痛。太烫的食物还能导致食道留下斑痕和炎症,长久下去会引起恶性病变。

在日常生活中,比较容易烫伤人们的食物包括麻辣烫、火锅、水煮鱼等。在吃这些食物时,一定要多加注意,不要只注重美味而忽视了健康。

(摘自《中国电视报》2014.11.20)

---

机制等,使各项工作在制度框架内阳光操作、规范运行。三是要树立正确的用人导向。净化政治生态,选人用人是关键。坚持德才兼备、以德为先原则,不让老实人吃亏,不让投机钻营者得利;深化干部人事制度改革,增强民主推荐、民主测评的科学性;落实干部监督制度,坚决同用人上的不正之风进行斗争。四是要抓住契机全面转变干部作风。当前落实中央"八项规定"、开展教育实践活动,整治形式主义、官僚主义、享乐主义和奢靡浪费之风,取得了重要阶段性成果。要以此为契机,标本兼治,不断巩固和扩大胜利成果。

(摘自《学习时报》2014.12.8)

# 当前国际形势演变的十个特点

□徐 娟 金 瑞

金融危机发生后,国际形势发生了深刻变化,呈现出很多前所未有的新特点,不稳定、不确定因素明显增加,全球经济复苏乏力、大国博弈加深、国际安全局势恶化、地区冲突加剧、国际秩序调整加速,和平与发展受到来自各方面的挑战。

**全球性经济危机与社会危机叠加发生,国际政治经济秩序面临深刻调整。** 金融危机爆发至今多年,但余威犹在。世界范围内的萧条之后人们并没有看到传说中的蓬勃复苏,金融危机逐渐转化为债务危机,在经济持续低迷的作用下,各国政治和社会也遭受到不同程度的冲击。政府对金融危机举措不力,极端情绪愈演愈烈,民众对国家治理能力产生怀疑,最突出的表现是"街头政治"持续上演,如挪威枪击案、"占领华尔街"运动、"阿拉伯之春"等事件,其产生的根源除了经济因素外,更有种族融合、"民主赤字"、贫富分化严重等问题的作用。危机不仅损害了原有国际秩序的经济基础,而且降低了西方国家外交政策的执行力,更松动了发展中国家和发达国家之间的关系。当原有体系不能再通过有效的输出来控制世界的时候,新兴力量便孕育而生,国际力量此消彼长会进一步加快。当前,多中心国际秩序已显现,世界权力结构正在发生深刻变化,尤其是美国单方面主导国际秩序的能力在削弱,加速了国际政治经济秩序的重组。

**国际力量对比旧的平衡被打破,在新的力量平衡构建过程中,大国关系走向出现了不确定性。** 危机时代全球原有平衡被打破,世界各主要国家受到金融危机影响程度不同,导致国际格局正发生深刻变化,传统西方大国(美欧日)集体下沉,新兴国家群体性崛起,其中以金砖四国为代表的新兴国家表现最为亮眼,成为全球经济发展的新动力,强劲的增长态势对世界经济的贡献举足轻重,也推动了世界权力重心的东移。与笼罩在金融危机阴影下的传统西方大国以及世界其他落后国家相比,支撑新兴国家持续增长的资源、市场、人口禀赋仍在,新兴国家正逐步走向世界舞台的中心,经济实力的增强使得其参与国际事务的意愿和能力增强,新兴国家不仅要融入国际体系,而且要改进和完善现有国际秩序,国际体系在未来一段时间会面临结构性调整。但是,原有国际机制的受益者并不愿意接受由此带来的权力变化,对新兴国家表现出强烈的排他性,在维护和重塑之间双方尚未找到利益契合点,使得国际体系存在对抗性风险,大国关系走向充满了不确定性。俄欧美因乌克兰危机和北约东扩关系紧张,中美日因东海和南海争端引发对立,欧美因世界经济和安全防务主导权产生分歧,若矛盾和对抗升级,都会改变现有关系格局。伴随着国际局势的突发多变,大国关系进入新一轮的磨合调整期。

**全球性的两极分化加剧,政治激化导致对抗性因素上升**。经济全球化在推动生产力向前发展的同时也加深了全球的两极分化,发达国家利用资本、技术优势,通过不平等的国际贸易控制、盘剥发展中国家,数字鸿沟愈来愈大。随着科技革命的到来,资本所具有的内在扩张性特质更加显现,发达国家的优势地位日益被强化,而原本弱势的发展中国家越发处于不利地位。全球性两极分化必然带来各国利益和诉求不断分化,各国为在未来国际秩序中占领制高点而竞争加剧,在这一过程中,传统的国际规则和观念受到冲击,联合国作为国际权力中心的作用逐步丧失就是例证,一些大国选择性地解读国际规则,采取单边行动引发国家关系紧张,这无疑增加了国家间关系的不确定性,致使地缘政治环境日趋复杂,国际形势加剧动荡。

**西方国家面临体制结构调整震荡**。西方国家正在经历的经济衰退、政治动荡、社会抗议等种种困境表明西方正经历二战以来最严重的危机。此轮危机把西方国家的制度缺陷和结构性矛盾暴露无遗,而新自由主义、紧缩财政等并未带领西方走出困境。西方国家为摆脱金融危机而采取的紧缩减赤措施并未收到良好效果,究其原因是其经济制度无法克服私有制和生产社会化的对立,政府在应对金融危机时又在国家干预和"市场万能论"中左右摇摆,政治决策的不确定性且相互推诿造成国家解决问题的能力大大降低。另外,为取悦选民各政党开出诸多"口头支票",掉入"福利陷阱"的西方对危机治理可以说寸步难行,民主政治制度效率低下,引发民众对政治体制的质疑。信任危机冲击社会稳定,社会极端思潮抬头,此起彼伏的民众抗议既是民众表达对就业、移民、医疗、福利等制度的不满,也是西方社会中产阶级萎缩、贫富分化加重的表现,体制矛盾最终酿成体制危机。西方国家的体制机制正在面临巨大的变革压力。

**伊斯兰国家对社会现代性的诉求与其原有的文化、宗教、体制发生了尖锐的冲突,引起地区规模级的持续动乱并严重外溢**。伊斯兰国家在经历风暴洗礼后并未走出阴影,埃及、利比亚再次陷入危机,叙利亚、伊朗局势依旧胶着,中东局势远未明朗。不断变化的国际环境和国际政治经济秩序的调整是中东变局的外部推力,但究其根本仍是内部社会转型和政治变革的迫切需求。全球化密切了中东和世界的联系,也触动了伊斯兰国家政治民主化这一敏感神经,国家政治民主化、现代化的呼声鹊起,政府面临的压力骤增,但由于担心政权合法性受到质疑,政治和社会改革的议题始终停留在讨论层面,制度构建和创新缺乏原始动力。另外,由于受到地缘政治环境不利因素的影响,伊斯兰国家的全球化进程是被动的,伊斯兰传统文化所受冲击巨大。由此可见,伊斯兰国家政局动荡的前提早已存在,只是社会转型的诉求一直被外部势力所压制,美国中东政策的收缩性调整为伊斯兰国家政治社会转型提供了契机。在"后帝国时代",政治动员的作用凸显,"全球政治觉醒"成为催化剂,潜在危机最终发展成为全面动荡,民主的理想与现实的巨大差距使得民众走上街头,不仅波及整个阿拉伯国家,还产生了外溢效应,甚至扩展到欧美,其中以希腊反政府示威、伦敦骚乱、"占领华尔街"运动最为典型,这些运动虽然与"阿拉伯之春"性质完全不同,但都是以同样形式表达民众的政治诉求。如何处理民众日益强烈的经济、政治、社会、文化诉求不仅是伊斯兰国家面临的困境,也是其他国家相当长时间内不得不面临的严峻挑战。

**全球工业化进程推动人类海洋工业文明时代来临,基于物质资源的海上争夺与对抗凸显**。如果说16世纪的海上争夺是欧洲国家通过海洋争夺陆地,那么21世纪的海上争夺是世界各国通过海洋争夺沉睡在海底的战略性资源,人类进入了新的海洋时代——"海洋工业文明时代"。陆地资源逐渐枯竭,人类将目光投向了新能源,而深海的油气资源、可燃冰、海滨砂矿、多金属结核等,储量之大远超当今人类需求。对能源需求的激增促使海洋科技突飞猛进,人类对海洋资源的勘探开发进入新阶段,各国不断上演"蓝色圈地"运动,海上竞争愈演愈烈,各种利益矛盾凸显。海洋争端频繁亮相国际舞台,南北极争端、中菲黄岩岛争端、中日钓鱼岛争端、韩日岛屿争端、英阿马岛争端等轮番上演,国际海洋争端也逐渐从单纯的岛屿归属发展成为专属经济区和大陆架的划定,对海底资源的争夺也从"暗斗"阶段上升到"明争"阶段。国际海洋争端日趋复杂迫使各国调整各自的海洋战略,中国的"海洋强国"战略就是在这一背景下提出的,这既符合中国国情,也能在海洋工业文明时代更好地维护国家海洋权益和国土安全。

**地球生态恶化,自然灾害频繁发生给社会造成的负荷几近极限,生态危机正向社会危机转化**。在当前人类面临的三重危机中,金融危机是短期危机,在一段时间内可以得到恢复和改善,而生态危机和能源危机是更为严重的长期危机,并不能通过政策刺激消除，需要人类重新审视在自然中的地位和作用。现代工业文明在科技的一路高歌中忽视了生态的有限性，现代科学技术的迅猛发展使得人类作用于自然的速度、力度、强度不断加剧，自然灾害的发生频率、危害程度、波及范围都是空前的，人对自然的破坏程度已经远远超过自然所能承受的最大限度。生态危机若继续发展所带来的恶果不仅仅是经济和生命的损失，而是人类文明的终结。日益严峻的生态危机向传统的国家主权提出了挑战，达尔富尔危机的源头就是气候变化所引发的生态危机，当生态危机蚕食人类社会的文明成果时必将会威胁到社会机制的正常运转，转而胁迫社会导致社会危机发生的概率增加，并会产生"多米诺骨牌效应"。

**网络媒体的消极作用持续发酵，网络空间日益成为国家安全的新挑战。**信息技术的发展催生了人类活动的第五维空间，网络已经嵌入了人类的整个社会运行，关乎社会系统能否正常运转，这意味着网络赋予了国家安全新内涵，可以说，没有网络安全就没有国家安全。2013年的"斯诺登事件"不仅折射了美国的网络霸权，而且也为各国的国家安全敲响了警钟，信息正在成为一种新的战略资源。网络对世界的影响力和塑造力越来越大，网络空间已发展成大国政治新的竞技场。作为国家安全博弈的新领域，一旦网络受到攻击，其破坏力堪比核武器，因此网络被称为新的"核按钮"。网络恐怖主义、网络犯罪、黑客攻击等使国家面临新的安全困境。同时，网络改变了国家的安全范式，维护国家安全不再仅仅是增强军事实力，还要增强国家保护信息和获取信息的能力。从海湾战争到科索沃战争到伊拉克战争再到利比亚战争，信息武器的不断应用更新证明了网络已经成为战争的重要对抗领域，信息时代的战争已经完全超出了传统战争的范畴，并突破了传统意义的国家主权和边界。因此，有必要加强国际合作来共同构建新的有效的全球网络空间治理体系。

**国际公共认知能力严重滞后，国际社会对全球治理的新情况、新需求准备不足，反应不力，举措失当。**气候变化、非传统安全、国际金融体系改革等全球性问题对全球治理的需求空前高涨，而国际社会对全球治理的供给却明显下降。究其原因：一是世界经济的持续萧条使得各国政府无力将更多的资金投入到全球治理中，各国的关注点更多地放在解决国内民众的利益诉求上，内部治理的挑战要远远大于全球治理的需求，各国政府既无意愿也无能力在全球治理方面有所作为，对未来经济的悲观预期是全球治理推进的巨大阻力，各国政府口惠而实不至便源于此。二是"反全球化"浪潮不绝于耳，此轮金融危机又给"反全球化"提供了最好的理由,而现有国际机制又不能有效解决全球性问题,致使全球治理碎片化,由于主体利益的差异性使得在行动的认同上很难达成共识,造成治理成本增加。同时,全球化带来的一系列问题,如社会失衡、贫富差距、资源短缺、环境恶化等使得全球化的推动者也对全球化犹豫不决,给全球治理体系带来新挑战。

**非常态下的利益冲突难以调和,国际社会的诸多矛盾在非常态氛围中存在激化、失控的危险。**国际社会的矛盾源于国家间的利益对抗,当矛盾各方在利益方面的政治关系发生激化,甚至是出乎意料的非常态发展超出内政的心理承受程度,必然会引发内外政治局势的剧烈变化。基地组织的兴起及在全球制造恐怖袭击与非常态下的利益冲突不无关系。随着人类需求的不断增长,资源的稀缺性不断显现,加大了利益冲突的风险,再加上经济的不平衡和文化的差异造成国际人权意识的分歧,国家间的"战略互信"很难构建。地缘政治变迁、非均势化发展、民族主义情绪高涨、极端宗教势力壮大、生态环境恶化等因素都会导致非常态下利益冲突升级。在国家利益多元化的今天,某一领域的冲突都会牵动其他领域的稳定,引发地区、国家甚至国际社会的全面动荡。国际矛盾和冲突是和平发展的最大障碍,减少矛盾和冲突是对各国的巨大挑战,如何既能防止事态失控,又能最大限度地保护国家利益,找到利益平衡点,在考验各国的政治智慧。

(摘自《学习时报》 2014.12.1)

# 今日说法

我觉得最好的公司,不是因为创始人想要成立公司,而是因为创始人想要改变世界。

——2014年10月22日,Facebook公司创始人兼首席执行官马克·扎克伯格在清华大学演讲。

姓名:小明;性别:男;年龄:虽然1971年出生,但永远是小学生;生卒年月:1971年~世界灭亡;擅长:将墨水弄在作业本上、走到学校门口发现本子忘带等;特征:不考第一就考倒数第一;社会地位:与小红、小强、小芳并称四大金刚,称霸语文数学界,被70后至00后们深恶痛绝……

——网友描述学生时代的经典人物"小明"。

我记得的《论语》里的话,终身受用。比如"躬自厚而薄责于人"等,都是要求自己严格,我管这种品格叫"弱德之美"。现在都以强者为德,夫妻、朋友吵架,你凶,我比你还要凶恶,都以为自己要做一个强者才是好的。

——学者叶嘉莹近日在受访时说。

# "中国制造"早已超越"山寨"时代

——专访美国《连线》杂志前主编克里斯·安德森

□吴 琪 王紫祎

"创客"(Maker)一词,因为克里斯·安德森的书引起了全球广泛关注。这位曾经提出互联网免费经济模式、长尾理论的"信息时代精神领袖",又率先看到了互联网时代新工业革命的到来。他认为"创客时代"的重大机遇在于保持小型化与全球化并存的能力,既有手工匠人的原始,又具创新性,实现低成本的高技术。而中国在这方面具有独特优势,美国企业家唯一担心的对手在中国。

在中国广东省曾经红火的制造业工厂里发生的变化,作为美国人的克里斯·安德森,看来比我这个中国记者了解得更清楚。

十几年前,安德森作为《经济学人》驻香港的记者,在广东蓬勃的工业区待过很长一段时间。那时候中国的制造业因为价格低廉开始引人注目,西方公司雇用香港的中介机构,然后参观深圳、东莞等地的工厂,接下来双方签订合同、准备信用证、交换银行账户等等。在没用互联网的年代,双方要面对漫长的指导工作进程、大量的图纸和传真说明,折腾好几个月才能进入实际生产环节。

然而从这两年开始,不管你身处美国还是非洲,当你作为一个玩家需要量身定制某项小型电动机或其他机械设备时,只需要在网上与中国厂家沟通一二十分钟,仅仅十天,你所需要的几千个精巧的定制小产品,就已经顺利到手。你不必是个企业家,也无需懂得过去高门槛的专业机械知识,就能获得所需。

安德森面对这些新现象时,带给他冲击的并不单是互联网带来的信息交流的便利,而且是老旧制造业模式有可能面临终结。制造业在过去一个世纪中发生了前所未有的变化,但在安德森看来,这种变化还不够彻底,或者说还不够天翻地覆,因为制造业始终把持在大企业和专业人士手中,从未向所有人真正完全开放。过去由于专业知识、特制设备以及大规模生产成本因素,大众进入制造业受到严重制约,眼下这种桎梏正在逐渐消失。

而像安德森这样热爱自己动手发明智能机械产品的"创客",他发现制造业变革不在于更改制造过程，而是由谁制造的问题。全民创造的DIY（自己动手）魅力或将远大于大企业和商业巨头的大包大揽。"创客运动"的工业化，是数字制造和个人制造的合体。人类极有可能第一次摆脱对生产资料系统（重资产）的依赖，仅仅凭着自己的头脑这个轻资产，就可以把创意高效能地变为现实。对安德森的个人生活而言，他可以带着儿子们改进制作小型飞艇、遥控飞机，可以让女儿们下载或修改开源的软件，然后在3D打印机上打出"过家家"的整套玩具。

在安德森看来，3D打印已经成为新工业革命的最后一块拼图，凭借这样的数字生产工具和Arduino这样的实体计算平台，人们可以在自家桌面上制造精密复杂的产品原始模型，无需任何特殊技能。由于有了云工厂，从单个模型到大量产品生产也变为现实。

大规模生产的优势在于重复制造和标准化，而3D打印则有利于个性化和定制化，数字制造时代的一大胜利是我们可以在大规模生产与定制之间作出选择，却不用支付昂贵的手工制作费用，这两者现在已经成为可行的自动化制造方法。

于是安德森辞去了《连线》杂志主编一职，投入到这样的新趋势中，成立了美国最大的开源飞行器研发公司。安德森仍旧经常去广东，他告诉我说，每次去都为中国工厂里强大的创新能力感到吃惊。在"创客"时代，中国工厂站到了和美国竞争的前沿，而不再采用过去非常普遍的"山寨"做法。安德森认为，目前中国能够提供给全球"创客"的，主要是制造和工程技术，而这些资源对于西方国家来说很稀缺。

**三联生活周刊**：你从"创客"趋势里看到了再工业化的特征，再工业化不是重回传统制造业，而是发展人人可以参与的虚拟化的制造业。你认为中国在这股潮流中，会处在什么样的位置？

**安德森**：这很可能是中国制造业的未来。马云也看到了这股趋势，他将客户定制这一模式称为"C2B"——客户对企业，这是一条贸易的新康庄大道，完全适合DIY运动的微创业者。马云说："如果我们能够鼓励企业接受更多跨界小订单，就能获得更高的利润，因为这些小订单都是独特的非商品产品。"当我坐在美国加州的家里，在阿里巴巴上发出5000台小电动机的订单时，10天后它们居然就被送到了我家门口。

我们都是创客，生来如此。看看孩子们对于绘画、积木、乐高玩具或者做手工的热情就知道了。互联网移去了对创造性的压制，使人的创造本能得到释放，大家都可以参与到产品设计中去，定制产品，这将完全颠覆传统制造业。阿里巴巴上的一些中国企业，可以很好地为创客服务，阿里巴巴让普通人能有办法取得世界级的制造设备。

我觉得这背后有三大动因。首先，中国的互联网一代已进入企业管理层，他们了解面向大众的重要意义。其次，数控机器等数字驱动工具越来越多地应用于自动化生产中，增加了生产灵活性与产品可定制性。小订单与大批量生产难易程度相似。最后，此类小批量订单可以解决中国企业低利润的关键问题，定制产品更具特性的小型客户可以带来更高利润，竞争程度却随之减弱。

**三联生活周刊**：中国制造业企业存在低价竞争、"山寨"抄袭的死结，这种现象极有可能因为"创客"时代而改变吗？

**安德森**：中国的企业发展速度，几乎超越了世界上的所有企业。中国只会简单"山寨"产品的时代早就成为历史。反观供应链的兴衰，很多企业被迫关闭或者转型，说明了竞争的激烈和更新换代的快速。单纯抢占市场份额、压低价格恶性竞争的行为，每个厂商都能够做出来——这已经不是竞争的方法了。简单说，现在的市场已经支撑不起"山寨"的模式。

跨国贸易中，中国是美国唯一的竞争者。在手机领域，小米就是这样有竞争力的企业。不仅是手机本身，而且是可以创造中国自己的运营系统，这是谷歌控制不了的，有些美国人就感到害怕。比如华为就是真正创造自己的产品，而不是用其他人的设计。阿里巴巴在支付上也有创新。

说到中国的互联网，它几乎从PC直接过渡到了移动手机终端，而没有经历其他国家一样漫长的PC发展过程。现在中国大概是最大的短信平台。我的3D打印机公司也面临很多中国公司的竞争。过去在中国之外，我们没见过百度和腾讯，只有阿里巴巴。但现在竞争越来越多了。除了美国，我唯一关注的国家就是中国，我的3D公司也可能会与中国企业合作或者竞争，但我们的设计师知道中国是21世纪竞争的唯一来源。

**三联生活周刊**：是不是在经历了大量代工的制造业阶段后，中国企业逐步向制造业的上游移动了？

**安德森**：是的。我在深圳待了很久，发现很多公司的创新如雨后春笋。生产"山寨"产品那是大概10年前的情况，的确现在还有些公司在"山寨"，但大多数在深圳的公司是真正创新，出现了一批前所未有的创业者。

中国新一批的创业者是基于全球的平台成长起来的，他们是互联网的一代，不仅仅局限在中国。他们有技术、资金、市场、品牌设计，他们懂得互联网运作。我觉得大概5年前，中国企业以"山寨"为主的情景就结束了。

随着中国的制造业设备逐渐转移到网络上，你们这代人逐渐掌握权力,网络已经被视为很自然的东西:能够更容易地获得资源,能够将工作完全数码化,能够更容易引入新客户群。传统的买家在变少,更多的是小批量的个人。因此我认为中国有机会响应所谓"长尾效应"的需求,让制造业和创客运动壮大。

我们看到中国的制造业专家、硬件软件工程师,到工业设计师、市场营销和品牌推广,整个链条都变得强大起来。

**三联生活周刊**:也就是说,创造力并不是中国企业的最短板。我们总在说,中国正在结束人口红利,当低廉的劳动力时代过去了,我们的制造业变得没有多少优势。

**安德森**:中国现在的劳动成本并不低了,墨西哥更便宜,但是中国的制造业很有效率,供应链完备,运输进出口都很出色。美国既没有廉价劳动力,也没有完整的供应链条,要想把一个产业的链条在数公里之内都给找全,只有中国有,美国不行,印度还差很远。

我自己公司面临的挑战是我们在中国的竞争者成长得非常快。以往我们说他们能做硬件,不能做软件;即使能做软件,也不能做设计,但现在他们可以做一切。

**三联生活周刊**:那中国创新型企业面临的不足是什么?

**安德森**:要看中国能否提供开放的电子平台,而不只是商品。平台需要分享,你需要允许其他公司在其中获利。在某种程度上说,阿里巴巴是一个平台,但典型的平台不只是电子商铺,是需要从上游到下游的一系列平台。这要看中国在创新的过程中是否足够开放,提供一个完全适应现存系统的新平台。

若要让其他公司赚钱,首先要使得其他公司进入这个平台很容易,比如发布 APP 或者软件,有着清晰且完善的方法供其他公司参与进来。可以就从 API 做起,所有的这类企业都是先推出 API。有些中国企业可能有 API,但是并没有开放,他们需要更多的互联网共享精神。

**三联生活周刊**:你提到美国的鹅卵石手表(Pebble Watch)上市,这个团队当初只有4个人,而他们通过网络众投(也做众筹),生产的智能手表打败了索尼的智能手表,这是不是你所讲的未来小公司对商业巨头的颠覆?

**安德森**:鹅卵石手表是 Kickstarter 网站上的众投项目。众投的目的非常简单,集合希望获得某项产品的众人之力,帮助实现产品的诞生,大家将产品面世后才进行的支付提前到产品生产之前,支付款项不会高于(而且通常低于)产品定价,通过提前支付和推迟收货,众人协力解决了小型企业创新面临的最大难题——早期资金。

鹅卵石小组在 Kickstarter 网站上一周时间就创纪录地筹到了334万美元。设计小组对蜂拥而至的客户反馈及时,先是有出资人要求腕表具有更好的防水性能,于是鹅卵石小组使腕表可以在游泳时佩戴。出资人要求把蓝牙改成更为省电的蓝牙4.0,设计小组接受了这种要求。还有其他项目也参与到这个项目里,使得通过"物联网"设备,鹅卵石腕表能做不少事情,比如在有人敲门时发出提醒。

我们在鹅卵石项目中看到了更好的模式:使用众投的小团队,能够比笨拙的电子产品巨头在研发、融资与营销方面更快地获得成功。

如果4个人在尖端科技手表上可以打败索尼,这4个人就很有可能创造下一个索尼。他们是从创客运动起家的标准创业家,只不过从事的是制造业。他们有自己的优势:开发更快、更灵活、善用网络,且不受官僚体制拖累。

**三联生活周刊**:你认为创客也能滋生出商业巨头吗?

**安德森**:Facebook一开始是从地下室起家的,在互联网时代开公司非常容易,你只需要一台电脑。现在制造业几乎也一样容易,所以没有任何理由告诉我们,创客运动不会产生一家数十亿美元的公司。只不过还没看到而已,我们已经看到了数千万美元的公司,至少有几十家由创客运动起家的千万美元公司,有几家是几亿美元的公司,从几个亿变成几十亿并不难。

**三联生活周刊**:你认为3D打印会有什么样的前景?

**安德森**:我觉得数以百万计的人会找到使用3D打印机的理由。或许没有一个固定答案。在我家是因为小孩子,3D打印机是最酷的玩具设计设备,我为孩子打印玩具。其他人可能制造珠宝或原型机,有些人可能就是玩玩而已,未来我们会有更明确的答案。如果我要打赌,我认为10年后,3D打印机将走入美国每个家庭中,会打印出各种颜色、解析度更高、品质更好的产品。可打印的材质或许不只是塑料,电子材料也有可能,或许还无法打印半导体,但电路应该不成问题。价格也会更低,现在价格大概在500~2000美元。这有点像20年前点矩阵打印机跟激光打印机的区别,今天你可以用60美元就买到激光打印机。3D打印机必然变得普通家庭都能接受。

(摘自《三联生活周刊》2014年第49期)

## 今日说法

未来的奢侈将告别非必需品,而追逐必需品。在消费疯狂增长的影响下,紧俏的、稀有的、昂贵的及受青睐的将不再是高速汽车、金表、成箱的香槟和香水等大街上随处可见的东西,而是像宁静的时光、足够的水和空气等基本条件。

——德国作家兼新闻工作者汉斯·马格奴斯·恩森贝格撰文论述奢侈的未来走向。

# "一带一路"重新定位中国地缘战略

□米歇尔·彭纳

丝绸之路总会让人想起香料、帝国和沙漠。不过，假如中国政府计划的一项新战略能够成功的话，那么它可能会与中国在世界政治中的崛起联系起来。

11月8日，在北京亚太经合组织会议期间，中国国家主席习近平承诺中国将出资400亿美元成立丝路基金，以打破亚洲互联互通的瓶颈。《中国证券报》报道说，相关部门正在指导筹建海上丝绸之路银行，初始资金约为50亿元人民币。

这家银行将与丝路基金一起为两个旨在加强中国与世界其他地区联系的项目筹资。一个项目是名为"丝绸之路经济带"的陆上项目，另一个是所谓的"21世纪海上丝绸之路"。

这些项目也可能受益于新的亚洲基础设施投资银行。

通过开发新市场来推动经济是中国投资海外的目标之一。"以前，中国的经济战略主要是吸引外部资源，尤其是外国直接投资，"中国国际问题研究院研究员杨希雨说，"不过现在已经到了一个限度。"

杨希雨说，两个丝绸之路项目都表明中国的政策发生了一种历史性的变化，这种变化的重要性可与邓小平改革开放政策相提并论。

中国的另一个目标是减少对通过海上要道进口的能源的依赖。2012年，约84%的中国石油进口都要通过马六甲海峡。

另外，中国当局希望陆上通道能有助于平衡本国不均衡的地域经济发展。中国的发展主要使沿海地区受益，而西部省份则被冷落了。

不过只从经济角度看待新的丝绸之路是错误的：它的内涵还要多得多。"简单地说，这是一次地缘政治的重新定位，"欧洲政治经济研究中心负责人李-牧山浩石说，"其政治内容主要是地缘战略上的。"

向邻国基础设施建设提供资金将使中国拥有巩固其亚洲头号强国地位所需的影响力。圣安德鲁斯大学国际关系学讲师克里斯·奥格登说，经济合作往往是中国发展关系的第一步。

从这个角度来说，依靠多边接触将是个明智的选择。"这些机构将使中国的资金输出不那么具有政治敏感性，"新加坡国立大学李光耀公共政策学院的黄靖说，"当中国选择特定的国家投资一个昂贵的

# "新常态"下如何用好外汇储备

□李 婧

穷国和穷人一样,心里时常存在"短缺"恐惧。"短缺"曾经是中国经济的常态特征:粮食短缺、物资短缺、外汇短缺、技术短缺、人才短缺。克服短缺是中国改革开放最原始的动力,如今,物质上的短缺在中国已成历史。

中国外汇储备从短缺到充裕的变化,是中国参与全球分工、发展出口导向型经济的一面镜子。20世纪90年代后,外汇储备激增逐渐成为经济常态现象,反映了国民经济的严重失衡和失控。中国陷入了顺差—外汇储备增加—基础货币增加—为防止通货膨胀而采取冲销政策—利率上升—资本流入的循环怪圈。

实际上,外汇储备激增只反映了中国经济结构失衡一面,中国依然存在不稳定、不平衡、不协调、不可持续的结构性问题:投资增长率过高,信贷投放过多,货币流动性过大,外贸和国际收支不平衡;城乡之间、地区之间、经济与社会发展之间不平衡;一、二、三产业不协调,投资与消费之间不协调,经济增长过多依赖于投资和外贸出口;生态环境恶化和生产的高能耗。在全球经济中,中国在多个指标上取得的好名次并没有真正解决其结构难题、增加国民的幸福感,反倒恶化了结构问题,影响了国民的幸福感甚至安全感。

中国经济步入新常态意味着中国经济再平衡,这必然伴随着较大的结构调整,其要义是要重建投资与消费、储蓄与投资之间的关系,增加最终消费在经济总量平衡及其经济增长中的作用,这是新常态下总需求结构调整的必然要求。中国经济增长的新常态不仅是经济增长速度的换挡,更是通过经济结构调整来实现高质量的增长,并最终使国民通过合理的结构调整享受改革和发展的成果。引导经济步入新常态将涉及需求结构、国民收入分配结构、城乡结构、产业结构等国民经济各个方面的调整。

我国拥有的四万亿美元外汇储备是个庞大的数字,要发挥其在中项目时,这个决定会立即被理解为是具有政治意义的;而如果该项目由多国共同参与的丝路基金出资的话,就不会有问题了。"

(摘自《参考消息》2014.12.9)

国经济新常态下经济结构调整中的作用，而不是当作"累赘"，花掉了之。中国还是一个不成熟的国际债权人，人民币用于国际借贷还很有限，外汇储备对中国仍然有重要的国家安全及战略意义。凯恩斯在1930年提出国际储备资产就是战争基金，是一国政府为非常紧急的情况而持有、并且是只在非常情况下才动用的国际资产。我们依然要考虑外汇储备的预防性需求，留有必要数量以应不时之需。除此之外，要善用外汇储备，充分发挥其在影响居民消费、企业投资和国家战略方面的作用。

外汇储备无法直接影响到居民的最终消费，但是对外汇储备的认识变化会使中国调整外汇储备管理思路，并间接地影响居民最终消费。在外汇储备的存量上，可以增加国民用汇的自由度，使其有充分地使用外汇资格，实现其使用外汇满足购买国际商品和服务的消费需求。在外汇储备的增量方面，改变以前的创汇思路，减少储蓄，增加居民消费水平，经常项目顺差自然就会减少，外汇储备增加的难题也会相应得到缓解。

经济新常态要求优化产业结构。发挥外汇储备在促进企业海外竞争力方面的作用，服务于企业"走出去"。赋予企业更完全的用汇资格，鼓励企业自主选择到国外进行实体投资、创业、并购，建立一批我国所需消费产品的生产基地和国际销售网络。这样既增加了对外投资收益，获得高于国内的资金利用效率，增加新的收入来源；同时提供了国内居民需要的消费品，降低能耗和污染，缓解环保压力。另外，能源一直是我国经济发展的瓶颈，外汇储备应该支持为获取能源资源勘探权和开发权为目的的海外投资。

新常态下，我们依然要密切关注外部经济环境变化，保证外汇储备投资的收益与安全。中国目前的外汇储备大量集中于美国国债。鉴于未来几年美元强势和美联储退出量宽政策，中国政府外汇储备多元化的方向应是在美元资产内部的多元化，而非美元资产向其他币种资产的多元化。这意味着中国政府可以适当减持美国国债，而显著增持美国蓝筹股股票以及房地产等实体资产。

经济新常态意味着中国经济步入新的运行轨道，随着内部总需求结构调整，中国未来的国际收支双顺差格局会有所转变。未来随着中国人口老龄化进程的加速，国内高储蓄状况将有根本性改变，这将使原来的储蓄—顺差—货币扩张的循环逆转，改变中国基础货币扩张的旧常态。届时，中国长期以来为美国提供低廉融资的时代也将趋于结束，全球经济循环将出现变化。因此，应密切关注外汇储备增长的"新常态"给中国宏观经济运行带来的变化。

（摘自《世界知识》
2014年第24期）

# 狷 老 太

□张丽钧

2014年早些时候,杨绛先生诉某公司及个人侵害著作权及隐私权一案获胜。有人说,103岁了还打官司,这老太太可真不饶人啊!我想,她要是"饶人",她就不是杨绛了。在这个以"和稀泥"为能事的时代,"狷老太"杨绛是个珍贵的存在。

她老爹就是个狷者。据杨绛回忆,她父亲杨荫杭做江苏省高等审判厅厅长时,有位军阀打胜入京,当地士绅联名登报欢迎,杨荫杭的名字也被他的属下殷勤地列入欢迎者的名单。杨荫杭内心并不欢迎那位军阀,他以"名与器不可以假人"为由,立即登报声明自己"没有欢迎"。

她老公更是个狷者。当初,学贯中西的钱锺书先生接受了将"毛选"翻译成英文的任务,他发现毛泽东原著中有一处明显的错误——误将孙悟空钻进"铁扇公主"的肚子里写成了孙悟空钻进了"牛魔王"的肚子里。毛泽东的文章问世十年,无人纠错,钱锺书站出来纠错了,他一口咬定:孙猴儿从未钻入牛魔王腹中!结果,钱锺书胜利了。

她小女也是个狷者。钱瑗,用杨绛的话讲,是自己"平生唯一杰作";钱锺书这样赞美女儿:"刚正,像外公。"钱瑗一生不喜化妆,不喜烫发,总是以本色示人。据她的朋友回忆,钱瑗做职称评委的时候,看到"过分借鉴"的论文,她会不动声色地寻来原作附上,令"文抄公"无地自容。

杨绛本人亦是一狷者——"文革"中,在一次头戴高帽、脖挂木板、手举铜锣游街之后,杨绛模仿她译介到中国来的《堂吉诃德》中桑丘·潘沙的口吻说:"我虽然'游街'出丑,仍然是个体面的人!"——"体面",被我解读为"精神高贵"。这个"狷老太",谢绝出访,谢绝出镜,谢绝举办生日宴会,谢绝举办作品研讨会,就连捐赠给母校清华大学逾千万元的钱杨夫妇的稿费也谢绝冠名,只叫"'好读书'奖学金"……一次次的谢绝,成全了一个静穆超卓、遗世独立的伟岸灵魂。

被狷介的父辈滋养,与狷介的夫婿辉映,对狷介的女儿激赏——这样一个"狷老太",在103岁时拿起法律的武器捍卫自己的权益,稀奇吗?

狷,是一个有利齿的词,是一个随时准备着与苟合、谄谀、媚俗撕咬

# 什么是适当的货币政策

□邹至庄

货币政策的目的,是利用增加货币的速度影响物价与就业。什么是适当的货币政策?经济学界的意见可以分为两类:用规律(rule)或用相机抉择(discretion)来决定货币增速。米尔顿·弗里德曼主张用规律,建议央行把货币增速维持不变。建议用相机抉择的也有不同的主张,大致是建议根据近来物价与失业的数据来决定。

2008年美国经济危机以后,美联储施行了三次大的货币供应增加。用所谓量化宽松政策,抛出货币来买进大量的政府公债,把货币的供应和公债价格提高,把利率降低到近于零。希望银行多贷款,以增加企业的生产与投资,但功效不大。事后经济学家与社会舆论对2008年经济危机后的货币政策失去信心。其实,在一般经济走下坡路时,货币政策是有效的;但2008年发生的不是一般的情形,而是整个金融市场的崩溃,这是货币政策无法挽救的。

现在回来讨论在一般经济波动时,适当使用哪种适当的货币政策。今天一般的经济学家认为应当用相机抉择来决定适当的货币政策。但有一个不同的意见,是用相机抉择决定了适当的货币政策后,应否向社会公布和应当公布多少。当前任美联储主席伯南克刚上任时,宣布今后将尽量向社会公布联储决定的货币政策,意在帮助企业与消费者利用这些信息来筹划经济活动。虽然这是一个好理由,但应当把政策透露多少是不容易决定的。如果公布太多,以后联储难以更改政策。

中国的经济发展与美国的不同。经济波动比美国小。货币政策在中国的应用主要是控制通胀,1988-1989年和1993-1995年中国的通胀率过高影响社会稳定,是因为货币供应增加太快,没有使用适当的货币政策。

(摘自《第一财经日报》2014.12.25)

---

搏杀的词。正是因了这份可贵的狷介,杨绛先生才能识高、才高、品高、境高、寿高。今天,为她鼓掌的人那么多,而在这掌声的汪洋里,有一滴,是属于我的。

(摘自《渤海早报》2014.7.17)

# 美国放宽签证背后的经济账

□ 缪 琦

美国总统奥巴马11月10日在亚太经合组织(APEC)工商领导人峰会上宣布,中国公民赴美商务和旅游签证(B类签证)有效期将延长至10年,赴美学生签证(F类签证)将延长至5年。

按照白宫发布的声明,放宽两国公民入境的签证措施有助于进一步密切美中经贸、投资、商业和人文联系,也有利于提振出口,加强两国经贸联系。这背后是一个用2.8亿美元换211亿的聪明生意。

根据白宫发布的数据,2013年共有180万中国旅行者访问美国,为美国经济做出211亿美元贡献,帮助美国增加了10.9万个就业岗位。

然而,中国作为目前世界上出境旅游增长最快速的国家,每年却仅有低于2%的出境游客选择美国,其中,出行成本和签证问题是最受关注的两个问题。

白宫预计,实施更加宽松的签证政策后,2021年将有730万中国旅行者来到美国,为美国经济贡献850亿美元,帮助美国增加44万个就业岗位。

但是。这项将签证有效期从1年放宽至10年的新政也意味着美国要放弃可观的"签证申请生意"。美国在华签证中心官网显示,根据现行的汇率(1美元兑换6.2元人民币),商务/旅行(B)和学生(F)签证的申请费用为160美元,约合人民币992元。按照去年180万中国人赴美旅行的数字来计算,美国在中国的签证业务上赚取了约2.88亿美元,超过17亿元人民币。如果用2021年的预期赴美人数来算,美国将损失11.6亿美元签证费的大部分。

放宽了签证有效期,美国经济受益了,赴美旅游、留学或商务考察的公民也受益了,在看起来的皆大欢喜之中,市场却反映出悲喜交加的情绪。毋庸置疑,代办美国非移民签证服务的中介公司自然要为生意的流失而叫苦了。10年的有效期意味着中介机构失去了以往每年更新一次的美国签证蛋糕,不得不持续地挖掘新客户。

(摘自《第一财经日报》 2014.11.12)

# 要让蓝领有机会向中产阶层成长

□厉以宁

我国劳工市场形成了上等劳工市场和次等劳工市场。上等劳工市场的工作被认为是好职业，工资高，福利好，有较多学习培训机会和逐步提拔的可能；次等劳工市场的工作就被认为是坏职业，工资低，福利少，基本没有学习培训、向上提升的机会，一辈子从事简单劳动。

上等劳工市场的职业很容易成长为中产阶层，而次等劳工市场的蓝领极少有机会成为中产阶层。这样的二元结构如果不改变，会进一步加剧社会财富的分配不公，让底层的劳动者看不到希望，所以，当务之急是要缩小劳动市场差距，保持社会流动渠道的通畅，打破职业世袭化。

首先，要加强职业技术培训，让有志进取的简单劳工受到多种形式的培训，从而可能成为技工、熟练技工，跨过二元劳工市场的界限，成为蓝领中产阶层的一员。

其次，要改善次等劳工市场的生产条件，让体力劳动的人有机会改善生活和劳动强度，使得"坏职业"逐步减少。同时，应增加社会上"好职业"的岗位数量。

要改变蓝领工人的命运，政府能做的还有鼓励技工、熟练技工创业。比如，一些熟练的技术工人可以制造零配件，为大企业配套生产，或开设修理、服务小微企业，最终成长为蓝领中产阶层。

在推进蓝领向中产阶层成长的过程中，目前我国最缺的是完善的职业技术教育体系。建议未来要更加重视构建职业教育体系，包括中专、大专，甚至是研究生类型职业教育。与之相配套的是，我国急需职业教育庞大的师资队伍和研究队伍。

职业蓝领中还应包括农民。农民今后作为家庭农场主，同样需要接受农业、畜牧业和农业机械化的教育，这样，农民有可能使自己的土地、耕地变成创业的基础。

除了职业培训以外，疏通社会流通渠道的关键是要秉持机会均等的原则。这要求一切职位都要通过一定的资格审查，开展竞争上岗机制。人才流动要靠法治、竞争、个人努力，不是靠门第、父母。

(摘自《中国青年报》 2014.12.22)

# 什么是好生活

□葛红兵

整个社会有一种气氛,一是保护和尊重体力劳动者,二是尊重安贫乐道的平凡生活。

一个朋友携子到新加坡读书。他儿子参加了新加坡教育部组织的智力测试,成绩非常好,新加坡教育部允许他的孩子报考新加坡最好的11所中学。

新加坡承认人有不同的智商,因而有不同的潜能。他们把最好的教育资源留给那些智能高的学生,把一般的资源给一般的学生。反过来,也绝不要求所有的人在学习上都达到一个水平。

新加坡承认精英是需要天分的,所以,他们不鼓励每个人都做精英。在新加坡生活得久了,感觉这里人人都心平气和,没有那么多怨气。新加坡宁可全额资助那些精英出国留学,也全额资助世界上其他国家的优秀学生到新加坡留学,却没有提出普及大学教育的口号。新加坡有许多技术学校,天分不足的学生可以进这些学校,学习一门技术,将来做技工。

相比较而言,我们国家的理想教育可能过了头。课堂上,老师让学生们说出自己的理想,几乎所有的学生都想做科学家、企业家、文学家,没有一个想做工人或农民的。事实是,我们承认人在体力上有差别,却不愿意承认人在智力上也是有差别的。

我有一个朋友。他鼓励他的女儿将来要到美国留学,做杨澜那样的人,仿佛只有做了杨澜那样的人才叫成功。但是,依我看,他的女儿只不过是中等资质,做到杨澜那样的成就,恐怕要付出极高的体力和心智的代价。

再谈谈我在马来西亚马六甲旅游时的一点儿感受。在马六甲旅游,最有趣的是坐人力三轮车。车夫们穿得干净而体面,见到游客过去,都站起来招呼,但是,并不显得过分热情。晚上7点多,各种店铺关门。当地人不愿意让生意影响生活。

马六甲的三轮车先生陪你一天,在马六甲的大街小巷里走。有时候你就在一家酒吧里坐下,看里面的雕塑和绘画,竟然忘了时间,他也不催你,远远地在街头站着,直到你再次上车。如果你放心他,他就会给你安排一切,那个线路一定是非常经济、非常地道的。你吃饭的时候,他就悄悄地退到不知名的地

# 支付宝十年账单反映经济变迁

□杨婧如

近日,支付宝成立十周年,在发布年度数据的同时,支付宝也发布了十年账单,引得不少网民唏嘘回忆往事。作为拥有3亿多实名用户,覆盖大量年轻用户的"国民应用",支付宝的十年对账单数据,不仅成为人们的记账本和分析师,也成为反映中国网民消费方式、生活方式变迁的一面镜子。

从数据中可以看出,中国经济最强的东部地区,在互联网时代也是一马当先,从十年的总支付金额占全国的比重来看,广东、浙江、上海、北京和江苏稳坐前五。京沪粤苏浙率先触摸到了信息化时代的脉搏,人们大量通过支付宝等进行购物、转账、缴费、理财,正式迎来了十几年前停留在书本和想象中的"数字化生存"。

此外,在2014年各省市自治区移动支付笔数占比的排名中,西藏、陕西、宁夏、内蒙古占前四名,占比分别达到62.2%、59.6%、58.3%和57.6%。按照十年间人均支付金额的涨幅来看,西部的速度也不可小视。在全国城市当中,西藏山南地区、日喀则地区和新疆博尔塔拉蒙古自治州排名增速前三,其中山南地区2014年人均支付金额是十年前的600多倍。移动互联网带来的新一轮信息化浪潮,正在缩小中国偏远地区和世界的距离。

网络支付使得排队成为过时行为。从2004年到2014年,在支付宝上,生活缴费、信用卡还款、手机充值、转账四大便民支付的交易总笔数约为60亿笔。此外,还信用卡、手机充值也是支付宝用户高频使用的生活类服务。

另外,天弘基金和支付宝提供的数据显示,截止到2014年前三季度,余额宝用户数达到1.49亿,创造的总收益超过200亿元,人均收益133元。

(摘自《深圳特区报》2014.12.18)

# "为坏人辩护"的刑辩律师

复旦投毒案被害人黄洋"死于肝炎"的说法一经抛出,刑辩律师又一次被推到风口浪尖。一时间,"见利忘义"、"罔顾事实"、"颠倒黑白"、"助纣为虐"、"沽名钓誉"等词汇纷沓而至。

## "刑辩律师就是助纣为虐"

"用一句话形容你眼中的刑事辩护律师",在一项媒体的调查中,超过八成受访者脱口而出的答案是,"他们就是专门收钱替坏人说话的"。

面对这样的现实,上海博和律师事务所的刑辩律师蔡正华颇感无奈。

蔡正华日前接受指定,成为一起弑母案被告的辩护律师。当蔡正华向妻子和丈母娘说起自己代理的这起案件时,两人脸色骤变:"他都已经被抓起来了,你为什么还要给坏人辩护?"

且不说真相如何,在蔡正华看来,即便是"坏人"也应有辩护权,获得辩护是《宪法》和修订后的《刑事诉讼法》明确赋予的权利。蔡正华试图用这样的观念去说服妻子和丈母娘,但显然他们无法接受。

"受到'杀人偿命,欠债还钱'这类传统文化的影响,很多人对律师在刑事诉讼中的作用与职能缺乏必要的理解与支持。"蔡正华的"师傅",上海博和律师事务所主任、上海市律师协会刑事业务研究会主任林东品表示,"律师为坏人辩护,所以律师也是坏人"——这样"恨屋及乌"的心理,在中国社会具有相当的普遍性。

法律可以有二审,但道德往往只有一审。就像在复旦大学投毒案一审判决后,嫌疑人林森浩已被大众认定是故意杀人,就该判处死刑。于是当黄洋或"死于肝炎"这样颠覆性的说法出现时,人们才会对律师产生诸多非议。

人们往往忽略了最宝贵的常识,"律师办理刑事案件并不是'助纣为虐',而是要让无辜公民不受枉法追究,使犯了罪的公民受到法律的正当追究。"

## 被简化的成败

"有着31年从业经验的法医胡志强出具的鉴定结果是:黄洋死于暴发性乙肝。我们只是以这种观点,以及其他理由来质疑原来的司法鉴定,最终希望获得法院重新鉴定,做出更缜密细致的鉴定。如果直接采信这个观点的话,就是无罪辩护了。这样对林森浩负责,也对黄洋负责。"林森浩的二审辩护律师说。

采访中,所有的刑辩律师都对林森浩辩护律师的观点给予了肯定,认为其强调了"程序正义","抓住检方证据不足的疏漏反击,辩护思路很精彩"。

"从发现疑点到提出质证,他做得都很好,而法庭也给予他充分的辩护时间,这正是法治精神的表现。"上海市君悦律师事务所李向荣律师说。不可否认的是,在刑辩律师的群体中,有的刑辩律师为过分追求辩护效果,存在不遵守职业道德和违反有关法律规定的行为,从而毁坏了律师的形象。

"从某种程度而言,刑辩律师就是一群'钻空子'的人。"李向荣表示,"但关键是要在法律允许的范围内,找到公、检、法主导的诉讼中的缝隙,作为自己的突破口。会不会有效地'钻空子'是律师辩护水平的体现。"

一位律师表达了他的职业原则:"我接案子的时候都会筛选一下,但有的时候也有,本以为是无罪的,但接了之后发现有罪,但是也只能辩护,可以从罪轻辩护。"

更有极端的情况,犯罪嫌疑人被控犯有甲罪,辩护律师调查发现他的当事人除此之外,还犯有公、检双方所不知的乙罪。这时根据法律规定,律师不仅没有义务举报当事人的罪行,甚至有相反的义务——有义务不举报当事人的罪行。否则,当事人将不再信任律师。只有基于以委托关系为基础的信任,司法制度才能正常运转。

采访中,有律师就明确表示,在大多数犯罪嫌疑人的家属看来,判断律师"好坏"的标准,主要是律师的关系网是否足够广,业务水平反倒是次要的。有的家属在签订委托协议之前,要求律师承诺结果。"根据法律规定,这个案子大概会怎么判?如果要判3年,你能不能争取到只判1年?如果要判1年,你能不能争取到无罪?"

若律师无法做出保证,许多犯罪嫌疑人家属扭头就走,他们只相信"关系",他们要找的是"神通广大的律师"。但事实上,所谓的"关系",未必靠谱。

## 法治进步的代价

有人认为,在某种意义上刑辩律师还是公、检、法"天然不欢迎"的人。原因有二:首先,律师的介入,会"助长犯罪嫌疑人的底气";其次,律师的介入,将使公、检双方受到专业知识方面的挑战,平添一只"拦路虎"。

但这样的观点正是出于不理解。事实上,赋予公、检、法这些代表公权的国家机关与代表私权的律师是在同一舞台上的不同角色,大家各司其职。

# 钱多活少路近,经济学家怎么看

□岑 嵘

假如有一份工作,钱多、活少、路近,你自然会乐开了花,但这样的工作只存在完美的假设中,或者你有个很厉害的爹。那么在现实生活中,我们该如何权衡这些因素呢?

在我们年轻的时候,钱多可能是第一位考虑的。但如果你只是冲着钱去,恐怕也很难得到你想要的幸福生活。

1975-1995年间,美国人均收入实际增长了近40%,但美国人在这一时期并没有感到更幸福。尽管拥有了等离子电视机、游戏机和第三辆小车,但是人们并没有对生活感到比30年前多一丝半点的满足。

美国经济学家理查德·伊斯特林早在1974年就注意到这一现象:财富和幸福的关系,只有在贫穷国家总体生活满意度才与平均收入呈线性增长关系。只要最低生存标准达到了,这种相关关系很快就会瓦解。

你或许会对这个理论存疑,同学会上那些收入比你高得多的同学,开着好车,买了房子,出尽了风头,而你内心落落寡欢,虽然可能你们都在那条标准线上,为什么彼此差距这么大呢?

传统经济学用来做参考的绝对收入,对人们的生活满意度的影响当然不是微不足道的,但是幸福学研究专家发现,大多数人主要关心的是他们相对于其他人的境遇。20世纪美国自由思想家门肯说过一句很经典的话:一个人对工资是否满意,取决于他是否比他老婆妹妹的

上海永盈律师事务所的刑辩律师赵唯就不认同自己是在替"坏人"说话,而是在"帮助人":"公安机关、检察院在案件侦办和检控的阶段,可以抱着'有罪推定'的态度,去找出一切相关的证据,不然案件是无法侦破的。而律师在辩护的时候,就要抱着'无罪推定'的态度,来合法保障当事人的最大权益。法院在听取控辩双方的发言后,做出公平公正的判决。刑辩律师的存在就是要帮助公、检、法不放过一个坏人和不冤枉一个好人。"

在这样的理念下,的确有人因为律师的辩护而脱罪,但李向荣表示,这应该看做是法治进步的代价,"唯有如此,才能防止更多冤假错案的发生。"

(摘自《新民周刊》2015年第1期)

老公挣得多。

科学家们曾做过一个广为人知的实验：他们问学生更愿意生活在哪一个世界里，一个是他们有5万美元收入，而其他人都只有他们一半的收入；另一个是他们有10万美元的收入，而其他人的收入是他们的两倍。结果大部分人都选择了前者。

接下来说说"活少"这件事。

那些在华尔街、在投行拿高薪的精英都是在没日没夜的工作，中午和你在香港吃饭，晚上却在北京谈业务。假如能找到一个钱不多，但清闲的活儿，你觉得如何？

事实上，还是会有大量的人强烈地不满。因为人们很少会去对比每小时工资，而是对比年收入。另外，工作清闲同样意味着在工作中学习和磨练的时间少了，而别人有机会对某一项工作或课题反复研究。

某个著名小提琴家的演奏赢得满堂喝彩，一个观众赞叹地说："真羡慕你有这么好的演奏技能，我要也能把小提琴拉得这么好就好了。"小提琴家问，你愿意每天拉十个小时的琴吗？时间的付出其实是有收益的，而清闲也是有成本的。当你在清闲的时候别人在突飞猛进，因为你的清闲，会拉开日后和他人的距离。

再说说最后一点，离工作地点的距离远近。

瑞士经济学家研究发现：受试者通勤时间越长，他对自己生活的满意程度就越低。我们把0分代表彻底不满意，10分代表完全满意，去上班路上的时间少于10分钟的人对生活的满意程度能达到7.24分。通勤时间每上升19分钟，满意度会下降0.12分。一个人去上班在路上每天要花费45分钟，则需要再赚380美元，才能达到不用耗费这么长通勤时间的同事的生活满意水平。

事实上，你生活在大城市，路上花费超过一个小时再正常不过了，因此收入的差距和上班距离的长短是一种权衡。如果你还是拿不准，不妨听听经济学家是怎么说的：要是你在这之间取舍感到为难，那么就以上班时间短为好。因为如果你选择更多的收入，你就会很快习惯这份高收入，久而久之，你就几乎不会注意到它。但是，你绝对会注意到，每天必须忍受的长途通勤。

在高薪、工作条件、通勤时间之间并没有一个可以参考的公式，具体取决于你的个人偏好。但是越来越多的经济学家认为：较高的薪水会给人带来一小段时间的快乐，而反过来，不利条件将会给人留下日复一日的痛。接受高薪而选择承受较差的工作条件，那同时可能会对家庭生活形成压力，也可能是一个严重的错误。

（摘自《大学生·中国校园》2014年第10期）

# 当下社会的十二种孤独

□孙琳琳

各种数码设备每天陪伴着我们,然而众声喧嚣之中,我们却感觉越来越孤独了:每隔几分钟就要看一眼手机,不断刷新微博看好友在干些什么,邮件没有被立刻回复就感到沮丧不安。以下这十二种孤独证实了今天中国人的焦虑,他们正一路小跑地追求更新更好的生活方式,却在陌生的途中陷入喧嚣的孤独。

### 依赖科技而不是彼此

"想你,请与我联系013701059553"。2000年12月,艺术家何岸在深圳街头设置了一个霓虹灯箱,吸引数百个陌生人打来电话。

今天,虚拟身份比真实身份更具符号性和辨识性。人际交往的第一步不是我加你微信就是你加我QQ。网上点餐,在线游戏,人们对网络的依赖日盛。

### 谁都过得比我好

很多人把自己的"幸福"在网上晒出来,让围观的人感到羡慕。其实,你所观看的每一个人都把暗面转到后头,只给你看精彩和美好。尤其是女性,展示与比较是她们最为看重的。花在观看别人幸福上的时间越多,你就越沮丧。

### 老无所依

在中国,养儿防老的观念正逐渐失效,最经常的相处方式是:子女为生计奔波,老人则照顾孙辈发挥剩余价值。退休之后,大多数老人就失去了社会认同,也缩减了社交。有一年春节,一位68岁的大连老太太独自在家,寂寞到摁马桶玩,两个月冲走了98吨水。

### 独生子女

独生子女一代,每个孩子都被整个家庭细心呵护。小儿之间的推搡嬉闹总在第一分钟就被大人制止,谁也不许自家孩子吃亏。父母希望孩子有玩伴,但这玩伴也要是他们认可的,在合肥,甚至有网站组织"宝宝相亲",由父母为孩子挑选玩伴。

过去中国人讲究的人情世故,今天很多都被从简从略了,唯独自我被越放越大。面对硕大无朋的自我,难免有深切的孤独感。

### 离开故乡

富士康总裁郭台铭曾说:"如果我们对员工有任何不合理的要求,就不会像现在'要一个来三个'"。事实是,为生计,初入城市的农民工只能流血流汗,流水线上的工人,哪一个做的不是高强度低收入的工作!一入厂门,再也不得自由,甚至连基本的情感需求都无法满足。

### 因为爱情

"36个月爱情即退潮"的危险始终存在,艰难相处磨损了激情,女人怪男人不守誓言,男人怪女人不似当初。有伴侣常比没伴侣更孤独。

### 我不相信

中国人的聪明才智有多少用来"互害"?食品不安全,学历是假的,慈善多做秀,一个人长大的过程变成逐渐对一切持怀疑态度的过程。

### 水泥森林

高楼占领了城市,家升上半空,变成一个门牌号,人与人之间失去了交流的触点,每个人都留心地锁好防盗门。

城市充满几何感,"个人处于其中会感到迷失,就像一个人在月亮上那么孤独。"

### 成为名人

关注名人有两种心态,一种是粉你,一种是骂你。名声越大越需要有强大的心理承受力,否则便会被长期积累的负面能量压垮。范冰冰放言,她的成功不是白来的,"我能受得了多大的诋毁,就经得住多少赞美。"

### 创作

里尔克写作时总是与世隔绝;马尔克斯则说:"一百万人决定去读一本全凭一人独坐陋室,用二十八个字母、两根指头敲出来的书,想想都觉得疯狂。"

创作的过程是无法与世人分享的,唯有熬过了那些被孤独照得通体透明的日子,才有可能得到正果。

### 孤独症

全世界有6700万孤独症患者,在中国,2011年仅广州常住人口中就有约7万名孤独症患者,而且还在逐年增加。

### 独善其身

"我体会到了真正的孤独,这种感觉淹没一切。"潜入11000米深的马里亚纳海沟的美国导演卡梅隆说。

今天的中国人越来越少地忍受独自一人,而是随手去捡那些容易得到的乐趣。面对外界强加的排斥缺乏承受力,为了不孤独,宁愿不自由,包括接受他们并不享受的生活方式、朋友和社会观念。对此,崔永元说:"我觉得孤独很快乐,比如12点你翻开一本新书,闻到墨香的感觉,这是他人无法给的。"

(摘自凤凰网 2014.11.8)

# 冯仑：互联网没变，我们全变了

□许智博

**Q**：最近您在公开场合上谈论的话题里，"互联网"这个词汇出现的频率很高，您一直以一种积极的姿态去拥抱互联网。

**冯仑**：在一些词汇的选择上，实际上非常有意思，当金融危机来的时候，大家说叫"遭遇"，但对互联网，我们叫拥抱，"拥抱"很有意思，说明没有危险。互联网现在的确是这样子，我们把它放在怀里，揉来揉去，似乎不这么尖锐，也不这么难受，但是每个人"拥抱"以后感觉还是不太一样。

房地产现在是怎么改变的呢？你们没注意到陌陌上市了，我们生意变好了。陌陌最初创业在万通中心，上市前跑到望京SOHO，开始在我们那儿是约炮，到了潘石屹那儿叫娱乐。约炮这个事，搁在三十年前，基本上拉出去枪毙了，但是今天似乎成了社交娱乐化的提法，而且男人提不害羞，女人提不心跳，对90后、00后来说约炮是中性，想娱乐，肯定要一间房，以后就需要很多其他的空间，我们的房地产被娱乐过程中，不仅没有衰减，实际在成长。

**Q**：具体来说，现在房地产行业在哪几个方面与互联网结合得紧密了？

**冯仑**：首先就是营销，从我们产品到客户服务端，全部覆盖了。比如租房、买房，像途家、房多多，租房的过程已经叫全民经济，全民就是一个销售源。

现在，我们万通想把这个城市建好，叫做立体城市。我们想在玩的过程中，把这个城市植入里面，你可以感受到未来理想城市是怎么规划的、怎么住的。现在我们为了推广立体城市，除了这种卖房的APP以外，还开发了一个游戏，让大家通过游戏体验，及时或更早地了解到立体城市的一个形态，以及在立体城市里具体怎么生活怎么工作。如果你玩的过程中有积分，就可以兑换成买房打折的房票，如果你通关了，恭喜你得大奖，送你一套。

另一个重要的层面叫智能家居，以前我们水泥是水泥，墙是墙，地板是地板，家具是家具，床是床，媳妇是媳妇，现在全都分不清楚——所有的墙都是屏幕，所有的屏幕都是网络，这全都是可以打通，这叫智能家居。媳妇放在那儿，用投影给她投上去，她就成了画中人。现在做得最好的是谷歌，他们将通过智能设备和移动终端设备，把家里面的东西全都连起来。智能家居让我们生活有了非常大的改变。

还有一个层面就是社区生活,现在社区很依赖于我们的物业公司,将来这些事统统都改变了,手机都能办。物业公司不能按传统方式走,得把这些服务做成很好玩的APP,让大家有兴趣来参与其中。

Q:房地产最后会"被互联网颠覆"吗?

冯仑:你看这三件事,第一件事把房屋中介给灭了,第二件事把家装给灭了,第三件事把物业公司灭了,那么,我们现在是不是可以做一件事,就是怎么样能够按照客户的想法定制一个房子,我们叫C2B。比如说你在网络上、手机上给我一个系统,我在网络上给你自由定制的平台,这个平台上有很多地、有很多项目,你说你想要什么房屋,我们马上按照你的要求做出来。平台下有一帮人,可能有一个人给你设计房子,另外两人跑腿,你这个项目在北京大兴,我就去大兴搞地,把所有许可证什么的全都跑完,收个跑腿费,然后施工单位负责把房子建起来。

所以用自由定制,房子既满足你个性需要,同时房价还减少,这就是整个地产行业被我们拥抱完了互联网以后,搞成了这样,软性的武器更可怕,互联网没变,我们全变了。我们会变成什么样呢?我里面有他,他里面有我,我不是他,他不是我,我们都变成一个新东西,这个新东西就叫做完成了行业的企业转型,我们不叫转行,叫转型,转行是变成别人了,转型还是自己,但是适应了新的生活。

(摘自《南都周刊》2015年第2期)

# 今日说法

为什么老师带过的每一届,他总说是最差的一届?为什么学校的电脑永远那么慢?为什么粪坑前不修个门?为什么我们无论被骗了多少次,仍然相信那句话:老师来了?为什么饭堂阿姨的手不停地抖?为什么每次都说只拖一分钟讲完这道题,结果下一节课的上课铃声都响了?为什么一开运动会就下雨?为啥一毕业就装修?那个轻松做俯卧撑100下、1000米跑3分钟、肌肉是脑子10倍的老师为什么天天生病?

——校园九大未解之谜

向来诗文上秋的含义,使人联想的是肃杀,是凄凉,是秋扇,是红叶,是荒林,是萋草。然而秋确有另一意味,我所爱的是秋林古气磅礴气象。秋是代表成熟,对于春天之明媚妖艳,夏日之茂密浓深,都是过来人,不足为奇了,所以其色淡,叶多黄,有古色苍茏之概,不单以葱翠争荣了。

——学者林语堂

# 建立"金字塔"型分级医疗体系

## ——专访北京市医改办主任韩晓芳

□刘砚青

> 中央一直提出保基本、强基层、强机制,但现在人、财、物这些医疗资源配置实际都存在严重的倒置现象。

如何实现分级诊疗已成为摆在中国医疗面前一座绕不过去的大山。

在北京市医改办主任韩晓芳看来,造成这一问题在于:尽管中央一直提出保基本、强基层、强机制,但现在人、财、物这些医疗资源配置实际都存在严重的倒置现象。

2014年10月,北京市政府向社会公布了作为北京未来5~8年医改顶层设计的《关于继续深化医药卫生体制改革的若干意见》(以下简称《意见》),并提出建立"金字塔"型的分级诊疗体系。

"分级体系为什么一直建不起来?就是因为没有把各级医院的功能定位说清楚,我们这次就想解决这个问题。"近日,接受《瞭望东方周刊》专访的韩晓芳表示。

## 医保补贴大多用在大医院

**《瞭望东方周刊》**:有人说实现分级诊疗的最大障碍在于基层没有人才,是这样吗?

**韩晓芳**:的确是这样。我们一直都说要"强基层",但现在我们国家的医疗人才结构却是大医院人才荟萃,越往基层人才层次越低。对于基层医院来说,如何吸引人才、留住人才是个大难题。

**《瞭望东方周刊》**:政府对于基层医院的财政投入力度如何?

**韩晓芳**:北京市这些年对于医疗的财政投入非常大,五年来共计投入900亿元,而且对基层医院的财政补偿比例远远高于大医院。尽管政策上有着明显倾斜,但从总量上来看,主要财政投入还是用在了大医院,因为病人基本都集中在了这里。

我要强调的是,财政投入还有非常重要的渠道是医保。医保中很多资金都来自财政。以北京市城乡居民医保为例,政府投入在北京市城市居民人均筹资额中占比86%,在农村居民人均筹资额中占比90%,也就是说,北京市城乡居民中接近九成的医保筹资都来自财政投入,所以即使我们向基层医院提供了财政补贴,但是由于病人集中在大医院,所以财政投入的医保资金也都用在了大医院。

## 越往基层对药品的控制越严

《瞭望东方周刊》:除了人才和资金,你认为大医院和基层医疗机构之间还存在哪些资源错配的现象?

韩晓芳:现在国家对于医疗机构实行三级六等的分级管理,对于医院来说,哪些项目可以开展哪些不能开展都和它的评级相关联。如果评上了三级甲等,那么基本上所有的项目都可以申请,而越往下面就越难。

以药品配备为例,越往大医院走,药品配得越多,越往基层走,药品配得越少。为什么会造成这一情况?我认为,是地方在执行国家基本药物制度时出现了偏差。

基本药物制度是个非常好的制度,但遗憾的是大家对这个制度的理解不一样。政策提出要在"政府举办的基层医疗卫生机构全部配备和使用基本药物",这句话有两种理解:一种是全部基层医疗卫生机构都得配备这些药物;另一种是除了基本药物,基层医疗卫生机构不能再配备使用别的药。由于各地在具体实践当中大多是按第二种方式来理解,所以全国绝大部分省市都把非基本药物目录从基层医疗卫生机构的药品目录中删掉。尽管后来各地根据自己的情况增配了一些基本药物,但是全国基层医疗卫生机构的用药种类也只有几百种而已,少的三四百种,多的也不过六七百种。

虽然国家给大医院的定位是治疗疑难重症,但是大医院所有的药都能进,不受任何限制,越往基层对药品的控制越严,在这种资源错配的情况下,"强基层"的目标太难实现。

## 顶层设计不具体导致资源错配

《瞭望东方周刊》:什么原因导致医疗资源出现如此错配?

韩晓芳:一个重要原因是我们的顶层设计还是不够清晰和具体。我们不是没有顶层设计,2009年政府出台《中共中央国务院关于深化医药卫生体制改革的意见》和《国务院关于印发医药卫生体制改革近期重点实施方案(2009~2011年)的通知》,这两个纲领性文件的思路、目标都非常清晰,但是包括后来发布的政策文件在内,在具体的改革路径设计上还存在一定的不足。比如,我们一直说分级诊疗,却始终没有出台详细具体的路径设计,这就造成我们在执行时缺少分级诊疗的具体依据。

近年来大医院一直在不断扩张,尽管政府三令五申、甚至发布通知要严格控制大医院规模,但始终无法控制。为什么?就是因为它存在着严重的供求矛盾。老百姓总说看病难,到底难在哪儿呢?基层不难,大医院太难,老百姓的呼声非常强烈,所以大医院的管理者提出:我们必须扩大规模,赶紧盖新楼。

医院在盖新楼的时候必须有前瞻性,如果说大医院现在的日门诊量是8000人,那么按现在的增长趋势外推,十年后的日门诊量至少是1万甚至2万。

我们调查,大医院至少三成以上的患者都是得了慢性病来定期开药的,再加上很多小病和常见病,我们保守分析,如果真正建立起分级诊疗,大医院的病人数量至少会分流一半。

所以说,分级诊疗为什么一直没能顺利落地,就是因为政策上缺乏更加明确的依据。

## 按功能划分医疗机构层级

**《瞭望东方周刊》**:你认为医政政策中应该添加哪些明确的设计呢?

**韩晓芳**:我们今天的改革必须站在全局顶层设计的角度去推,所有的政策都要按照这个总体设计来确定具体方案与目标。

北京刚出台的《意见》就是基于这个考虑。我们提出要建立一个"金字塔"型的分级医疗体系,这里面不再有三级、二级、一级之分,而是完全按照功能分级。

"金字塔"的顶层,将由国家重点学科、临床重点专科、临床医学研究中心等组成,即"国家队",主要承担医学科研攻关、推动创新能力和高层次人才培养任务,而不再与其他医院去抢病人;"金字塔"的中层将由区域医疗中心构成,主要承担区域内急难、重症治疗任务;"金字塔"的底座是基层医疗卫生机构,我们把它们称为老百姓的健康守门人。基层医疗卫生机构的主要功能是防病、治病、养病和健康促进。

未来各项政策要按照这个功能来配备。财政补贴、价格补贴和医保都要按照这样的"金字塔"来设计相关的政策,引导医患共同下到基层,不能只让患者下来,医生也要下来。人才没有高低贵贱之分,只有专业的划分。基层医疗机构以全科医生为主,而不是低层次人才为主。

在薪酬制度上,我们也要按功能确定,按人才自身的层级、能力和其贡献来确定,而不是在大医院就挣得多,在基层就挣得少。

为了解放医护人员,我们这次还提出编制制度改革,实行全职兼职相结合。现在医院院长之所以对多点执业的积极性不高,因为医生是我的"单位人",我已经把他们的薪酬、待遇和责任全部承担起来,买断了他们的服务,就不可能愿意让他们再去别的地方挣钱。所以说,不是我们的院长觉悟不高,而是机制没解决。

(摘自《瞭望东方周刊》2015年第1期)

# 快递员改变中国

□张　斌　周筱洲

### 稀缺的"小王"

在物流的最后一公里,22岁的小王是万千快递员大军中的一员。小王说,"每年的双11都特忙,而且是一年比一年忙。但是这份钱并不好挣。这个月我的收入应该会过万,但平时真的没有这么多。"

9月10日,国务院总理李克强在达沃斯夏季论坛与企业家对话时表示,截至今年8月,中国的城镇新增就业已经接近1000万人。这意味着,2014年的城镇新增就业目标已基本完成。

快递员小王是中国每年1000万就业大军中的一份子。他跟着老乡从家乡来到北京,开始是在建筑工地上做塔吊的,那个工作太危险,所以干了半年就不干了。在2014年,塔吊所代表的房地产、厂房等建筑业和制造业遭遇了转型期的困境。不仅如此,中国经济增速告别了高增长时期,进入7.5上下的中高区间。如果倒退回去10年前,这几乎是很多经济学家不敢想象的事情:经济有所回落,但就业在上升。那时很多人认为,只要经济增速低于8%,就业就会出现问题。

小王非常羡慕自己的同行小张,因为他跳到顺丰去了。"顺丰的待遇比一般的公司都要好很多。"小王说,"而且,他们那里干久了比较有发展。"在那里干得好了,公司就会把一块儿区域完全交给某个快递员。这就相当于一个快递员承包了一块区域的全部业务。薪水较好和一定的发展空间是大家都来做快递员的主要原因。小王说进入这个行业的门槛其实并不高,因为每家快递公司都处于缺人状态。

德邦快运一位负责招聘的主管领导表示,"德邦近三年用工人数每年增加1万人,顺丰5年间增加近20万人。""缺人是肯定的,这几年快递行业的业务增长相当惊人,每年都在以50%的速度递增。"国家统计局中国经济景气监测中心副主任潘建成说。

### 悄然的改变

"以前从农村到城市的打工者首选就是进工厂,当保安、服务员。现在有一个现象就是这些年轻的打工者都来干快递了。"小王说。

"这两年,电商业和物流业对就业的驱动是非常显著的。"中铁快运股份有限公司企业管理部部长尚尔斌说,"最近一年,电商又催生出许多新业态,对人的需求将更进一步的增加。"

年初传阿里巴巴花几亿港币入股日日顺10%的股份,"日日顺"已经不是一家传统的物流快递公司,网站上有各种商品,客户可以任意选择然后商家会按照指定时间给你送到家,并负责安装、收款、售后。日日顺推出一个创新,末端有几万台面包车,每台车都变成一个经营体,例如一台车负责一个镇,甚至一个村就需要几台车进行服务,不仅是送货,还需要维护客户和宣传。

这样需要的人会越来越多,以前跑到城里去打工的年轻人慢慢地在家门口就出现许多这样的就业机会。服务的碎片化,需求的个性化和即时性,都在推动就业的发展。

尚尔斌说:"从互联网和电子商务的影响看,其实是中国经济的产业结构在逐渐发生变化。"2013年,统计局的一个数字变化具有里程碑式的意义:中国服务业增加值比重达到46.1%,首次超过第二产业,今年一季度,第三产业的增速又比第二产业高0.5个百分点。

潘建成说:"这也说明中国的经济结构确实正在发生变化,服务业比重提高有一个特点就是服务业吸纳就业比制造业强,制造业的特点是机器替代人,它是越来越挤出就业。""而且,随着经济总量的扩大,一个百分点吸纳的就业不一样了。"他说,"前些年,中国GDP增长一个点能带动城镇新增就业100万,而近几年同样增长一个点,带动就业或能达到150万人左右。"

**主动的改变**

发生在小王自己身上的另一个变化就是自己开始有"五险一金"了。"这就使得许多的隐性就业开始变得显性。"尚尔斌说,"而且国家的城镇化也会主动地推动就业的发展。"

小王身边还出现的一个明显变化是有大学生也是他的同事了,"不过大学生干这个一般都是客串,或者干不长时间就走了,很难留住。"他说。

前述德邦的招聘主管介绍说,现在快运物流行业出现一个现象,招大学生挺容易的,甚至研究生、博士生,但招基础员工、操作员工太困难。"大学教育已经从精品教育变成大众教育,大众教育对教育资源提出更高要求,专业方向应该分类,研究型和服务实践型应该是两个方向。"上述德邦招聘主管说。

尚尔斌则认为,在看到大学教育出现问题的同时,要看到由于技术进步使得中国人口红利消失,中国是全世界的制造中心这个说法不一定成立了,劳动力正在变为劣势,产业结构必须加快向服务业转型。

潘建成持相同的观点,他说,其实大学生都想去服务性的行业,但是现代服务业,例如金融、保险、证券、通信、电力、互联网,这些现代服务业恰恰是中国滞后的,因为滞后,

# 人生三境界

□ 池 莉

人生有三重境界,这三重境界可以用一段充满禅机的语言来说明,这段语言便是:看山是山,看水是水;看山不是山,看水不是水;看山还是山,看水还是水。

这就是说,一个人的人生之初纯洁无瑕,初识世界,一切都是新鲜的,眼睛看见什么就是什么,人家告诉他这是山,他就认识了山,告诉他这是水,他就认识了水。

随着年龄渐长,经历的事情渐多,就发现这个世界的问题了。这个世界问题越来越多,越来越复杂,经常是黑白颠倒,是非混淆,无理走遍天下,有理寸步难行。进入这个阶段,人是激愤的,不平的,忧虑的,疑问的,警惕的,复杂的。人不愿意再轻易地相信什么。人这个时候看山也感慨,看水也叹息,借古讽今,指桑骂槐。山自然不再是单纯的山,水自然不再是单纯的水。一切的一切都是人的主观意志的载体,所谓好风凭借力,送我上青云。

一个人倘若停留在人生的这一阶段,那就苦了这条性命了。人就会这山望着那山高,不停地攀登,争强好胜,与人比较,怎么做人,如何处世,绞尽脑汁,机关算尽,永无满足。因为这个世界原本就是一个圆的,人外还有人,天外还有天,循环往复,绿水长流;而人的生命是短暂的有限的,哪里能够去与永恒和无限计较呢?

许多人到了人生的第二重境界就到了人生的终点。追求一生,劳碌一生,心高气傲一生,最后发现自己并没有达到自己的理想,于是抱恨终生;但是有一些人通过自己的修炼,终于把自己提升到了第三重人生境界。茅塞顿开,回归自然。

人这个时候便会专心致志做自己应该做的事情,不与旁人有任何计较。任你红尘滚滚,我自清风朗月。面对芜杂世俗之事,一笑了之,了了有何不了。这个时候的人看山又是山,看水又是水了。正是:人本是人,不必刻意去做人;世本是世,无须精心去处世;便也就是真正的做人与处世了。

(摘自《文摘报》2014.12.18)

# 解密空气净化器

□王元元

> 目前国内空气净化器使用的活性炭一般有三类:国外进口、国内自产和回收。
>
> 比较好的活性炭100元一吨,中等价位的60元一吨,差的20元一吨。
>
> 部分厂商为了降低成本,选择价格便宜的。

张克(化名)目前定居深圳,是个小有成就的老板。他在山寨手机盛行的年代里注册了一家通讯公司,专卖贴牌山寨机。今天,在雾霾肆虐中国一些城市的时候,他又做起了空气净化器生意,仍然是卖贴牌机——同样的办公室,只是换了一个公司名称。

张克的生意依旧很火,而且越来越火。在过去近两年时间,其公司推出的空气净化器在互联网上销售火爆。"或许我该感谢雾霾。没有雾霾,我可能就没生意可做了。"他对《瞭望东方周刊》说。

像他这样市场嗅觉敏锐的逐利者不在个别。张克的直观感受是,从2012年底至今,深圳乃至整个珠三角地区瞄准空气净化器的厂家在大幅增加,如他一样做贴牌机生意的数不胜数。

无论是今天市场上卖到万元以上的国外著名品牌,还是淘宝上数百元的不知名品牌,它们可能都出自珠三角的同一家代工厂。而有着隐秘血缘关系的它们,究竟因何而身价相差数倍甚至数十倍?其效能又有什么差别?

## 虚虚实实洋品牌

雾霾虽是当下中国的典型问题,但因雾霾催生的市场,却似乎是洋品牌的天下。

行业研究机构中怡康向《瞭望东方周刊》提供的数据显示:2013年前11个月,国外空气净化器品牌零售量占全国市场的81%,国内品牌只占19%;其中,飞利浦、松下、夏普三大国外品牌,零售额年度累计同比增长率分别达76.93%、74.02%、433.87%。而在2014年1~5月,国外品牌销量在整个空气净化器市场占比高达81.99%。

"中国消费者对于洋品牌过度信任,认为只要是国外的东西都比国内的好。实际上许多洋品牌的产品都是在国内生产的,只是挂了个国外的名字。"在某空气净化器厂家担任 CTO 的李洪毅告诉《瞭望东方周刊》。他此前曾在中船重工 718 所（主要研究潜艇的空气净化系统）工作。

本刊记者调查发现，目前在中国市场上热销的国外空气净化器品牌中，大多数产品都在国内生产——夏普的产品产自上海，松下的空气净化器工厂位于广东顺德，飞利浦的中低端空气净化器在珠海生产，大金的空气净化器则由格力代工。

在这个领域从业 5 年的王维（化名）告诉本刊记者，夏普、松下等日系企业通过在中国建立生产基地，产品完全国产化。

目前在国内空气净化器市场占有率第一的飞利浦则是以卖韩国 COWAY 公司（韩国水质净化、空气净化和卫浴行业领军企业）的贴牌机起家。

"COWAY 在 2008 年进入中国市场时遭遇了严重挫折，转而与飞利浦合作，将自己的产品贴上飞利浦的标志在中国市场售卖。目前飞利浦在市场上销售火爆的 AC4076、4074 等以 40 开头的几款机器，都是 COWAY 公司生产的贴牌机，整机从韩国进口。"王维告诉本刊记者。

不过，多数国外品牌在宣传时总是有意无意地忽略产地信息。本刊记者在北京市前门的一家电器专卖店走访时发现，销售人员在介绍上述几个国外品牌时会进行"产品是原装进口，质量肯定比国产的好"之类的宣传。

在中国市场享有盛名的瑞典空气净化器品牌 Blueair，在业内则有争议。

王维告诉本刊记者，曾有接近 Blueair 的人士向圈内透露，这家公司在瑞典斯德哥尔摩的办公室就在一座居民楼里，且该公司的总经理是中国人，公司虽有几名瑞典员工，但其产品完全在中国生产。

"洋品牌产品在外观设计、包装以及品牌打造方面确实比国产品牌强。"王维说。比如，Blueair 就宣称获过瑞典杰出设计奖、德国红点奖等，但重点是，这些奖项单纯是针对产品外形设计的，并非产品性能。

更有甚者，一些中国的投机商人专门跑到国外注册一个商标，然后回到国内卖贴牌机，身为洋品牌。

本刊记者在调查中曾以经销商的身份联系了一家号称全国最大的空气净化器 OEM 及 ODM 供应商台州中黄工贸集团。该集团 OEM 贴牌负责人王全盼向本刊记者介绍说，该公司的一个客户就是专门去美国注册了品牌，再拿该厂的整机贴牌售卖。"他把外包装全都打上英文标识，让消费者觉得产品是个国外品牌，这样可以提高售价。"

王全盼说，成本价为 600 多元的整机，该客户在贴上洋品牌后市场售价为 2580 元，价格上升了三倍多。

此前央视曾曝光过一个空气净化器假洋品牌"康纳利",也采用这种方式,在广东佛山的工厂里贴牌生产。

中怡康的数据显示:2014年第一季度,线下销售额排名靠前的空气净化器品牌中,飞利浦均价在2947元/台,夏普在3307元/台,Blueair为5562元/台。相比之下,传统国产家电品牌售价多在2000元左右。而这样的价位在猎豹移动、果壳、小米等一批科技公司进入后,也被彻底击穿——果壳的小蛋1984元/台,猎豹的豹米998元/台,小米更使出惯用的低价战术做到了899元。

价高未必质优。上海市质监局在2013年底的产品抽查中发现,包括飞利浦、夏普、松下在内的多个洋品牌,均出现标称适用面积不达标的情况。而在2014年4月中国消协对于多款空气净化器产品的测试中,洋品牌依然存在上述问题。

而猎豹移动在推出豹米后,曾向外界展示了其产品与售价数千元的"洋品牌"飞利浦、巴慕达和Blueair产品的性能对比视频,豹米无论在滤网、电机等配置方面还是性能、净化效果上均不落下风。

"洋品牌只是卖一个品牌价值,质量和性能不一定比国产品牌高。"李洪毅评价。

### 疯狂的贴牌

雾霾经济吸引更多的是像张克这样的投机者。

研究机构尚普咨询在2014年1月给《瞭望东方周刊》提供的数据显示,中国生产空气净化器的企业有200余家,华东、华南地区的数量为192家,占空气净化器企业总数的86%。

而今这个数字已经增长了50%。研究机构奥维咨询的数据显示,截至2014年10月,全国共有注册在案的空气净化器生产厂家逾300家。

"这还仅仅是可通过公开渠道查询到的生产企业,不包括代工小厂。"奥维咨询家电事业部总监刘大任告诉《瞭望东方周刊》。

上海市环境保护产品质量监督检验总站实验室主任沈浩对本刊记者说:"国内一些中小企业为了分得一杯羹,仅注册一个商标然后通过贴牌的方式出售产品,连最基本的生产能力和生产技术都没有。"

在刘大任看来,贴牌是空气净化器行业发展的必然产物,"就像山寨手机一样,一方面市场不断增加,蛋糕很大,另一方面技术门槛大大降低,生产周期缩短,这两方面的因素都促使贴牌盛行。"

张克的供应商在"中国家电之都"广东顺德。这里除了有松下、海尔、科龙、格兰仕等知名家电企业建厂外,还有不计其数的中小型家电及相关配套企业。"不夸张地说,你在工业园区转一圈,就能找到一堆做OEM的工厂,很多都是以前做小电器的厂子。"

中山市欧嘉电器有限公司即是一家典型的OEM厂商。该公司电商部经理杨浩告诉《瞭望东方周刊》,该公司所有产品使用的滤材均由3M公司的供应商提供,且采用的是目前市场上最先进的过滤技术,滤网由HEPA过滤网、活性炭滤网及光触媒过滤网三部分组成。

不仅如此,该公司还能帮助客户进行产品外观设计。也就是说,客户不需要做产品研发与设计,只需付钱拿货即可。

## 暴利时代

"100台整机的起步价是410元/台,要得多,价格还可以更低。"杨浩说,这样一款成本在400多元的整机,贴牌后市场售价可以做到1680元/台,利润率达到76%。"当然,这个价格是由贴牌者说了算,想定多少定多少。"

前述台州中黄工贸集团的OEM价格则更灵活。该公司官网显示:订购量1~199台价格为680元/台,200~499台价格为550元/台,500台以上价格为390元/台,如果订购量超过1000台则为350元/台。

该公司贴牌业务负责人王全盼介绍说,该公司产品使用的是美国3M标准的HEPA滤网、专利活性炭、高效除甲醛滤网、500万负离子灭菌,跟国外品牌差别不大。正因为此,考虑到客户的利益,这家公司对于所有贴牌厂家的市场售价作了严格限制——不能低于980元/台。

"正常情况下,同样机器的售价约为1280元至1580元/台,得保证至少50%以上的利润。"他说。

张克的经验表明,贴牌机一般利润在70%以上,市场售价多是成本价的四倍。"做贴牌机生意的基本上都是通过线上渠道售卖,少了线下的店面费、渠道费等成本支出。"

随着新进入者越来越多,价格越来越低,整个行业的利润已缩水不少。

"在整个环节中,贴牌者是赚得最多的。一方面市场售价由他们来定,另一方面整机成本价也在不断压低,我们做OEM的利润很低,只能靠量来赚钱。"王全盼说。

## 滤芯的猫腻

本刊记者调查发现,目前国内市场空气净化器采用的除霾技术有两种,一种是静电除尘,一种是HEPA滤网过滤。李洪毅估计,"目前在国内市场,有四分之三产品采用滤网过滤方式。"

而作为空气净化器的核心部件,滤芯一直被认为存在诸多问题。

亚都内部技术负责人张亮(化名)说,空气净化器整机成本一般由四部分构成——结构(外壳、边框等)、电控(显示屏、电路控制、电机等)、净化材料(滤芯、滤材)、传感器。"净化材料在整机成本中的比重超过50%,如果控制了滤芯的价格,整机的成本就会降低。"

按照欧盟关于空气净化器滤材的定义,依过滤效果不同,滤材可分为17个等级,包括目前市场上常见的F9、H10、H11三个等级,最高净化效率能达到99.99%。这也正是包括飞利浦、夏普、松下、亚都在内的国内外品牌一贯宣称的PM2.5去除率、甲醛去除率均能达到99.99%的由来。

"根据我们的测试,大部分品牌的滤芯过滤效率达不到宣称的那样。"张亮说。这一点也被前述上海市质监局及中国消协的实验所验证。

李洪毅表示,滤材因等级不同而存在价格差异。"目前国内市场上常见的几种滤材,每个等级每平方米差价约20元,最差的和最好的也就相差几十元。如果再加上滤材的加工方式、边框、密封工艺等,不同等级的2平方米的滤材,成本差异在100元左右,最便宜的约60元,最好的则约300元。"

另一点常遭诟病的就是去除甲醛最常用的滤材——活性炭。活性炭质量的好坏直接决定着滤芯吸附甲醛等气体的能力。

《瞭望东方周刊》调查发现,目前国内产品使用的活性炭一般有三类:国外进口、国内自产和回收。"好一点的100元一吨,中等价位的60元一吨,差的20元一吨;不过,在中国市场有不少猫腻。"王维说。

上海昇亮世明净化科技有限公司负责人文哲峰告诉本刊记者,一些品牌为了节省成本,使用的都是"垃圾炭"(回收炭),"这类炭吸附能力很弱,且使用一段时间后容易释放污染物质,但是非常便宜,几元或几十元一吨。"

如今,更多的产品开始使用经过二次加工的活性炭,这类炭不仅去除效率远远高于垃圾炭和原炭,使用寿命也较长。

"活性炭的二次加工需要一定的技术,成本也较高。二次加工的活性炭,一吨在1000元左右,最贵的能达到10万元一吨。日本的一些厂商能把每吨1000元的二次加工活性炭转手卖到几万块。"文哲峰说。

成本差异驱使不少厂商偷工减料、以次充好。"滤芯决定着净化质量,但消费者无法判断,所以厂商可以为所欲为。"王维说,有些厂家将低等级的滤芯包装成高等级的滤芯,更有甚者,一些厂家在同一批次产品中将不同等级的滤芯混用,以降低成本。

按照王维的说法,目前国内空气净化器产品使用的滤芯基本上来源于三类供应商:第一是3M,价格最贵;第二是日本、韩国的,如日本东立,价格比3M便宜10%~20%,性能接近3M但寿命略短;第三则为国产滤芯,比如中纺,价格比3M便宜一半,性能和寿命也相差较大。

"市场上很多产品都说用的是

# 笔迹分析师的技术与江湖

这个看起来像算命先生的行当,却得到了国家资质认证;不过关于这个职业,还是有很多说不清的地方。

**"算命大师"**

高家峰坐在会议室里,上身一件白色唐装,天庭饱满,面相富态,如果再举着一个幡,真以为是"算命大师"。实际上,高家峰每天的工作就是"测字"——通过笔迹来分析一个人的性格特点。

2003年,高家峰在广州的南方人才市场做笔迹分析。他不借助任何工具,凭肉眼研究一番后指出写字者性格上的优劣势以及适合的岗位。那时候高家峰的摊位整天被围得水泄不通。

除了"测前程",高家峰还帮人看姻缘和婚姻关系。一位孕妇老怀疑丈夫出轨,高家峰看了她老公的笔迹后立马让她放心:她老公啊有贼心没贼胆,写字没有力度,有点飘,整个字相对内敛,放不开,说明他喜欢嘴上花,但是行动力弱。还有一位客户把未婚妻的字迹拿给高家峰分析:女孩写字的笔画很长很硬,像刀子,性格应该挺厉害的,自控力差,婚后甚至可能出现暴力行为。客户不相信,女孩长相秀气,说话也温柔,一定是"大师"看走了眼,可结婚后果真被他说中了。

---

3M滤芯,实际上用的是国产滤芯。这样宣传才能定出高价,提高利润。"王维说。

文哲峰所在的公司目前给多家国内外厂商提供滤芯。他介绍说,目前市场上最基本的四层滤网成本价为120元/套,两层(除PM2.5和除甲醛)成本价是60元/套。

"120元的能保证去除效果达到99%,60元的不能保证。"文哲峰说。

王全盼所在的台州中黄工贸集团也为一家洋品牌的滤芯供应商供货,100多元的滤芯被该供应商以1000多元的价格卖给洋品牌,而这个洋品牌的空气净化器市场售价约9000元/台,"可见这里面水分有多大。"

(摘自《瞭望东方周刊》2014年第49期)

行走江湖11年,高家峰的秘诀就是他的悟性和人生经验。开始正式做笔迹分析师时,高家峰已经年近不惑,既干过无线电技术工人,当过文学编辑、媒体记者,还开过公司。

高家峰总结出的经验就是"特征法",其中最关键的两点是看笔压和速度。笔压即写字的轻重,笔压重的人一般是胆汁型人格,精力充沛,做事执著、投入,自我意识比较强,甚至固执。书写速度快代表做事快、反应快、行动力强,追求效率,但比较急躁,一般是多血质的人。此外字的大小、形状、结构特征、倾斜度等也都要同时考虑。

## 在质疑中转正

2010年,国家人力资源和社会保障部委托其下属的全国人才流动中心推出了笔迹分析师资格认证考试,从此被官方认可。高家峰所在的培训机构有资质举办考试和颁发证书。考试分理论和实务,实务就是让学员实际分析一段笔迹,考试通过即能获得证书。可仅仅两三天的培训哪能打通任督二脉,人的字迹千变万化,很难用简单的规律概括,要成为高手需要不断训练,"每个人的技术修炼火候都不一样,看的深度也不一样"。这种进入职业的低门槛导致了行业内笔迹分析师良莠不齐。

内部缺乏行业标准,外界也一直有人质疑笔迹分析的科学性,它与心理学、传统八卦算命之间的关系始终是一个谜。

2011年,华南师范大学成立了国家第一个笔迹学研究与应用中心,高家峰被聘为客座研究员。

## 人情江湖

在高家峰看来,笔迹分析师面对的就是一个人情的江湖。他早年经常因为不懂得人情世故、说话太直而得罪客户。有话直说让客户下不来台,如果光说好话又会被认为是忽悠人。高家峰只得再修炼语言艺术,完成一个笔迹分析师的自我修养,对缺点点到即止,让客户能心平气和地接受。

不光如此,"见风使舵"的本事也必不可少。如果笔迹分析对象是客户的商业对手,高家峰就可劲儿用贬义词;如果分析的对象是客户自己或他的朋友,得多往褒义上说,"其实中国的汉字都很丰富的。"

如今他已经把工作重心从一对一的笔迹分析转移到其他应用上,比如笔迹分析师培训、企业员工培训、通过改造笔迹帮助青少年矫正性格等等。在高家峰的生活中,笔迹分析现在更多时候是一块敲门砖,他用笔迹分析师这个另类的身份敲开他人的心门,再进一步获得信任。

(摘自《南方人物周刊》2014年第46期)

# 80后独生父母调查

□陈 薇 马海燕

从上世纪70年代末期到1980年后出生的独生子女一代,已相继进入而立之年,他们正式从孩子变成父母,从"小皇帝"成长为"监护人"。

未来十年,随着第二代独生子女的出生,由第一代独生父母养育第二代独生子女的家庭将超过1000万个。

有人担心,80后独生父母自己还是垮掉的、自私的、没有责任的一代,如何教育他们的下一代;也有人充满期待,因为他们是更重教育、更重自我、更具公民精神的一代。

## "我要给他(她)最好的"

汪琳,1981年的独生女,成长于湖北省某三线城市,小时候的玩具是自制的沙包、跳青蛙、泡泡胶,她只有两个布娃娃,坏了也舍不得扔。

如今,汪琳自己做了妈妈。与自己的童年相比,她感慨女儿成长条件之优越。吃的是送到家门口的有机蔬菜,奶粉全是海淘,玩具书本堆成了小山。婴儿时每月单尿不湿,就要花掉一千多块钱。最近女儿最新看上的一个"玩具"是自制冰淇淋机!对女儿的要求,汪琳尽量满足。或多或少,这也是她自己的心理补偿。

汪琳还为女儿报了舞蹈、书法兴趣班。小时候,受条件限制,她不会舞蹈、不会音乐、不会书法。她不愿女儿重复自己童年的压抑和无趣。

## 更注重孩子的心理感受

上海思南路幼儿园教师施慧法告诉记者,她的班上,有一位小孩子喜欢吃虾。有意思的是,如果是爸爸妈妈烧虾,他们就会按照人头数平分,一人几个,大家都吃;如果是爷爷奶奶烧,就会说自己不喜欢吃,或是吃过了,只看着孩子吃。她觉得这是因为,"80后父母也是被宠大的一代,讲究'你有我也有',而不会像祖辈那样牺牲。"

"70年代,来接孩子的家长一般会问老师,'孩子今天乖吗?'现在不一样了,家长会问孩子,'你今天开心吗?''你今天学了什么?'"郭宗莉曾是上海一所示范性幼儿园园长。在她印象中,在重视孩子的心理感受上,80后独生父母明显优于其他年代的父母。

当听到女儿在幼儿园受委屈,毕业于北京某知名高校的张文都会想起自己的童年经历。那时候，不管什么原因被老师告状，她的父母都会责怪孩子不听话，甚少倾听她的辩解。她还记得自己小时候沉浸在书山题海中的无奈，青春记忆几乎一片空白。因此，"我绝不让我的孩子深受学习之苦"。她甚至认为，将来自己的孩子可以做一些离经叛道的事情，只要不出格就行。

## 知易行难

几乎每一个80后独生父母都会怀有童年遗憾，与前辈不同的是，他们懂得反省自己，避免在后代身上重演。那些网络流传的育儿经，那几本《爱的教育》《好妈妈胜过好老师》《孩子你慢慢来》一类的畅销书，他们或多或少看过几本。

然而，了解是一回事，做到又是另一回事。

说"要多陪伴孩子"，但是，在上海市科学育儿基地的一些培训课程里，家长只是身到、心未到。孩子唱起了儿歌，身边的家长却在低头看手机。都说尽量不要让学龄前儿童沉迷于电视、电脑等电子产品，但实际情况是，一些孩子还不会说话，已经会在iPad上滑动手指。

很多"80后"独生父母都如张文般纠结，一方面他们想让孩子开心快乐、接受无功利的教育，但另一方面又不能让孩子输在起跑线上，于是，不得不在你追我赶的大环境里妥协。

## 赡养与抚养的双重压力

出于精力、经济等方面的考量，不少80后独生父母主动或被动接受了三代同堂这一生活形式。

对于如何养育"独二代"，80后独生父母和其父母常常有着不同的理解。祖父母们更看重经验和传统习惯，而80后可能更相信书本、网络或者同龄人交流间学来的知识。这样的矛盾，几乎在所有的隔代抚养家庭都或多或少地存在着。

上海社会科学院青少年研究所包蕾萍研究员并不排斥隔代抚养，"隔代抚养模式的主要优点在于，照料者对被照料者往往更关心，更不计得失，照料者和被照料者都能从这种关系中获得满足感。但这种照料模式对孩子未来的成长会造成什么样的影响还有待观察。"

她更担心的是，对于很多独生父母家庭来说，当独二代长大、祖辈衰老难以自理时，80后独生父母必然面临承担赡养和抚养的双重压力。这个危机悬在每个独生父母头顶之上，却几乎没有人愿意仔细考虑。

他们都寄希望于，也许十年后，社会公共服务将为独生父母们提供更多支持。

更重要的是，这十年间，80后独生父母们，需要在现实生活中更主动地自我锻造和成长。

（摘自《中国新闻周刊》2014年第42期）

# 六种父爱

□吴亚顺

**鲁迅：用报纸打屁股**

鲁迅和许广平仅有一子，即周海婴。鲁迅曾称许广平为"小白象"，周海婴刚生下来时皮肤红红的，所以鲁迅叫周海婴"小红象"。

在儿子成长过程中，鲁迅基本让他"完全的解放"，"我现在心以为然的，便只是爱。"据周海婴所著《鲁迅与我七十年》介绍，鲁迅的教育方式是"顺其自然，极力不多给他打击，甚或不愿拂逆他的喜爱，除非在极不能容忍，极不合理的某一程度之内"。有一天，周海婴死活不肯去上学，鲁迅用报纸打他屁股。后来，鲁迅向母亲解释："打起来，声音虽然响，却不痛的。"

**钱基博：做仁人君子**

钱基博乃一代国学大师，是学者、作家钱锺书的父亲。据说，钱锺书周岁时"抓周"，没有抓玩具、糖果、铜钱，而是抓起了一本书。钱基博自己喜好读书，因而喜出望外，取其名为"锺书"。

钱基博对钱锺书管教极严。1926年，钱基博北上清华任教，寒假没回无锡，此时正读中学的钱锺书扎进了小说的世界。等父亲回来考问功课，十六岁的钱锺书过不了关，于是被痛打一顿。

钱锺书考入清华大学外文系后，钱基博还时常写信给他。一封信中说："做一仁人君子，比做一名士尤切要"，随后一封信则表示："现在外间物论，谓汝文章胜我，学问过我，我固心喜，然不如人称汝笃实过我力行过我，我尤心慰。"

**梁启超：求学问不求文凭**

梁启超九个子女，个个成为专家，甚至"一门三院士"——建筑学家梁思成、考古学家梁思永、火箭控制系统专家梁思礼。另外，四子梁思达是经济学家，次女梁思庄是图书馆学家，三女梁思懿是社会活动家。

梁启超毫不掩饰自己的爱。1927年6月的一封信中，他写道："你们须知你爹爹是最富于感情的人，对于你们的爱情，十二分热烈。你们无论功课若何忙迫，最少隔个把月总要来一封信，便几个字报报平安也好。"

在求学这一方面，梁启超根本不看重文凭，而是强调打好基础，掌握好"火候"。他对梁思庄说:"未能立进大学,这有什么要紧,'求学问不是求文凭',总要把墙基越筑得厚越好。"并教孩子们求学问、做学问的方法——"总要'猛火炖'和'慢火炖'两种工作循环交互着用去"。

同时,梁启超强调责任的重要。1923年,他写给长女梁思顺的信中说:"天下事业无所谓大小,只要在自己责任内,尽自己力量做去,便是第一等人物。"

### 梁漱溟:
### 补考通知单只瞟一眼

梁漱溟育有二子梁培宽、梁培恕,对于他们,他给予最大自由空间。梁培恕说:"我们受到的可能是最自由的教育,拥有了别人没有的最大的自主权。"

梁培宽时常会提到一次考试。当时,梁培宽考了59分,内心忐忑地拿着学校要求补考的通知给父亲看。"他只看了一眼,就又还给了我。"梁培宽说,他后来明白父亲的用意,"自己的事情自己负责"。

### 胡适:
### 平时不亲热,只知责怪

胡适和妻子江冬秀育有三个子女,长子胡祖望、小儿子胡思杜,女儿五岁时夭折。胡适忙于公务,无暇顾及子女。

1929年,胡适给胡祖望写信,其中说:"功课及格,那算什么?在一班要赶在一班最高一排,在一校要赶在一校最高一排。功课要考最优等,品行要列最优等,做人要做最上等的人,这才是有志气的孩子。"这时,胡祖望十岁,离开父母,独自在外上学,父亲如此高的期望,恐怕只会感到"压力山大"。次年,胡适即大失所望,接到学校发来的"成绩欠佳"的报告单,怒道:"你的成绩有八个'4',这是最坏的成绩。你不觉得可耻吗?你自己看看这表。"

最终,胡祖望虽然上过大学,但远未达到胡适对他的期望;胡思杜读了两所大学都未能毕业,却染上了不少坏习气。在给江冬秀的信中,胡适曾自我反省道:"我真有点不配做老子。平时不同他们亲热,只晓得责怪他们功课不好……"

### 丰子恺:
### 反对培养"小大人"

丰子恺育有七个子女,他认为童年是人生的黄金时代,极力反对把孩子培养成"小大人"。丰家"老六"丰一吟说:"爸爸特别反对家长按照成人的观念去干预孩子,他从不要求孩子们做什么,任由我们根据兴趣发展。"丰一吟读完初一,"不想读了",丰子恺送她去学美术,但丰一吟没有什么兴趣,便逃课去学京剧,"父亲没有怪我,还去看过我的京剧表演"。

有一次,长子瞻瞻要丰子恺抱他到车站去买香蕉,"满满地擒了

# 我为什么不能低头

□阎连科

少年时,贪图便宜,渴望捡样东西,总爱低头走路。小学、中学,直到当兵,都爱走在路边,左顾右盼,贼眉鼠眼地瞅瞅看看。也确实不断捡到铅笔、橡擦、一分二分的硬币。但捡钱从来没有捡到五元以上,命薄如纸,回忆起来觉得辛苦至极,却又收获甚微。值不得。

到了当兵之后,有了思考,觉得没有财富之命,那就改道仕途去吧。渴望提干,渴望当官,就像渴望萍水相逢一个好的姑娘。而在军营,乃至全国机关,真想当官,是要谦虚谨慎,言辞虚虚,见了上级,不说毕恭哈腰,也该点头低头。因为渴念官途,拜着权力,也就和千人万人一样,见了长者点头,遇了上级低头,加之长期伏案写作,也是朝文字、文学跪拜磕头,这点着低着,就有了腰病颈病,日日渐深,终于腰间再也不能负力直硬,不能灵动弯转,人走人立,如一杆直棒一样,使那腰椎间盘突出的长期病症,已经伴我二十几年;颈椎骨质增生,也已二十余年,时轻时重,疗无显效,就每天在脖子箍一颈托,使它不得随意扭转,顾左看右,更是不能丝毫低头写作,不能低头说话,哪怕见了厅长局长、文豪权贵,稍一低头,就会晕眩转向,想要跌倒。

也就在这二十几年,永远都要直腰说话,抬头走路,连写作也不能丝毫弯腰勾颈。与世事何人,万皆如此,真是难为自己,迫不得已。

(摘自《南方周末》2014.11.6)

# 母亲这种病

□查小欣

读大三时,儿子与5个男生搬到在学校脚程内的独立小村屋去,6个人,每人一个房间,共享三个厕所。未出国前,儿子最痛恨别人使用他睡房里的私人洗手间,觉得不卫生,经过两年的群体生活后,他不再介意。

有些被骄纵的学生,要父母从香港定造指定品牌及软硬度的床褥寄到美国去,还有指定的枕头和被铺,否则会失眠。当然也听过有学生储起一个月替换出来的衣物寄回老家去洗净,再寄回给他们,令人失笑。

送儿子留学,除了为一纸文凭和学位外,还要让儿子学习独立,训练适应不同环境,吸收多元文化,锻炼社交技能,如固步自封,到了别人的地方,仍活在自己的框框里,那倒不如留在自己的地方。

在美国有位相熟的华人司机,我以前留美期间由他管接管送,异常方便,可是费用是30美元一小时,昂贵,所以每次叫车都是先安排密密麻麻的行程,每到之处都是匆匆忙忙,以省车资。我赴美前,儿子来短信,叫我不要请那位司机,认为他收费高又不熟路,浪费时间和车资。他提议用uber召车服务,方便快捷安全又便宜,可是uber仅供持有当地信用卡的居民使用,于是此行用车就由儿子负责召车。

感到欣然,不单是省了车资,而是儿子逐步迈向独立,融入当地生活,我不用负责接送他,反过来由他接送我。两年前儿子来美之初,事事仍懵懵懂懂,大小事项都由妈妈安排打点,两年的外国生活,独自面对处理和承担学业、起居饮食等,加速他的成长,尤其他坐着uber出租车来酒店接我,感觉被照顾,满心欢喜,竟又一阵鼻酸。

心情矛盾,欢喜和心酸在角力,口里说想儿子独立,心中其实有一小角落还是奢望他仍需要有一点点依赖父母,所以每次他托我办事,我都第一时间办得妥当,以赢取他的依赖。

他带我参观他的新住所,是间小小的旧式独立屋,有点破烂。他逐一介绍五位同屋给我认识,他们或跟我握手问好或点头微笑。我把他们的名字、样子、特征牢牢记住,回到酒店还做笔记,以便与儿子沟通时更为亲切。

儿子的睡床是好友卖给他的二手床,收拾整齐,跟香港他的睡床一样铺上米白色床单,墙上贴满他网购的海报和几张他的画作,房中满布色彩,分外温暖,衣柜和散放台上地上的杂物比较凌乱,房中唯一的椅子是朋友用不着给他的,用来放食物和饮品的三手雪柜是廉价买回的。

参观了两层高的房子,感觉是客厅、厨房、厕所等公用的地方太凌乱,灰尘寸厚,墙角堆了垃圾,一看便知长时间无人负责收拾清洁,有点肮脏。儿子问我对房子的整体感觉,我没直率地把话说出来,换了个方式说:"妈妈觉得你很棒,很能适应环境,这里的环境与家里完全相反,也跟你大二的旧居很不一样。"大二他跟三个同学合租新落成的大型现代屋苑,电视、洗碗机、洗衣机等电器用品,一应俱全,管理完善。

他点头同意:"是呀,但最起码这是我个人的房间(my personal room),在香港,你们都为我预备好一切,不由得我做主,现在我的房间完全是由我来安排。"

我听得心中一阵刺痛,身为父母以为对他无微不至,事事照顾周到,他不单身在福中不知福,稍稍学会独立,便反过来嫌弃,埋怨没有布置睡房的自由。

他的话触动了我的神经,正要"骂醒"他,此时想起读了一本心理医生写的书《母亲这种病》,书中提出:"现代人的心灵问题,可能都是来自母亲。"母爱很伟大,但很多人却为与母亲的关系所苦,难以摆脱饰演乖宝宝的枷锁,无法做回自己。如母亲过分严厉,孩子一生会充满自我否定的想法。

母亲对子女会有很多不同的期望,但子女对母亲最大的心愿只是被了解、被认同。我们眼中的"身在福中",对子女来说是个要牺牲自由自主的处境。

(摘自《南都周刊》2014年第47期)

## 今日说法

我学的技术在人们的生活中起着很大的作用,我不会后悔自己的选择。而且三百六十行,行行出状元、每个人只要在适合自己、自己感兴趣的岗位上工作,都会很强大的!

——第六届全国数控技能大赛决赛开幕式的宣誓代表周浩引发关注。3年前,因为不喜欢单纯的理论学习,他选择从北大退学去技校,如今成为技校里最优秀的学生之一。

本人经过严格训练,有能力将大家安全送到陆地。

——2014年11月10日,南航CZ3739航班起飞后发动机起火,机长淡定播报安慰乘客,成功降落。

如果领到此奖就很高兴的话,感觉有点蠢,但是如果说不高兴,又有点令人讨厌,所以就装作处于高兴和不高兴之间的状态。

——2014年11月8日,73岁的日本动画大师宫崎骏被授予奥斯卡终身成就奖。

# 你何以为报

□邓笛/编译

你1岁,她喂养着你,给你洗澡。你整夜哭闹。

你2岁,她教你走路。你跟跟跄跄地乱跑。

你3岁,她精心为你制作每一餐。你把餐具往地上抛。

你4岁,她给你买了蜡笔。你在家里雪白的墙上画了狗狗猫猫。

你5岁,她给你穿上新衣服过节。你滚在泥地上和小朋友们嬉戏玩闹。

你6岁,她送你去读书。你哭喊着说不愿意去学校。

你7岁,她给你买了一只皮球。你砸坏邻居玻璃窗惹得人家上门来告。

你8岁,她给你买冰淇淋。你把黏糊糊的手往她衣服上揩。

你9岁,她请老师教你弹钢琴。你宁可坐着发呆也不愿把钢琴练好。

你10岁,她开车送你去体育馆。你下车就走,头不转来手不招。

你11岁,她带你和你的同学去看电影。你不要她和你们坐一道。

你12岁,她让你不要看某些频道。你偷着看不理这一套。

你13岁,她建议你去理发。你笑她落伍,是一个"土老帽儿"。

你14岁,她替你报名参加了夏令营。你不懂得写信把平安报。

你15岁,她下班回到家想把你抱。你关在卧室里不愿把面照。

你16岁,她陪着你学开车。你一有机会就独自开着车跑。

你17岁,她要等一个与你有关的重要电话。你整晚都占着电话和朋友把天聊。

你18岁,她在你中学毕业典礼上流下激动的热泪。你彻夜不归与同学聚会一通宵。

你19岁,她送你上大学帮你拎包。你却怕同学讥笑。

你20岁,她关心你有没有过约会。你叫她别把心操。

你21岁,她为你将来的事业出谋划策。你认为你不会像她一样白来人世一遭。

你22岁,她庆祝你大学毕业了。你伸手向她要出国游玩的钞票。

你23岁,她送你家具,布置你独立生活后的第一间房。你向朋友抱怨说家具一点儿也不时髦。

你24岁,她见到了你的对象,询问你们将来的计划。你瞪着眼冲她喊,妈妈,不要瞎操心,好不好!

你25岁,她帮你置办了许多嫁

# 拉菲堡：顶级酒庄之旅

□王文婷

伸直手臂
逆光
让水晶杯齐眉
凝聚起土地的历史
品评红宝石的荣辉
……

这是法国品酒大师弗兰西斯·蒙台吉埃品酒时的"塑像般的姿态"，诗人亚历山大·亚里曾为他写下这精彩的诗行，地点是在以葡萄酒闻名于世的波尔多。

在法国，哪里有葡萄酒哪里就有神奇的传说，这几乎成了法国的俗语。1500年来，法国西南部的波尔多地区更以盛产葡萄酒、盛产关于葡萄酒的神奇传说而著名。古老的波尔多的葡萄园有的可以上溯到公元4世纪。但是，对于波尔多的葡萄种植人员、加工酿制人员，甚至葡萄酒的装瓶运输人员来说，最大的神奇，就在于葡萄酒本身。波尔多天下闻名的五大顶级一等酒庄更是全法国的珍奇。

高居五大经典顶级酒庄之首的，是沙都拉菲。

## 酒庄的故事

酒庄原文是"Cru"，专指葡萄酒产区。1855年，世界博览会在巴黎举行，波尔多商会指示波尔多葡萄酒经纪人组织为波尔多最古老最著名的葡萄酒产区梅铎的葡萄酒制定一个等级制度。经过严格的评定，在经典顶级酒庄 Premier Cru-Classes 中，又选出四家一等酒庄。这个等级制度一直保持到现代，直到1973年，波尔多另一个酒庄穆通·罗斯柴尔德堡酒庄从当年的第

---

妆。你在远离她的地方安上了你的爱巢。

你30岁，她打电话告诉你抚养宝宝的经验。你说她的经验太老套。

你40岁，她通知你家里某某人的生日快到了。你说你忙得不可开交。

你50岁，她病了。你觉得她成

了负担让你受不了。

接着，有一天，她静静地走了，你忽然想起你还有许多话没有对她说，还有许多事情没有为她做到。为什么要到这一天，才想到何以为报？别等到她离我们而去时才懂得母亲是那么重要。

（摘自《新华每日电讯》2014.11.18）

二级经典酒庄晋升为第一级酒庄。这样,法国葡萄酒乡波尔多便有了五个经典顶级一等酒庄:拉菲·罗斯柴尔德堡、拉图尔堡、玛戈堡、穆通·罗斯柴尔德堡、上波隆堡。

这些酒庄的名称都有一个"堡"(Chateau)字,这也许正是经典等级制度下酒庄的特征。这些酒庄果然都有一座古代城堡,所以,法国经典等级葡萄酒的酒标都有一个古典城堡,熟悉法国葡萄酒标签的人,一看商标上的城堡图案,就知道是哪一个酒庄。

经典顶级的酒庄中,一等有5家,二等14家,三等15家,四等10家,五等18家,加在一起才62家,选择相当严格。只要能进入其中,即使是五等,也是葡萄酒世界中的佼佼者。而沙都拉菲则处在这个经典顶级金字塔顶尖上。

### 造物奇迹——沙都拉菲

沙都拉菲(拉菲堡),是造物的奇迹,是一篇长长的史诗。

拉菲堡地处梅铎地区最好的土地上,布有圆石子的黏土、石灰和砂质的土壤上,种植着波尔多三种最经典的葡萄品种苏维翁、梅罗特和佛朗克。大西洋的海风吹来丰足的雨水,而大西洋和地中海在这个地区往来的对流,又使这个地区非常干爽,北纬45度的阳光给葡萄带来最重要的光照。所有这一切因素集中在一起,才保证了沙都拉菲的质量。

拉菲堡的酿酒专家们更是像艺术家一样创造沙都拉菲。

现代的拉菲堡,酿酒设备已经现代化了,但是酿酒工艺却依然是最传统的。沙都拉菲葡萄酒按固定比例选用三种葡萄酿制,苏维翁占71%,梅罗特占20%,佛朗克仅占5%。沙都堡酒窖师傅凭着天才的经验品尝新酒,然后决定新酒的发酵时间。

今日的大师是罗伯特·雷弗尔,他那天才的嘴巴负责沙都拉菲的一切美味。

全部的新酒要在全新的橡木酒桶中发酵,沙都拉菲发酵过程要使用最好的橡木酒桶。这些橡木酒桶都是在当地监制的,以保证酒桶原料橡木的质量,质量差一点的酒桶,用来生产沙都堡的二级产品。

经过18到24个月的发酵,葡萄酒在酒庄装瓶。装瓶之前还要经过7次滗酒,并在每一个酒桶中加入6个鸡蛋的蛋清对葡萄酒进行澄清。

经过严格加工酿制,一瓶沙都拉菲,就像是一件艺术品。深红色的酒液呈现出黑檀木的颜色,那是一种深厚的红宝石色泽。酒体雅致,平和圆润,酒香浓郁多样。品尝之初,清淡的感觉中蕴含着丰富的樱桃和李子的味道,再慢慢斟酌,一股紫罗兰花丛的芬芳悄然而生,若隐若现。

沙都拉菲体现了法国葡萄酒最精致的细节。

然而,沙都拉菲似乎太贵族气了,世界上有多少精致的嘴巴可以有机会、有能力如昔日的佛兰西斯·蒙台吉埃和今日的罗伯特·雷弗尔那样品味沙都拉菲的美味呢?历史上又有多少人可以像法王路易十五和他的宠臣一样任意挥霍沙都拉菲的珍奇呢?而像16世纪大文豪拉伯雷笔下的那些大桶喝酒、大缸饮醪的豪杰巨人们,哪有那份矫饰的风雅去细品沙都拉菲的娴静呢?这些粗豪的法国英雄们噢,只要有酒,哪管你沙都拉菲还是拉菲沙都,早已大江大河般开怀痛饮了。

## 开启沙都拉菲

这是一项慎重且优雅的动作,这样才能"配"得上沙都拉菲的华贵。

你可观察餐厅中熟练的餐酒管侍的动作而学习到开瓶的技巧。

侍者首先将酒让客人确认,并说出酒的产区和年份,酒的展示方式应以客人阅读标签方便为原则;接着侍者使用标准开瓶器所附的特殊小刀将铅封去除,割开铅封的地方可在瓶颈上方外凸部分。如此在倒酒时就可避免酒接触到铅封。

可使用杠杆式开瓶器的螺旋形铁锥将瓶塞平稳且缓慢地拉起,以避免在过程中损坏那瓶酒,当瓶塞快要脱离瓶口时,侍者用手将塞子轻轻拉出,如此就不会发出声响。

拉出瓶塞后,侍者再用餐巾擦拭瓶口。接着他闻一闻那瓶塞,如果发现异味,他可谨慎地品尝那酒去证实他的疑惑。检查完毕后,首先将酒倒一些给主人品尝,如果主人表示对酒满意,侍者会从主人的右方开始倒酒给客人,倒酒时应让每一位客人都能看到酒的标签。

知识链接1:

### 拉菲的中国现象

中国人对拉菲的崇拜,已经超越了年份、分数以及酒质,这种奇怪的现象被英国《醇鉴》杂志称为"拉菲的中国现象"。该杂志曾在卷首语中写道:"世界上其他地方决定好酒的因素,在中国不一定适用。以拉菲副牌 carruades de Lafite 为例,不论在英国还是美国,从来就不是非要不可的葡萄酒,但在中国却比许多一级酒庄和二级酒庄还要抢手。"

知识链接2:

### 值得关注的年份

有关市场人士曾列出一份比较值得关注的、仍然有升值空间的拉菲酒的年份单(价格随时间与市场情况有所波动,仅供参考)。分别是:Château Lafite Rothschild 1982;Château Lafite Rothschild 1986;Château Lafite Rothschild 2000;Château Lafite Rothschild 2003;Château Lafie Rothschild 2010。

(摘自《半月选读》
2014年第24期)

# 原本的味道最好

□尤 今

由作家六六的婚姻故事,我联想起外祖父母那一段爱恨情仇交缠半辈子的婚姻。

身材颀长的外祖父,温文尔雅,风度翩翩。他在马来西亚北部大城怡保从事橡胶出口生意,闲时喜欢舞文弄墨,是让人倾心的儒商。外祖母外貌清秀,知书识礼,气质极佳。

两人凭媒妁之言结合,感情很好。外祖父是外祖母的天、地、一切。她看他的眼神,有亮光,也有声音;柔情像院子里的月光,铺满了她整个胸腔,即使连飞绕的蜜蜂和蝴蝶,也能强烈地感受得到那种深入骨髓的爱。家里婢仆成群,但是,他的起居饮食,她从不假手他人。每天晚上,当她看着他用银匙吃她亲手炖的冰糖燕窝时,笑意由嘴角流进眸子,无声无息却又惊天动地。

第三者,是外祖父的秘书。

很年轻,很大很圆很深的酒窝给她恬静的气质增添了一种近乎疯狂的妩媚,像一朵因为畅饮阳光而酩酊大醉的向日葵。在她腼腆内敛的外表下,有着一种像野马般的澎湃热情,这种糅合着静与动、柔与刚的特质,对外祖父形成了致命的诱惑。

外祖母把小秘书当成妹妹般宠爱,时时邀她回家共餐。深谙世情的太祖母警告外祖母不要"大意失荆州",可外祖母以为自己的婚姻像磐石,反倒怪太祖母小心眼。然而,有一天,当外祖母发现小秘书与外祖父对视的目光热气腾腾烟气袅袅时,大势已去。

外祖母大吵大闹,外祖父表面上依从外祖母而辞退了小秘书,实际上却把她收藏在金屋里。藏了好几年,外祖母竟一无所知。等外祖母察觉时,外祖父和小秘书已经有了爱情结晶,而且,不止一个。那个锥心的痛与恨啊,把外祖母转化为一头凶猛的老虎,她上门揪打第三者,第三者一再迁居,她一再上门捣毁。在外是如此张牙舞爪的泼辣,回到家里,她却成了活化石。心里疯狂地爱着外祖父,对他却彻头彻尾地冷,冷得连空气都起着鸡皮疙瘩。他百般讨好,她却对他不瞅不睬,不是一年两年,而是终身。她给婚姻灌了一剂哑药,哑了的婚姻,是竖立了墓碑的婚姻。

外祖父心里肯定也爱着这个饱读诗书的妻子,感情的出轨使他心坎布满窟窿,每个窟窿都注满了歉疚之情,他想用更多的爱来补偿,但是,住在同一屋檐下的妻子拒绝沟通,不肯对话。

# 郑渊洁：我的童话
# 不公主、不王子，是预防针

□朱晓佳

郑渊洁平时基本不穿正装。2014年12月26日，他在《南方周末》"中国梦盛典"上演讲时穿的黑色西装，几乎是他唯一的西装，那是7月他临时在洛杉矶买的。

那次，一位中国留学生不幸被人枪杀。死者是郑渊洁的读者，他的朋友邀请郑渊洁去参加葬礼。郑渊洁决定穿得庄重些，挑完西装，他拿起了一条黑色领带，执拗的意大利店员一定要让他试红色的。不懂英文的郑渊洁只能比划：用手比着手枪"砰砰"两声，然后"啪唧"躺倒在地，又倏地站起，低头做默哀状。店员终于懂了。

此前郑渊洁唯一一次出国是1986年，当年被菲律宾马尼拉市的"繁华景象"震惊后，他决定窝在家里再不出国："因为见不得别人的好。"

2014年，他去了洛杉矶，站在南加州大学洛杉矶分校门口自拍，上传微博。十几分钟，从各处冒出来十几个中国留学生，都是郑渊洁以前的读者。

这样的游戏他进行了好几十次，包括这次来"中国梦盛典"："我就是为了让从小看我书的这些孩子们觉得，生活中随时都可能有好玩的事儿发生。"午饭时，郑渊洁用叉子叉着面前的一大盘蔬菜，对《南方周末》记者说道。

---

外祖母年届七十撒手尘寰，临终前，外祖父苦苦乞求她的原谅，但是，倔强的她，始终没有点头。她含泪而逝。办完丧事后，第三者理所当然地搬去与外祖父同住。可是，郁郁寡欢的外祖父，每天下午三点到六点，都"离奇失踪"。后来才发现，他每天风雨不改地到庙宇去，在外祖母的灵牌前和她说话。她生前不肯听他说，她死后，他才说，一直说一直说，直到几年后他也去世而化成骨灰为止。他们爱了一生，也痛苦了一生。他走错了一步，赔上了所有人的幸福；她呢，负面与消极的回应方式，使她以一生的快乐做了悲惨的陪葬品。

只要第三者从后门进来，快乐便从前门溜走，永不复返。

（摘自《半月选读》2014年第24期）

郑渊洁最爱吃胡萝卜，十二生肖里他最像兔子，不过这种温顺的动物在他笔下很少有正面形象。在他的童话《驯兔记》里，孩子们被训练得万事听话，直到长出兔耳朵——许多人对中国教育制度最初的反抗，是从看他的童话开始。

十多年前，郑渊洁逐渐意识到，小读者们渐渐长大了，自己的写作也被带往成人的方向。再写下去，与其说是童话，不如说是荒诞的社会题材小说。《童话大王》暂停了新作刊登，许多老读者就此流失。

近十年，郑渊洁的童话不再像以前那样锋芒毕露，新书也多是当年给郑亚旗编写的一系列童话教材：《舒克送你一支神来笔》（写作教材）、《皮皮鲁和419宗罪》（刑法教材）……他的"养生经"，也都收在了《皮皮鲁送你100条命》的安全健康教材里。

《童话大王》创刊30周年，总印数超过1亿册，总字数超过2000万字。郑渊洁本打算在北京办一个生日会，并发表一段20分钟的演讲。但他接到了来自《南方周末》的电话，那段演讲于是挪到了"中国梦盛典"上。在演讲的最后他说："我的书里也有很多反映民生的故事情节。这一点在本质上和《南方周末》差不多。"

### 私塾教育的弊端，就是无法早恋

**南方周末**：郑亚旗已经32岁了，回过头看，你觉得你对他的私塾式教育有没有弊端？

**郑渊洁**：最大的弊端就是，他失去了早恋的机会，他不知道好女孩是什么样。后来他长大找对象，每一个他都觉得很好，明明我看着不大好。因为他没接触过女生。早恋是人生中一笔巨大的精神财富，成年以后同学聚会，你看到你暗恋的人变成了后来那样，你才能偷着乐啊。

社交这方面他倒没失去什么，得感谢互联网。他1993年学会上网，那时候还是拨号上网，每个月花我五六千块钱上网费，我在旁边看得腿直软。他现在很多朋友，都是那时网上认识的。

**南方周末**：很多小孩可能很羡慕郑亚旗，但郑亚旗在中国基本上不具有可复制性。

**郑渊洁**：在中国是不太可能。但是在美国，有几十万孩子都在家上学。开始是教会的人，不愿意自己的孩子跟普通孩子在一起，后来慢慢扩展到普通人。在一些州这个制度已经很完善了，家长需要先到政府的教育部门考试，认证了你有这个资格后，可以批准你的孩子在家上学。

但在中国不行。我的孩子在家读书，开始不敢说，因为有义务教育法。但这个法律是没有追溯的，不可能说事后发现，已经二十多岁了，还被送回学校。所以我就得逞了。

**南方周末**：有人担心你的童话

"教坏小孩",你怎么评价你的童话?

**郑渊洁**:我的东西孩子们看完,长大以后不会觉得原来是蒙我的。我的童话不公主、不王子,但是有预防针作用。

## 舒克贝塔为爷爷姥爷"翻案"

**南方周末**:很多70后、80后,甚至90后,对教育制度的反思,甚至价值观的塑造,是从看郑渊洁的童话开始。郑渊洁的价值观又是从何而来?

**郑渊洁**:我去美国,见到的美国人都问我:你小时候在国外长大的吗?当然不是,我连一句英语都不会说。

这些东西就是从父辈祖辈那儿来的。我爷爷是富农,姥爷是非常有名的中医,但他们的家庭在"文革"时也都完蛋了。

但我的父母又都在新中国成立前就参加解放军了,后来发生的事,也肯定给他们造成了很多影响。

**南方周末**:你父母当年都怎么教你?

**郑渊洁**:我当完兵,恢复高考的时候,我妈妈说可以不上大学。那时我已经准备考了,因为我女朋友家里让我考。但我妈妈说,你要有真本事,就不用上;你要是没本事,上了也是活受罪。

还有就是他们尊重别人,觉得人人应该有尊严,不应该因为他是地主、富农,就得受别人欺负。他们也不是灌输,就是在饭桌上说话,我就听着。

教育孩子最重要的地方,就是饭桌。你在饭桌上有意识地说一些话,不是针对他的,反而对他的影响是最大的。你要真的针对他,他都逆反。

后来我有了话语权,我写作时想的第一件事,就是给爷爷、姥爷翻案。怎么翻案呢?以前的童话,大白兔、山羊是好的,狐狸、狼什么就是反派,我就让两个主角是老鼠,写了《舒克和贝塔》。其实根子在这儿呢。

**南方周末**:你在部队的工种是修飞机。舒克算是实现了你开飞机的理想?

**郑渊洁**:可不是嘛,小时候我就把雨伞捆在手上,从二楼往下跳。跳下去的时候,伞面都翻上去了。好在底下垫了东西,二楼也不高,我也没什么事儿。但飞行员我是当不了的,那时候做飞行员要看成分,我政审过不了。

**南方周末**:几年前你先后退出了北京作协和中国作协,以你的性格,为什么憋到那个时候才退?

**郑渊洁**:当时人完了以后,一直也没有什么人找我参加任何活动。所以一直没有意识到这个组织的存在。

直到玉树地震捐款,中央台打字幕:中国作协一共捐了108万元。我就问这有我多少?他们说100万元。我说那我们不能写在一起。他说,你是作协的,为什么不能写在一起?那我想还不如退了呢,没准儿以后还要捐款呢。我觉得有钱出钱,有力出力,我不嘲笑谁。但你要我写在一起,我不干。

**要解决生活的不满,
等写个童话出来
就太慢了**

**南方周末**:2014年的"中国作家富豪榜"主榜,你以1900万版税位居第二。在全世界出版业受到冲击的今天,你的童话用什么来保持销量?

**郑渊洁**:家长舍不得孩子们看屏幕,怕他们把眼睛看坏了,但看书往往要几个小时。全世界范围内的成年人,读报量、读纸质书的量都在下降,只有儿童读物销量没有下降,就是因为这个。郑亚旗也帮我在亚马逊上做电子书,付费阅读,但销量就明显不行。

像kindle那样的东西,体验完全和纸一样了,儿童读物销量也就该下降了,当然这也不会是一两年的事。

**南方周末**:2004年,你开通博客;2010年又用上了微博。这些对你的写作和生活有什么样的影响?

**郑渊洁**:一个是想起什么就能写什么了,没人审查,原来那个通道虽然是我一个人写,但还是有人审稿的。南方周末介绍我说,《童话大王》是最早的自媒体,其实不是,它是有主管单位的。

另一个作用就是,最早那些已经长大了的读者,又回来了,他们也许想看看这个人的生活状况吧。其实全世界的读者,买某个作家的账,甚至到这个作家死后,短时间内销量都可能上升,有时候不光是买作品,也是买他活着的那口气。通过微博、博客看到你的生活状况,看到你还活着。

在微博上,我大多表达的是一些不满的事,我需要解决它,等到写个童话出来就太慢了。

**南方周末**:微博帮你解决过什么让你不满的事情?

**郑渊洁**:有一次我开车听收音机,新闻说安徽有个农民到北京来,一家六口,贷款买了辆三十多万的卡车,帮北京园林局运土。结果走在宣武区的一个路上,路面突然塌了,卡车掉下去了。这个农民被救上来以后,腰断了。他儿子送他去医院,再回来,坑已经被填平了,卡车被埋在里面。为这事,他儿子找了很多单位,都在踢皮球。

我就发了一条微博,几十万人转发,最后北京市政府出面解决了这件事,赔了40万。我又在微博上表扬了他们。政府也跟小孩似的,你得哄着他。

(摘自《南方周末》
2015.1.8)

# 叶兆言：
# 面对女儿，我比想象的更俗不可耐

□ 洪 鹄

> 他和全体中国父母一样，希望女儿上好学校，考好大学，后来女儿读到了博士，他一样担心她能不能找个好工作，嫁个好人。他笑着自嘲了好几次："我就是天底下最普通，最平庸的那种父亲。"

小说家父亲和文艺女儿之间是怎样的关系？有些时候，叶兆言免不了要处理这样的好奇。他知道人们想听到的是"不同"——比如更不羁的教育方式，更形而上的精神交流，更脱俗的人生期许什么的，但是他皱着眉头想来想去，讲的出来的故事大概只会令读者失望：他和全体中国父母一样，希望女儿上好学校，考好大学，后来女儿读到了博士，他一样担心她能不能找个好工作，嫁个好人。他笑着自嘲了好几次："我就是天底下最普通，最平庸的那种父亲。"

叶兆言27岁有了女儿叶子。从叶子牙牙学语开始，这个写出了《走进夜晚》《1937年的爱情》的人就拿起一支笔忙不迭开始记录女儿的童言稚语。叶子被蚊子咬了，鼓起小包，心烦意乱，很严肃地问妈妈：被蚊子咬了一口，为什么不是少了一块肉，而是多了一块肉呢？再长大一点，叶子也认得了几个字，每天睡前翻两页小人书，知道爸爸叶兆言、爷爷叶至诚、太爷爷叶圣陶都是作家，"她开始到处扬言自己要当叶家的第四代作家，并且要继承给第五代、第六代。"在叶兆言看来，小孩子说话总是一等一的生动，因为无忌无欺。他知道她会长大，于是更是像"抢救遗产文物一样记下她的一言一行"。人没有当父母时，容易嘲笑那些率先当了父母的人沉醉于"舐犊"的柔情，当了才知道，"面对女儿，我比我想象的更俗不可耐。"

"但孩子总是在突然之间长大。有一天，你会突然发现自己落伍，根本不是孩子的对手。还没明白过来怎么回事，你已成为孩子的手下败将。"叶兆言曾经这样写下。对于他来说，扮演父亲这个角色，最艰难的一段是叶子的青春期。女儿到了有隐私的年龄，有时候电话来，做父母的去接，对方听到是大人，就不说话，很无理地把电话挂了。叶子却说,她知道是谁打的。在叶兆言的回忆里,这一段岁月的开始是有趣的:女儿一方面强调她的隐私需要被尊重,譬如用带锁的小日记本,在扉面上写着抗议偷看的警句,一方面又忍不住要偷偷地向她的妈妈泄密。"对于那个年龄的女孩来说,保留自己的隐私和泄露个人秘密,同样都是乐趣。"

叶子到了16岁,父女之间的关系开始剑拔弩张。用叶兆言的话说,这个从小到大都很乖的小孩不再按父母的要求规律作息、写日记,每天凌晨才睡,早上不愿起床,赖在电视机前拼命看无聊节目,一聊天谈的全是歌星。叶兆言自认为从来不是个严厉的父亲,却也变成了一个越来越唠叨的大人。"比如我的美国翻译来家里做客,告诉我,你女儿的英语真的很好;有个来旅游的英国女孩在家里住了一周,女儿和她聊得不亦乐乎,从流行音乐到男生女生,这些我都看见,但我还是忍不住像和尚念经一样每天跟她说你要背单词。"做这些事,他能感觉到在女儿眼里"很愚蠢、很可笑"。

叶子在她的高一暑假获得了去美国交流一年的机会,出国前一个月,父女俩的情绪全面失控,叶兆言记得自己"看到她不在用功,嗓门就大起来,动不动把她弄得眼泪汪汪。"最激烈的一次,叶兆言甚至失手打了叶子一巴掌——这是女儿出生以来第一次。原因微小到诡异:叶子出门买东西,弄丢了自己的帽子。叶兆言非要叶子出去把它找回来不可。"我的理由是,她从来都不爱惜东西,这种丢三落四的习惯会给她的异国生活带来很大麻烦。"他也承认这是很无聊的大动肝火,气愤的女儿则是哭着反锁起了房门。他怀疑那一个月他们的激烈争执超过了之前16年的总和,到了最后双方都很伤心,甚至寒心,"以至于希望她赶紧成行。"

和大部分1980年代为人父母的人一样,叶兆言很长时间里都觉得,独生子女不懂爱。他当时的感觉是,自从叶子出国的事定下来后,他和妻子一直在为她操心忙碌,而女儿的态度甚至不是理所当然,还经常表现得不耐烦。直到一家人来到机场,叶子临上飞机前拿出了一本日记本交给她妈妈。"我做梦也没有想到女儿会留下这么美丽的日记。作为父母,我们总觉得女儿不懂事。可日记上的内容,分明让我们明白,真正不懂事的是我们这些自以为是的大人。"

叶子在她的日记里给父母写信,包括挨打的那一天。她对叶兆言说,亲爱的爸爸,我觉得很没有面子……明明是很小的错误,却受到了很重的惩罚,被你打完还要去洗碗,有种"偷鸡不成蚀把米的感觉,所以才咬紧牙关不道歉,不说话"。晚上她一个人看《乱世佳人》,看到白瑞德那么爱他女儿,"她还会自我安慰,想我爸爸也是爱我的,只是爱的方式不一样。"叶子提醒父母,回南京不要走高速,不安全,要安安稳稳坐火车,不要把家里的钟点工辞了,"我走了,家里的房子并没有变小啊,你们也一样要用",她还提醒叶兆言注意火爆脾气,甚至建议他要学习浪漫——她知道这对她这位爸爸很难。

叶兆言不得不承认他被女儿的日记深深感动,女儿对爱的包容超过他的想象,而他却仍然把喋喋不休和唠唠叨叨当成对她的奉献,却忘了她应该得到的是理解、肯定——另一种爱。"叶子曾说,我这个当作家的父亲让她在还没有学会欣赏之前,就先教她学会了批评,这一点真让我汗颜。"回想起来,叶兆言发觉自己甚少鼓励叶子的写作,"一般的家庭,孩子出了一本书算是天大的成绩了,但在我们家,她出书也好,写的文章被收进语文教材也好,都不是个事儿,因为她爸爸出了几十本书了。而我好像也从未因为她是我女儿就对她的文章放宽要求,我在讨论她的文章时一向是严格的、可以说过分客观的。现在想起来,这可能是我们父女关系里的一种尴尬。"

叶兆言50岁生日那天,收到了在香港念书的叶子送的一份生日礼物:《写给老叶》。在小叶的眼里,他是一个很少买礼物、从来不会亲女儿的额头道晚安的父亲,说话容易急,一急就很大声,听着像吵架。父女俩偶尔散步,他走起路来又急又快,和他并肩很困难。他简直是世界上最难讨好的父亲,但他仍然是最迷人的父亲。他会做好吃的凉面,用电脑的样子小心谨慎,一点不时髦,但她告诉他皮鞋不要配白袜子、T恤别塞裤子里,他都记得。

最重要的是——在小叶心里,"你对我做的最重要的一件事,是爱我的母亲。"做女儿的记得有一次半夜她和母亲吵架,她说话刻毒,气得母亲夺门而出。"父亲来不及换衣服,拿着钥匙追出去,关门前又怕我在家不安全,还锁了门。"那急急的锁门声,急急的下楼脚步,一辈子都在做女儿的脑子里转悠。

(摘自《南都周刊》2015年第2期)

## 今日说法

我只不过为了储存足够的爱/足够的温柔和狡猾/以防万一/醒来就遇见你/我只不过为了储存足够的骄傲/足够的孤独和冷漠/以防万一/醒来你已离去

——作家夏宇

一晚上没睡会将我们的神经行为降低到法定醉酒的水平。每晚只需5个小时或以下睡眠时间的成年人比例几乎为零。

——睡眠专家蔡斯勒说。调查发现,对于睡眠时间过少的人来说,长期平均睡眠时间每增加1小时,工资便会增加16%。

# 吴念真：台湾最会讲故事的人

□姬少亭　韩　淼

吴念真有三重身份：编剧、导演、演员。这三个身份都围绕故事展开。他是著名导演侯孝贤的御用编剧，五次荣获台湾金马奖最佳编剧，主演了由著名导演杨德昌执导的电影《一一》，并自己导演了亲情电影《多桑》。他身后跟着长长的荣誉单。2015年1月，他执导的舞台剧《台北上午零时》即将来到北京首演。

## 生命经验的交换

从小体弱多病的吴念真，运动方面没有办法赢人家，所以就很会念书，成绩很好，但他很小的时候就不喜欢跟小孩子讲话，而是觉得"大人的故事太丰富了"。

他的父亲是矿工，小小的吴念真很喜欢跟工人们聊天，来自台湾各地的矿工为他打开另一个书本之外的世界。

到了初中毕业，他就跟爸爸妈妈说不想念书了，因为"不想看到他们到处借学费"。16岁的吴念真一个人到台北工作，"那时候社会给了我很多很棒的东西"。他用自己的方式在故事里学习，"人跟人接触的过程，你才会体会到另外一个生命经验的温度"。他说，自己更想当一个"转述者"，而非"创作者"。

他用"意外"来形容自己一路走来，成为编剧、演员和导演。吴念真在台北工作到18岁开始念"夜间部"，之后当了三年兵，然后考了大学，读会计系。读书时开始在报纸杂志上写东西。

"就有人说，我写的小说很像剧本。"吴念真回忆道。于是他的朋友就问他要不要当编剧。"写写就写得还不错，然后就这样当了编剧。当了之后，就待在那个地方了……"他笑道。

后来，他写了关于爸爸的故事，写完之后拿给侯孝贤看，侯孝贤说"自己的爸爸自己导"，于是他成了《多桑》的导演。

成为演员，是因为杨德昌拿着写了"NJ（念真）"的剧本给他改，"那个人的角色我一看，是蛮有意思的，因为跟我的年龄也差不多，整个心境也差不多"。改着改着就更像他。于是杨德昌就让他演。

吴念真还曾拍摄一个电视节

目,叫作"台湾念真情",重播十余年,节目被整理成书,也在大陆出版,书中的种种人间邂逅也成为他电影和小说的现实来源。吴念真相信,"每个人都有每个人的故事""一个人的生命经验不够,但是很多人汇集之后,生命一下子扩展了。"他常常用"生命经验的交换"来描述讲故事这件事。

## 点 穴

著名影评人史航说,每次吴念真的一点点细节都是像"点穴"一样。"你如果读到那里,就会被点住穴道。过了几年你再读,你想躲闪一下,还是那个地方被点中穴道。"他的书,他的电影都是这样。

吴念真的描述方式始自小时候念报纸给邻居听的经历。因为报纸文字与讲话的语言相差很大,他就会先读懂文章,再用讲故事的方式讲给邻居听。

吴念真很珍惜和侯孝贤的整个工作过程,在讲到他为侯孝贤编剧电影《悲情城市》的时候,他回忆说,一位朋友对他说自己的妈妈去看了《悲情城市》之后,给他们讲了一大堆故事,他才知道,有一个舅舅在"二二八"过程中被枪毙了。因为是家族最大的禁忌,所以不能讲。吴念真觉得,这位妈妈把她最大的心酸与秘密在心里掩盖了几十年,而一部电影让她讲出来了。这件事让他找到了创作者的意义。这部拍摄于1989年的影片斩获了第46届威尼斯国际电影节金狮奖、联合国教科文组织奖、西阿克特别奖和第26届台湾电影金马奖最佳导演奖。

## 讲给每一个人的故事

当吴念真做过很多电影之后,也开始"偏爱舞台剧"。他做电影,就是希望通过电影去获得最大的共鸣,而舞台剧给他的感受是同样的。

此外,舞台剧对写作有"一种极大的限制",要在仅有的场景里完成更多东西。吴念真引用侯孝贤的一句话:"找到限制,就找到自由。"

台湾的舞台剧曾一度走向看不懂的阶段,吴念真形容,"越看越别扭,但是看完之后还要鼓掌,那个掌声都很迷惑"。他就想,有没有一个方法,可以把观众做大。

"让戏剧的过程不是那么阳春白雪,要从大家可以理解的做起。"吴念真的理念,是"讲故事给每一个人听"。他希望,有一天,话剧可以有七十几岁、六十几岁、五十几岁和十几岁的观众一起看,大家都看得很感动。

这次,他选择把人间系列的第三部带到大陆。这部戏讲述三个年轻人在城市工作中的爱情和情谊,因为这样的故事"大家都懂"。他相信存在所有人都能懂的故事,因为人性的本质是相通的。

(摘自《新华每日电讯》2014.12.11)

# 阮仪三：古城镇"保护神"

□ 徐 伟

在中国最知名古城镇平遥、丽江、凤凰、周庄、乌镇的背后，都关联着阮仪三的名字，他是同济大学建筑与城市规划学院的教授、中国历史文化名城保护专家委员会副主任、古城镇的规划师和"保护神"。

从1980年代"推土机下救平遥"算起，阮仪三的古城镇保护之路已走了30多年。为表彰他对中国古城镇保护作出的贡献，联合国教科文组织遗产保护委员会两度授予其规划作品"亚太地区文化遗产保护杰出成就奖"。

今年3月，阮仪三再次获得大洋彼岸的殊荣，美国圣母大学建筑学院向其颁发"亨利·霍普·里德奖"，这是该奖项创办十年来第一次颁发给亚洲人，他的名字被镌刻在圣母大学校史墙上。

今年9月，他的最后一个博士以高分完成答辩，阮仪三结束了他的导师生涯。他一共培养了72个硕士和博士，他笑称，自己和孔老夫子一样有七十二贤人，他的学生们分散在全国各地，继承他的衣钵和理念，这足以让他欣慰。

## 名儒之后

今年11月，阮仪三满80岁，他的一些弟子和拥趸，推出了他个人的"古城镇保护规划成果展"，在多个城市巡回展出。

耄耋之年的阮仪三，鹤发童颜、神采奕奕、思维敏捷、口齿清晰，他常说自己是"士大夫"，这一点儿也不假，其高祖阮元（1764－1849）是乾隆时期著名的经学大师，在乾隆54年高中进士后，曾官至两湖、两广、云贵总督、体仁阁大学士，并先后加太子少保、太保、太傅衔，位极人臣，风云一时。

1934年出生于苏州大宅中的阮仪三，从小濡染家族遗风，在私塾中浸泡。作为家中长子，父亲要求他承担起看守书房的职责，这让他读了很多很多书这些青少年的阅读经历，让他对中国传统文化有着近乎偏执的热爱。

1956年9月，阮仪三考入同济大学，因家庭"出身不好"，只能选择远离政治与机密的学科，在"高人"指点下，他选择了与土木打交道的建筑系城市规划专业。从此，他不仅与土木建筑结下一辈子的不解之缘,也再没有离开过同济大学,他从同济大学的学生一直做到了教授、博导。

## 抢救平遥

上世纪80年代初期,费孝通提出推广苏南模式,要"乡乡办厂,村村冒烟",农民要"亦工亦农",这对推动中国农村地区的城镇化起到了一定的作用,但盲目开发亦对农村生态环境和文明形态造成严重破坏,阮仪三的保护活动,正是以此为背景开始的。

1980年,山西平遥周边的太谷县、祁县的城墙和深宅大院都被拆掉了,一场轰轰烈烈的城市建设抹去了一座座城市数百年的记忆。当他听说平遥还没被拆时,立即兴奋地赶了过去,事实上,当时平遥也已经拆掉了100多座明清建筑,准备建中心广场和商业大街。之所以拆得比邻县慢,只是因为太穷,没有钱拆。

阮仪三当即提出不要搞这种"建设性破坏",自己可以帮他们重新做规划,但平遥人无动于衷。所幸的是,他的一位校友在山西省建委,他跑去游说,最后勉强同意停工一个半月,等他规划后再定夺。

当时暑假,他从学校带去了12个学生,并向学校借了3000元,这些学生如今都已成为规划界的精英。由于阻了人家的"财路",有关部门对他们的工作相当不配合,但他们通过一个半月的测绘规划,还是完成了一份"新旧分开、确保老城、开发新区"的规划意见。

为了让县政府接受这份规划,他将保护规划方案连同古城风貌和价值的全部资料,送到北京郑孝燮(时任全国政协城建组长)、罗哲文(时任全国政协文化组组长)手里,并邀请他们到平遥考察,以引起省和县领导的重视,并由文化部文物处立即拨款8万元,着手恢复已遭破坏的平遥城墙。

平遥古城最终完整地保存了下来,1986年12月,平遥被确定为第二批国家级历史文化名城;1997年12月,平遥古城被联合国世界遗产委员会列入《世界遗产名录》。

抢救平遥让阮仪三开始有了些名气,但这只是他古城保护的首场战役。

## 死保周庄

在阮仪三的理念中,发展一定是以保护为前提的。但这样可能会影响短期经济效益,所以他才讲出了要与无知和急功近利作斗争的话。

2003年,周庄、同里、乌镇等江南小镇旅游业相继发展起来后,苏州市想要修一条环太湖旅游线路穿过这几个小镇。这条路线要从周庄"切腹而过"。但这样就把周庄的格局大大破坏了。20多年前,正是由于阮仪三的发现和规划,周庄从一个破败小镇变成名闻天下的水乡。阮仪三对修路提出反对意见,

# 适合比努力更重要

□ 赵 星

去年冬天,我在做一个关于旅游的项目,时间很紧,需要找个实习生。发布消息之后,我收到了大量的来信。其中一个女孩,讲述了自己在旅游方面的心得与经验,以及环游世界的经历。我觉得她的经历与客户的需求挺吻合的,除了没有办公室工作经验之外,其他方面都很不错。

我特别想找那种有不同经历的实习生,而不仅仅是成绩好、学校好的乖学生。面试之后,这个姑娘表示自己非常能吃苦耐劳,办公室里用到的各种工作技能都会好好学,只希望给她一次机会。我也觉得,对实习生不需要有太高的要求,应该多给年轻人机会,说不定就可以成长为未来的新星。于是,拒绝了很多名校的优等生之后,我把这个女孩招了进来。

工作一段时间之后,我有些沮丧地发现,实习生的办公室经验为零是多么重大的问题。光有经历远远不够,没有商业经验的人,很难将经历转化成洞察力,也无法对客户的需求有实质性帮助。在这种情况

---

但是路继续在开,路边的地皮也全卖掉了。

阮仪三借召开国家历史文化名城委员会会议的机会,向建设部前部长"告状",建设部当场发文给江苏省建设厅,通知苏州市不能开这条路。阮仪三甚至拉着这位部长的手到当时那位苏州市市长面前,市长当面答应不开路,结果还是照开不误。无奈之下,阮仪三大闹施工现场,对工人说,"你们真要开路我就躺到马路上,你们从我身上轧过去。"

许多古城镇、古建筑在阮仪三的坚持下得以保全,他从推土机下从施工现场挽救了一大批古迹。但他仍向记者感慨,此生虽有成功,但失败的案例还是远多于成功的案例,比如他心爱的上海石库门建筑,就一栋都没有保留下来,上海的里弄,他也只能眼睁睁看着一条条消失。

阮仪三感慨,从项羽火烧阿房宫起,我们就有不尊重历史、不尊重前朝建筑遗产的传统,近代历次政治运动的破坏更加严重,现在虽是亡羊补牢,但"犹未晚也"。

(摘自《凤凰周刊》2014.11.15)

下，这个女孩只能做些办公室协助工作来体现自身价值了。

但是很遗憾，她长年在国外旅行，对国内的很多情况完全不了解，甚至也没有支付宝，不会用淘宝，没有国内银行卡来转账，而这些是协助我工作的重要内容。同时，Word、Excel、PPT等操作软件，她用起来也不是很熟练。我很努力地说服自己，给她时间，给她机会，毕竟她是我自己招进来的，她像我当年一样，跟别人比起来是那么不同，我相信她可以做得到。但又过了一段时间，她依然不行——有进步，但没我想象的那么大。

已经半年过去了，我没有时间再等了，并且那时候领导已经新派了一个实习生给我，很能干，几乎可以完成80%的辅助工作。

有一天晚上，我跟那个女实习生谈到了离开的问题。她很难过。我知道这滋味，坚持了几个月，我能看到她在努力地让自己适应这里的一切。但很多时候，不是光靠努力就可以成功的，适合比努力更加重要。我尽可能地向她说明这个道理，但我知道她一定不会相信，还是会觉得是我炒掉了她。

可就在同一天晚上，我看到一个辞职去创业的前同事发了一个招聘启事，是一个组织出境亲子夏令营的公司，要求英语好、有国际旅游的丰富经验、喜欢小孩子、有亲和力、努力，每个周末几乎都不在国内，因此最好是单身，并有一定的组织和策划能力。这简直就是为我的实习生量身定做的职位，每一条都是那么适合她。我赶紧把这个信息转给她，并鼓励她去面试。

三天后她告诉我，准备去那边上班了，是正式员工，工资比我这里还高出两千元。我特别高兴，因为她找到了适合自己的另一条路。而在此之前我也很担心，她会一直陷在实习失败的阴霾中。

她真的很棒，只是不适合留在我这里。

又半年过去了，我经常能收到她在世界各地游历的照片，看到她在新公司和同事们融洽相处的场景，听到她重新租了房子，做英式早餐、美式咖啡的消息。她终于重新回到当初面试时她自己的样子了，而不是勉强待在我这里努力适应别人、适应环境。

经常有实习生说，领导觉得我不好，不合适，可是我很努力了，好委屈。其实，你真的已经很棒了，但是世界好大好大，大到你不可能适合每一个地方。但这并不代表你不好——仅仅是不适合而已。而实习，本身就是一个让你不断试错，发现自己的喜好和不足，不断调整自己的过程。在这个过程中，发现适合是你的幸运，收获失败也是一种幸运。你要知道，实习仅仅是你接触社会的第一步，谁都无法那么精准地一步到位。

(摘自《中国青年报》
2014.10.14)

# 资本大亨汪嘉伟

□郝 静

五官英挺,轮廓深邃,汪嘉伟帅气依旧。近日,前国家男排主教练、现任熔盛重工新股东、上海博琨投资董事长汪嘉伟在吉尔吉斯斯坦投资了一块油田项目,而这块油田的最新拍档则是港股上市公司熔盛重工。

## 大手笔资本运作

此前,熔盛重工与吉尔吉斯斯坦国家石油公司签订协议,获得吉尔吉斯斯坦费尔干纳盆地4座油田的合作经营权益。

这家油气公司的合伙人之一就是汪嘉伟。据他介绍:"我们是主动在寻找一些合作方,油田投了大约一年零十个月,三个股东主要在那边负责投资,而我本人是前前后后去了六次吉尔吉斯斯坦,跟当地的政府官员进行洽谈。当地的瓶颈是,吉尔吉斯斯坦是在苏联的时候被分出来的,油气资源很好,却生不逢时。"

"目前,中亚五国与中国的经济合作开展得如火如荼,两者经济和资源上的互补形成了真正意义的陆上'丝绸之路',而吉尔吉斯斯坦正处在这样的经济带上,其地理位置决定了他们只能和中国人合作,因为他们是内陆国家,没有出海口,吉尔吉斯斯坦希望中国人来投资他们的油田,我们的几口井都是20多吨的日产量,而对比中石油来说,5吨/天就可以算是高产油田;俄罗斯人觉得每天要100吨才算高产。几天前,我们又有一个新井开出来,每天都是20多吨,五六倍于中石油的产量。"谈起油田,汪嘉伟一脸骄傲。

## 结缘石油

由于繁忙的石油生意,汪嘉伟穿梭于北京上海两地之间,昔日的排坛国手如何将手中的排球画了个弧线,并溅出了一朵美丽的黑色石油花。

排球王子汪嘉伟在赛场上的明星风采,令人难以忘怀:1977年,汪嘉伟随中国男排参加第二届世界杯男子排球赛,在网前打出的前飞背飞等一系列快攻战术,震撼了世界排坛。赛后,他被誉为"世界排坛第一飞人"。受伤引退东渡日本,十三年后以男排主教练的身份回到中国,霸气回归,率队重夺男排久违15年的亚洲冠军。

2001年,汪嘉伟从中国男排主教练的位置上引退,离开了排球,下海和几个朋友一起开起了公司。

素来喜欢挑战的汪嘉伟,谈到走入石油圈,他用了两个字"缘分"。他说:"人是看你混在哪个圈子里,并不是说2001年我离开国家队做生意就开始做这个,一开始什么都做,比如说最简单的,我们的团队在高速公路上画线,同时还介绍各种楼盘,一下子做了五六年,一事无成,现在回忆起来是交学费了。而且一开始傻傻的,别人讲什么我就信什么,但必须走过这一步。"

随后,汪慢慢接触一些能源的项目,逐渐摸到了一些贸易的门道,他判断国内做贸易没有仓储是不行的,于是投资了油库。油库从最开始的几个点布局撒网要做连锁,最终加入香港上市公司,通过资本运作上市,成果斐然。

商业嗅觉敏锐的汪嘉伟觉得还可以往上游方面再延伸,国内中石化进口的原油越来越多,超过一半比例,有个偶然的机会来到吉尔吉斯斯坦,让他觉得这个地方存有机会。

汪嘉伟曾被评价为霸气,他笑言:搞体育想打得好,不是简单的事,要战胜自己。很多世界冠军,成功不可能仅仅靠运气,判断能力、遇到事情的决策能力还是要靠天赋的。

从运动员到教练员,再到做石油生意拓展上下游的资本大佬,汪嘉伟的人生之路一直是大开大合。"以前没有做生意,因为搞体育把这方面的时间锁住了,现在腾出手来,挑战一下,我相信我有这个实力和能力,事情也从一开始的不懂,到慢慢懂,一步步走下来,起码整个判断力、经验得到了锻炼和印证,目前的油田项目只是走了第一步,我还有更宏远的规划。"

(摘自《华夏时报》2014.11.7)

## 今日说法

爱是永恒不变的力量,能够超越所有维度,当我归来,你已垂暮,我一次呼吸划过了你一辈子的岁月。

——热映电影《星际穿越》台词。该电影由克里斯托弗·诺兰执导、马修·麦康纳等主演,主要讲述了NASA成员进行星际航行,拯救人类的故事,父爱和承诺贯穿始终。

世上有一条唯一的路,除你之外无人能走。它通往何方?不要问,走便是了。当一个人不知道他的路还会把他引向何方的时候,他已经攀登得比任何时候更高了。

——德国哲学家尼采

当锤子捶下来时,无论下面是什么,都会更紧地联在一起。

——东德秘密警察问反叛者卡特琳·哈滕豪尔,她和她的同事们是怎样保持团结的,她回答说是共同的苦难。

# 刘小枫谈古典教育

□吴 菲

晚近5年，博雅教育在我国校园悄然兴起：2009年，中山大学成立博雅学院招收本科生；2010年，中国人民大学文学院成立古典学博雅班招收本科生；2013年，重庆大学建立博雅学院招收本科生；今年，清华大学成立新雅学院招收本科生。博雅教育以古典教育为大学人文－社会教育的基础，引起欧美学界和教育界关注。与此相应，刘小枫和甘阳教授主持的"经典与解释"大型系列丛书（华夏出版社/华东师范大学出版社）以及"西学源流"丛书（北京三联书店）历时13个年头，改变了我国的学术生态。为此，本刊专访了刘小枫教授，请他谈谈古典教育。

**三联生活周刊**：你在新千年之初主持的"经典与解释"丛书在中国学界产生了很大影响，听说迄今已出版360多种，近两三年内待出版的选目也有100余种。应该说，"经典与解释"是你用心最多、用力最久的一套大型丛书，业内人士自然会将"经典与解释"与"汉译世界名著"做比较，你能否谈谈两者之间的不同？

**刘小枫**：这两套丛书没法比较，因为商务印书馆的"汉译世界名著"丛书是我国自晚清以来第一个最大、最系统的西学翻译工程，对推进西学研究居功至伟。第二，"汉译世界名著"丛书是自民国时期以来数代中国学人辛勤劳作的结果，凝结了数代学人的心血和心志。要知道，无论在民国时期还是新中国最初的20年，从事西学翻译的人远不如现在这样多，生活条件也远不如现在这样好。我向来看重民国时期和新中国初期的翻译成就，多年来积极推动重刊这些成就，哪怕有这样那样的不足，比如，我们曾校订重刊过40年代翻译的柏拉图对话，王以铸先生在新中国成立初期翻译的两个大部头《罗马史》和《东方史》，就是我推荐重印的。第三，"汉译世界名著"是国家行为，是国家担纲者的文明规划之一，气魄宏大。尽管囿于人力有限，却能够尽最大可能集中人才搞点儿像样的西学经典翻译。改革开放之后，一切都市场化、商业化了。无可否认，文化乃至学术因此而出现了空前繁荣，但也失去了方向。"经典与解释"系列不是国家行为，甚至没法得到国家项目的经费支撑,当年三联书店的"文化:中国与世界"丛书同样如此,都是个人行为,规模与"汉译世界名著"相比差得太远,根本没法相比。

**三联生活周刊**:"经典与解释"与"汉译世界名著"不同,着眼于从复兴古典的视域选书,为什么?

**刘小枫**:"汉译世界名著"是全面规划,从西方古代到现代的学术经典,都在规划范围之内。只是由于时代和人力所限,未能全面展开而已。如今我们做的是接续前人的工作,着重于古典视域,是因为过去在这方面积累太少。80年代以来,整个西学研究和翻译都转向了现代西学。原因很简单:从前搞古典西学不致犯禁,现代西学则被视为资产阶级反动、腐朽的东西。这方面国家并没有全然禁止,而是有控制地组织翻译,为数不多,而且内部发行。改革开放以后,学界的注意力自然而然都转到这些违禁品上去了。我们注重古典,不过是要弥补偏颇:一方面进一步积累西方古典的翻译,另一方面也平衡一下片面追逐当代西学的状况。

**三联生活周刊**:自2002年华夏出版社首次推出"经典与解释",这套丛书已经坚持了13年之久,实属不易。但一种质疑声音一直不断,即"经典与解释"的选目太过局限于某家某派,施特劳斯派的气味太浓烈……

**刘小枫**:我也听到过这样的说法:"经典与解释"的编译取向有过于明显的施特劳斯派色彩,给国人一个片面的西方古典学术面目……其实,这种说法不对。说它不对,首先因为,"经典与解释"的编译取向虽然以施特劳斯派的经典解读为主,但没有拒绝其他解释方向。当今西方古典学的主流是人类学方法,我们也有,比如《神话之艺》、《双重束缚》,比如即将面世的《希腊古风时期的真理大师》。老派的古典研究取向我们也没有忽略,在"柏拉图注疏集"中,有施莱尔马赫、有海德格尔、有葛贡的解读;已经出版的两种对但丁《神曲》的解读,就不是施派的解读。施特劳斯学派的解读并未覆盖所有西方历代经典,比如廊下派,比如新柏拉图主义,但我们有"智术师集"、"廊下派集",还有"斐奇诺集"等子系列……总之,"经典与解释"的编译取向绝没有拒绝其他西方古学研究的方法和方面。我们人力有限,没可能什么都做,但我们视野不限,只要能找到合适的译者,任何有学术价值的经典绎读,我们都乐意做。

再者,施特劳斯倡导的重读古典的确在西方学界开出了一派风气,使得西方的古典研究走出了故纸堆式的研究,古代经典在当今重新焕发出富有生命力的精神力量。如此古典研究取向可以说在西方学界仅此一家,别无分店,谁能给我指出还有与此并驾齐驱或哪怕稍微旗鼓相当的另一家另一派吗?弗拉斯托斯（Vlastos）的柏拉图研究在古典学界很牛，带出好几代学生，韦尔南（Vernant）的古希腊文化研究在古典学界也很牛，简直就是古典学界的教皇，但他们的影响力越出了古典学界吗？贯穿了整个西方文史的大脉络吗？就基于从古到今整个西方文史大脉络连贯地解读西方历代经典而言，实事求是地说，迄今为止在西方学界仅此施特劳斯派一家。这个大脉络甚至包括西方学界长期忽略的中古阿拉伯经典，比如我们即将出版的《天方夜谭考》。既然仅此一家别无分店，"经典与解释"的编译取向带有明显的施特劳斯派色彩，有什么好奇怪？或者说，有什么不应该呢？因此，所谓"太过局限于某家某派"的说法，并无道理。

**三联生活周刊**：今天的翻译界可套用狄更斯的一句话：这是一个最好的时代，也是一个最坏的时代。好的是翻译作品多，翻译人才多，坏的是翻译成了语言加工厂，翻译门槛低，粗制滥造，鱼龙混杂，误人子弟。

**刘小枫**：这种说法即便不是泛泛而论，也欠公允，如果是泛泛而论，就说得上言过其实了。就整体而言，尤其历史地来看，晚近20年，我国学界出现了前所未有的翻译热潮，取得了以往任何时候都无法相比的成就，这是许许多多译者辛勤劳动的成果。源远流长的华夏文明面临西方现代商业文明的致命挑战，必须了解西方，必须大量翻译。

但在上个世纪，我们的国家耗费了大半个世纪的岁月来应对因改制导致的内乱和抵御外敌入侵，文明重建所需要做的基础性学术工作基本上无从谈起。因此，近20年的翻译热在我看来是恶补。如果比较一下日本甚至韩国的西学翻译，就可知道我们的差距实在惊人。上世纪90年代初我在欧洲念书时，有来自韩国的同学。我在他们的宿舍看到，凡学业中需要用到的西方历代典籍，竟然都有韩文译本，让我大为吃惊……有日译本我不会吃惊，有韩文译本的确让我吃惊。

既然是恶补，参与的人多，质量参差不齐，并不奇怪。但如果因此而把近30年来的学术翻译一棍子打死，就没道理了。何况，据我看，晚近10年来，许多出版社出版的学术类翻译，译品越来越好。总体上讲，学术翻译界在长进，而非退步。

**三联生活周刊**：有人说，中国翻译界最突出的问题是：总体汉语水平低下，与上世纪的许多翻译大家相比差距很大；二是该引进什么，不应该引进什么，没有想明白。

**刘小枫**：这话也欠公允。任何时代，"大家"都是极少数，我们怎么能要求在短短20年就产生出一堆翻译"大家"？我读过不少民国时期甚至新中国初期的译本，总体而言，相比之下，如今的学术翻译的汉语水平不是更低，而是更高。至于说到该引进什么不应该引进什么，上世纪的许多翻译大家也未必就想明白了,有些翻译大家所翻译的书,如今根本没人要读,也的确不值得读……再说,想清楚该引进什么不应该引进什么,绝非容易的事儿,这需要眼光,更需要艰难的思考。过去的翻译大家未必想明白,如今的我们也未必想明白,都无需责备,重要的是,我们的确需要不断认真考虑该引进什么不应该引进什么,毕竟,人文学术的翻译,从根本上讲是在引进一种理念或观念。接受一种理念意味着接受这种理念带来的结论和后果,也意味着将用什么理念去教化下一代。在今天,对于我们这样的文明国家,该引进什么、不应该引进什么,学界应该有所担当和远见。

**三联生活周刊**:有些读者病诟"经典与解释"的一些译本质量,还有人说,很多译者并不知名,多为初出茅庐的博士生,他们在学术上的历练以及积累也许还远远不够,他们能否担负起精准翻译的重任?你怎么看待这样一些说法?

**刘小枫**:这些说法并不靠谱。公允地说,如今的翻译成就,相当程度上幸赖于上世纪80年代末开始建立的博士生制度。没有这样的制度,我国的翻译事业根本没可能在短期内取得如此丰富的成就。仅就我熟悉的哲学典籍翻译而言,如今的翻译大家如李秋零、孙周兴、刘锋、熊林、黄瑞成等教授,哪个不是初出茅庐的博士生时就开始翻译?冯克利教授已经算得上翻译大家,但他没有博士学位啊。他们的可贵在于,当了教授还在翻译。显然,这样的名家简直凤毛麟角。由于如今教育部的错误规定,人文学术翻译不算科研成果,如果不是庞大的博士生行列里不断有人从事翻译,我们会有现在这样可喜的人文学术翻译局面吗?上个世纪的"大家"们在开始翻译时是知名的吗?个个都是博士?

我的主张是,翻译应该与研究结合起来,这是所谓"精准翻译"的基础。"经典与解释"的一些译本质量的确有问题,但哪个学术翻译丛书的译本全无问题?看看王扬的《〈理想国〉汉译辨正》,他辨正的译品是"商务版"和"人民版"的……我在香港时,有个教授朋友经常在报纸上写文章挑翻译硬伤,这本是在做功德事,但他喜欢挖苦译者。后来他自己也主编了一套译丛,我收到他寄来的赠书不到三分钟就看到明显的常识性硬伤。我给他打电话说,如果有人也写文章来挖苦你,就不地道了。学术翻译是所有从业者的共同事业,应该基于相互帮助、甚至相互扶助的态度来展开批评,带有这种态度,哪怕是站着说话不腰疼的挑毛病也值得欢迎。

**三联生活周刊**:你这些年所推动的重拾古典,不仅是西方古典,"经典与解释"丛书陆续推出了"中国传统"系列,这是基于什么考虑?

**刘小枫**:"经典与解释"计划不仅要复活西方古典的生命力,也要复活中国古典的生命力。我们的古传经典一直都有生命力,即便在遭到糟蹋性批判的20世纪。改革开放以来,我国的古传经典逐步重新获得应有的敬重,古籍整理和古学研究的成就都相当可观。"经典与解释"丛书的"中国传统"系列加入到这个为中国古学恢复名义的行列,愿意为此尽自己的绵薄之力。我们的意图首先是,发掘更多的历代解经宝藏。迄今为止,古籍整理和重刊,大多停留在历代主流典籍,没有关注历代积累下来的大量经典注疏。在"四库"里面我们可以看到,这样的历代注疏非常之多,未必不如当今的注疏。可是,这些古疏只有专业学者在用,而且用得不多,我们希望开掘这个宝藏,已经付排的《宋人经筵诗讲义四种》、北宋陈景元的《道德真经藏室纂微篇》、清人宋翔凤的《论语说义》就是例子。正在校注的《唐玄宗御注道德真经并疏》和《宋徽宗道德真经解义》甚至让我们看到,古代皇帝也读书,并非像如今的某些自由主义智识人说的那样,所有皇帝都不学无术。此外,古籍整理和重刊还有不少长期受忽略的珍品,我们推出的《方以智集》就算首次点校出版的文献。又比如已经付排的宋代范祖禹所撰《帝学》,辑录了中国古代帝王的崇学事迹,尤其对宋代经筵讲读中的君臣问答多有记录,既是一部帝王问学简史,也是研究宋代皇帝教育的重要文本。西方近代绝对王权政制时期,出了一些著名的关于君主制的理论著作。我国有源远流长的君主制－贵族制混合政制传统,却少有关于君主制的理论著作。但《帝学》这样的书让我们看到,我们并非完全没有这方面的历史文献。

**三联生活周刊**:你觉得应当如何复兴中国自己的经典及解释的传统?

**刘小枫**:复兴的方式很多,我想要做的是普及古代学术典籍。新中国成立以来,我国古典学界在普及古典文学方面做了不少有益的尝试,比如难词出拼音、附简注等等。但这主要限于诗词文赋之类的文学作品,没有普及到"十三经"之外更为广泛的学术典籍。我们的"中国传统:经典与解释"系列要求所有典籍都采用普及本形式,便于文史专业之外的学生阅读。对于文史专业出身的读者来说是常识性的文史知识,我们也要求出注,因为我们做的书不是给文史专业人士看的。又比如注释方式,短短一篇骈文往往会有几十甚至上百个注释,以往都采用尾注,让人读起来很不方便,需要前后翻阅,我们恢复古式的随文附注,方便得多。总之,我们希望古书走出专业文史的囚室,让普通大学生和人文爱好者也可以当闲书看读着玩,难词出拼音、随文附注等等,都是为一般爱好者阅读提供方便。

**三联生活周刊**:这些年来,你和甘阳一直不遗余力地推动古典教育,究竟出于什么意图?

**刘小枫**：2000年，在美国苦修10年的甘阳第一次回国，我正好与他同行。在上海时，上海三联书店的老编辑倪为国请我和甘阳在"新天地"喝啤酒，他问我们是否愿意再做丛书。甘阳说，他要做的话就要做一套"西学源流"，我一听，这是当年80年代的劲儿又来了。这个丛书名显露了他的学术战略眼光，旨在展示西方学术从古代到现代的来龙去脉，其意图你可以在丛书前言中看到，而且很快他就开出了一个近百种的书目，其中大量是西方的古典。这套书在三联书店出版，由于甘阳近年来全副身心在经营博雅学院，这套书进展缓慢。

我的心愿没他那么深谋远虑，做一套"经典与解释"，仅仅想涵养自己，同时填补学界的一个空白。这次在上海的谈话是"西学源流"和"经典与解释"的起点，我和甘阳并未事先商量，临时说起而已。因此，复兴古学是我们不约而同的心愿，或者说在西方学习的结果。在巴塞尔读书时，上希腊文和拉丁文课读了一些经典片段，我就深深迷恋上了西方的古典作品。那个时候，我并不知道施特劳斯的大名。当时在读书之余写过几篇短文，比如评张志扬的文章和后来发展成书的散文《沉重的肉身》，就"秀"了一些古希腊文和拉丁文佳句，都是古典语文课上学来的。但这仅仅是质朴的喜欢，并没有真正懂得古典的现代意义究竟何在。后来施特劳斯开启了我的眼力，使得我不仅对西方的古典而且对中国的古典有了真切的理解。要说推动"古典教育"究竟出于什么意图，简单说来，就是出于对古典的热爱和信赖。

**三联生活周刊**：依据你的阅读经验，能否请你给年轻人推荐10本你认为必读的经典文本及理由？

**刘小枫**：这事不容易……年轻人有各种各样的，不同的年轻人恐怕需要读不同的书，我没法笼而统之地推荐10本必读的经典文本。读书这件事情，个体差异太大。我只能说，只要是古代经典都值得读。现在的问题不是读哪本经典，而是有没有热情读经典。

**三联生活周刊**：好吧，能否问问你近期阅读的枕边书目，可以透露一下吗？

**刘小枫**：柏拉图的四本书，《普罗塔戈拉》、《会饮》、《蒲法伊德若》（旧译《斐德若》）和《蒲法伊东》（旧译《斐多》）。但它们不是近期阅读的枕边书，而是多年来的枕边书。我重新翻译了这四部书，明年将以《柏拉图四书》为题由三联书店出版。我还将分别绎读这四部书，总题"柏拉图四书绎读"，分别题为《民主与教化》、《民主与爱欲》、《民主与修辞》……算啦，最后一部的书名暂时保密。

**三联生活周刊**：很期待啊……《斐多》和《斐德若》都是柏拉图的名篇，现有篇名都习惯了，怎么改成这么拗口的《蒲法伊东》和《蒲法伊德若》?

**刘小枫**：如今，我国学界的西方古学研究逐渐走向正轨，统一译名成为当务之急。据我所知，我国的世界史学界在翻译《剑桥西方古代史》(十余卷)，翻译小组首先遇到的就是统一译名问题，已经编制出一个译名规范表，有数百页之多……华东师范大学出版社组译了300多万字的《牛津古典词典》，也编制出了上百页的统一译名表。

按照音译原则，按英文Phaedo音译的"斐多"，与希腊文发音差得太远，甚至不如法文（Phédon），最贴近希腊文发音的是德文（Phaidon）。一些已用成习惯的译名，尽管与希腊文发音有出入（比如柏拉图，甚至苏格拉底），一仍其旧为好。但"斐多"这个译名并非如此，晚近仍有资深译者将这个人名译作"裴洞"，可见尚无定译。今按希腊文发音译作"蒲法伊东"，同理，"斐德若"译作"蒲法伊德若"。如果你对希腊人说"蒲法伊东"这四个中文字，他会明白你说的是谁，但你对他说"斐多"，他肯定不知道你说的是谁。

**三联生活周刊**：为什么"柏拉图四书绎读"的书名都有"民主"一词？

**刘小枫**：我们不是身处唯尚西方自由民主的时代吗？苏格拉底是西方人，他却认为自由民主并非优良政制，倒是靠近最坏的僭主制。但他自己碰巧生活在雅典民主时代，他该怎么办呢？他并不认为多数人同意的就是正确的，他该怎么办呢？他觉得，雅典人对待日常事务蛮聪明，懂得有病找医生，盖房子找建筑师，偏偏在城邦治理问题上违背常识，让所有人都发表意见，有如今天的普选或公投，简直匪夷所思。难道治理城邦比治病或盖房子更容易谁都能参言，而非更难得多、更需要德性优异的至人？这样的问题我非常感兴趣。苏格拉底最终被民主政制的法庭判了刑，他接受了判刑，但没有接受自由民主文化。苏格拉底自认为没智慧，我们却自以为比苏格拉底有智慧，这也让我觉得匪夷所思。柏拉图传世的36篇作品中，有7篇与苏格拉底被判刑直接有关。与民主政制问题直接相关的作品就更多了，而且在篇幅上更多，大部头的《王制》（又译《理想国》）和《法义》就是例子。我把直接与民主政制问题相关的三个中篇对话与记叙苏格拉底临刑前最后一天的对话合为四书，意在凸显苏格拉底的生死与民主政制的纠葛：自由民主文化的品质是优是劣，是个悬而未决的问题，而非已成定论的普世价值。我的意思是，在唯尚西方自由民主的时代，我们需要新的"四书"。

**三联生活周刊**：最后想问，听说你正打算为推进古典教育写作一部百万字的"文明史稿"，能否透露一点儿？

**刘小枫**：传闻不准确，我不是

# 令大海臣服的女王

□刘润生

同一时代的欧洲君主,绝大多数已经在历史长河的冲刷中被人们遗忘,而伊丽莎白一世却像一番巨浪,不时翻起,传唤着她的声音,而她所引领的时代,是英国崛起最为辉煌的时代——伊丽莎白时代。

对于出入伊丽莎白一世宫廷的外国使节来说,最可怕的可能是女王的一项特别爱好——站着讲话。这位坚强的女王特别喜欢站立。不止一个倒霉的外国使节,在女王面前站上半天后踉踉跄跄地离去。然而,女王依然面不改色地站立着,而且很可能会传诏:"下一位……"

当历史进入21世纪,回望"日不落帝国"的崛起之路,伊丽莎白一世自强不息的英格兰精神,和亚当·斯密的《国富论》体现的苏格兰启蒙思想一起,犹如历史的两个车轮,共同推动着英国甚至整个人类的历史进程。

## 伊丽莎白王国

1558年11月7日,玛丽女王逝世,她的临终遗言是:"我死后,剖开我的胸膛,你会在我的心脏里看到'加莱'。"因为在不久前,法国军队刚刚夺回加莱港,英格兰失去了在欧洲大陆的最后立足点。在之前超过一百年的时间里,英格兰人不惜一切代价固守的大陆上的这最后一小块领土,费用几乎使英国国会和王室破产,最后还是落到法国人手里。

玛丽女王之后的英国人,记忆中逐渐不再有加莱。这是英国彻头彻尾成为一个岛国的开端。如果说诺曼底征服,使英格兰从斯堪的纳维亚世界转向地中海世界的话,那么加莱港丢失,使英国成为一个真正的"大洋国"。

当同父异母姐姐玛丽女王的死讯传来时,伊丽莎白正在哈特福德庄园一棵橡树下看书。她抬起头的时候,发现身边围满王公贵族,通通向她跪下。甚至玛丽女王还在弥留

"写作",而是"编修"。这事还没做完,没做完的事不说为好。我只能说,我们的文明史意识已经非常成问题,必须得做点儿什么才行。

(摘自《三联生活周刊》2014年第52期)

之际,伦敦街头就已汇集了人群,欢呼"伊丽莎白"。

或许当时最有想象力的人也没有想到,在经历了漫长的社会动荡、无以复加的政治混乱、宗教迫害以及对外挫败之后。正是在这个美丽而孤独的女王统治下,1558年之后英格兰进入一个空前伟大的时代。

伊丽莎白在位期间,英国打败西班牙的"无敌舰队",英国从留恋大陆转为虎视大洋,为以后在这个星球上横冲直撞铺平了道路。伊丽莎白一世时代,英国开始了长达两个世纪的探险与殖民。

伊丽莎白是一个令人感兴趣而又矛盾的女人。她年轻美丽,喜欢跳舞;精通七种语言,能以拉丁语即兴辩论;擅长音律,喜欢每天弹上一小时琉特琴。在重大事件面前,她擅长以含糊其辞隐藏内心的判断;是调情高手而又终身保持童贞;回避决断然而发动攻击时迅雷不及掩耳;对于人性苦难深有理解,可是砍下对手脑袋时又从不追悔。

在时间面前,万物终将凋谢,可是精神永存。对一个君主时代的最好评判之一,还来自其时代的思想遗产。伊丽莎白时代,在以"大洋国"、国教等方面确立英格兰民族特性的同时,还是英国思想学术和文化自觉的时代。

莎士比亚、马娄等使英语成为一种真正的艺术语言;培根以其妙趣横生的语言,赋人类思考以新工具;霍布斯被"无敌舰队"的炮声惊出一部《利维坦》,开启了现代政治学的研究。他们都不同程度地受惠并庆幸自己生于伊丽莎白时代。

今日英国并不只是在位的女王名字也叫伊丽莎白——从英国文学艺术到海洋观念,从英国国教到民族特性,伊丽莎白二世代表着的,很大程度上仍然是伊丽莎白一世的英国。

## 真正的海洋强国

在都铎王朝时期,英国的海外拓展受制于两个领先的海上强国——西班牙和葡萄牙。伊丽莎白与西班牙的战争,首先是新教对天主教战争的一部分,其次也是英国代表的现代海权观念对伊比利亚国家传统海洋观念的战争。其实,1588年"无敌舰队"的毁灭,大半毁于海上风暴,其次才是被英国船舰重创,而且在此后,英国海上力量与西班牙"无敌舰队"又打了20多年。因此,说一役摧毁西班牙"无敌舰队",有失偏颇,说它让西班牙一蹶不振更是夸大其词。但此役的确宣告了"西班牙时代"的终结。

在伊丽莎白时代,西班牙作为海洋霸主的海洋观念是典型的罗马式陆权观念,也就是对海洋的"地主式"垄断。而英国人的海洋观念则是希腊式的,海洋意味着开放,不再是封闭的、虚有的"领地",而是商业、贸易的自由通道。"陆地是封闭的,海洋是自由的",大海并不能为任何国家所独占,现在这已成为不言而喻的国际法准则,然而在伊丽莎白时代,这一原则只能通过战争确立。

因此,这场海战改变了世界历史,是人类历史从陆上向海上、从陆权时代向海权时代转变的分水岭。伊丽莎白亲自登上"海盗船",这艘船是未来海军的萌芽,设计及战术与西班牙战船完全不同。西班牙战船基本上还是陆战思想的延续:以火炮为辅,以船头"撞角"撞击为主,以横队突袭、冲锋,水兵攀登敌船;英国船只则以两舷火炮为主,接近敌船时,侧对敌船,这种纵队阵形对西班牙人而言具有极大杀伤力。英国船队与"无敌舰队"一经交手,输赢自明,自此,英国人引领了一个新时代,并一直持续至航空母舰时代。

## 童贞女王

"我只可能有一个丈夫,那就是英格兰。"人类历史上,很少有统治者特别是女性统治者,像伊丽莎白一世这样,从小经历过如此之多的忧患,一个小小的家庭单元,承受了如此之多的祸起萧墙、血雨腥风。

当母亲安娜王后被父亲处死时,伊丽莎白还不到3岁。不久,英国国会又宣布伊丽莎白是非法生养的私生女。亨利八世死后,其幼子爱德华继承王位,是为爱德华六世。不久,爱德华痨病而死。爱德华的姐姐玛丽继承大统,她就是世人所称的"血腥玛丽"。伊丽莎白又被姐姐关进"地狱前厅"的伦敦塔。自幼在心灵深处种下这么多的恐惧、无助、悲苦与凄凉,然而它既没有摧毁她的精神,也没有在她人格中埋下暴戾的种子。

与玛丽女王不同,伊丽莎白的母亲是个地道的英格兰女子,所以伊丽莎白视英格兰为她的一切,并最终比其他任何统治者都更好地代表了英格兰,实质上成为英格兰民族自我意识觉醒的象征。从某种程度上讲,伊丽莎白对自己婚姻的处理堪称其"英格兰主义"的最好体现。

面对大臣们提出的结婚请求,伊丽莎白把弄着手中的戒指,嘲讽地反问:"你们认为我该嫁给谁?"大臣们一时哑口无言。伊丽莎白将戒指戴在无名指上:"我只可能有一个丈夫,那就是英格兰。"伊丽莎白这句话,在英国人心中造成了空前的震撼,他们更加热情地把女王奉为神明,从此之后,伊丽莎白一世成了英国历史上最夺目的一朵玫瑰。

不过,伊丽莎白却甘心情愿做英格兰人的"公共情人"。所以温斯顿·丘吉尔认为,"她和臣民的关系是长期调情的关系。"女王对待英国及其臣民的这种令人寻味的温情,这种个人与祖国的白首之盟,使伊丽莎白赢得英国人深深的怜惜和爱戴。

(摘自《环球人文地理》2015年第1期)

# 花时间去做无用的事

2014年12月18日,白岩松作客厦门大学,开展了一场主题为"阅读与人生"的交流会,鼓励大家花时间做无用的事。在此摘取部分演讲内容,以飨读者。

## 忙就是心亡

2014年8月份我去法国巴黎的时候,见着中国人的可能性比见着法国人更大,法国人都去度假了。

该怎么看待法国人像命一样地捍卫这一个月的休假?中国人经常会觉得法国人太懒,一到夏天,钱都不挣都去度假了。但是法国人是怎样解读这一个月的呢?在全世界,如果论有创造力的国家来说,法国是最好的。比如诺贝尔文学奖,法国有多少人获得了诺贝尔文学奖?包括电影,现在我依然是法国电影的狂热爱好者。

法国人认为,法国之所以有创造力跟这个月休假紧密相关,因为每年他们有一个月去保证呆在安静的地方,回到自己的内心,让自己经常有发呆的时间,让他们了解生命。每年都要休息一个月,宁可少挣点钱,在这背后是一种对生命更透彻的理解。

生命不止是使用,还需要奖励。而我们对生命是一种什么样的态度?

我们口号上会说:活到老,学到老,但我们的实际行动中往往是"活到老,挣到老"。钱永远没够,大家都在忙碌着。其实中国古人早就告诉了我们什么是"忙","忙"就是心亡,那你可以仔细追究一下,"此时此刻的中国人有多少人心是死的?"

## 四个苹果创造世界

第一个是亚当夏娃的苹果,与人类有关;第二个就是牛顿的苹果,发明了万有引力;第三个是乔布斯的苹果;第四个是中国的小苹果,解决了庞大的大妈们多余的精力。

对于牛顿的这个苹果,这样的传奇此时此刻在中国不会诞生。在这个"爱拼才会赢"的国度里,有几个人愿意躺到苹果树下去闲呆着?即便有人躺到了苹果树下,被苹果砸完之后的反应也一定是:"谁管的树?你们领导在哪儿?把他给我叫来!"

当下中国最大的特质是抱怨。我们可以到任何一家餐馆去听,小三在抱怨正房,领导在抱怨下属,下属在抱怨老板,老板在抱怨体制内,体制内在抱怨体制外。大家都觉得责任是别人的,与自己无关,每个人都在抱怨中把自己给摘(除)出去了。其实,你什么样中国就什么样,你要进步了中国就进步了。

人家说一个外星人如果掉入地球,掉到其他国家命运可能相同,掉入中国会有不同的命运,要看它掉入哪个省。如果掉到陕西,就会把它埋上,一百年后再挖出来。如果掉到义乌,就制造一批模型。如果掉在东北,训练训练上二人转舞台。要是掉到北京,"赶紧问下是什么级别,要不不好接待。"由此可见,我们现在是一个有创造力的时代吗?当你看多这样事情的时候,你就会看到一种本源,此时此刻有多少中国人会去做无用的事呢?但是创造力就恰恰跟无用的事联系在一起。

## 什么"无用"

中国人不做无用的事,什么是无用的事,什么叫有用的事?与升官有关的,与发财有关的,与出名有关的。比如在学堂里,现在的学子提的(问题)跟过去不一样,指向性和目的性、功利性极强,比如,"我该怎么办?""你直接告诉我一个什么?"

有人问我,哪本书对你影响最大?每个人都想得到一个功利性的结果,对你影响最大的一定最有用。但我觉得对我最有用的书就是《新华字典》。剩下的、所有的书都像小溪流从源头出发,然后不断地有水系汇入其中,壮大成长江和黄河。你能知道是哪条汇入的溪流、哪条汇入的河流让黄河成为黄河,让长江成为长江?我当然无法回答,我这一路上汲取的这么多营养,到底是哪个营养塑造了我。

如今的书店里最显著的特点是有这样几种书。第一个是与考试有关的书,第二个是(关于)养生的书,第三个是所谓的畅销书。这涉及到人们所关心的(内容),要过关,要长寿,要有谈资,怕被时代抛弃,其实全具有功利性。

现在中国人也很有意思,看名片、递名片。回到家一看,这哥们没用,撕了,因为你用不着他。就在一个又一个筛选名片、把没有用的名片一张张撕掉的过程中,你(错过了)生命中有趣的人,留下的全是有用的人嘛,有趣的朋友越来越少。

## 寻找第二条辅助线

现在应该提倡越来越多的人去做看似无用的事。我每周必须跑五天的步,非常无用的事儿,但是在跑的过程中慢慢成为一种享受,你跟自己对话,把自己放空。

道可道非常道,名可名非常名,一件事有人说对有人说错,这是常理。我舅舅是中学数学老师,以前每天都给我出一道题,但缺德的是他往往先画一条辅助线,让我去找第二条辅助线。当时我是一个孩子,只是每天去完成任务。很多年后,我突然意识到,他已经深深地改

# 荷兰：可持续的自行车

□冯　婧

前段时间，网络上一则新闻，让大家又聊起了荷兰的自行车。新闻说，荷兰的首相吕特去非洲某国出访，早上骑着自行车就出门了，连保镖都没带。媒体立即长篇大论赞扬荷兰首相的勤俭。笔者问了荷兰朋友，他们都很平静地说，对啊，他每天都是骑车去上班的。

就像荷兰首相一样，自行车已成为荷兰人生活中不可或缺的一部分。如果你坐火车来阿姆斯特丹，一出火车站，第一眼看到的，就是运河上架起的一个双层自行车停车场，上面密密麻麻摆放着各式自行车。阿姆斯特丹街上骑车的人们，有时尚青年，也有中年白领，从他们身上，可以看到自行车在荷兰人生活中的重要地位。

## 自行车王国的规则

中国曾是自行车大国，但随着汽车的发展和以汽车为中心的城市发展模式，自行车变成了十分危险的交通方式。其实，荷兰也走过弯路，上世纪60年代开始，荷兰的汽车越来越多，街道逐渐被汽车占据，出现了很多交通事故，尤其是很多小孩被车祸夺去了生命，于是人们开始上街抗议——为了孩子的生命安全，反对汽车过度增长。当时恰逢石油危机，政府意识到，不能以汽车为中心来发展城市，于是出台了很多政策，限制汽车增长，开始建设完善的公共交通系统，尤其是完善自行车道路系统。笔者曾在欧洲的不同城市骑自行车，包括被誉为"自行车之城"的丹麦哥本哈根。在笔者看来，自行车道路系统的规划设计，荷兰绝对是做得最好的，尤其在自行车标识、转弯等细节方面，想得最周到。

在荷兰，自行车道非常容易辨

变了我的思维方式。因为我从那时候开始，相信所有的事情都不止有一个答案，当别人有一个答案的时候，我总是下意识地要去找第二条辅助线，创造力和不同就在这一个小细节上诞生了，而它恰恰来自于不功利性的无用的训练。

未来中国的创造，一定是有越来越多的中国人开始发呆，开始思想，开始与众不同，开始另类，开始有第二条辅助线，开始做无用的事情都被鼓励。

（摘自《文摘报》2015.1.1）

认,在任何地方,自行车道都是红色的。在城市道路上,自行车道一般和机动车道之间有隔离带,自行车道使用的材料类似运动场的跑道,上面会标上自行车的标志。在社区里,一般的地面材质是红砖,意味着都是自行车的地盘,汽车要慢行。自行车道上还简单清晰地标出转向、直行、等候等不同标识,交通灯上也有自行车的红绿灯,这些设计的细节保证了自行车骑行的安全。不同区域的自行车道被完美地结合起来,不会出现自行车道突然终止的现象,从大城市到小城市,再到乡间,在运河边,在农田边,在森林中,自行车能带你去任何地方。我们可以看阿姆斯特丹的街道,道路最中间是有轨电车道,两边是单向车道,红色的标有自行车标志的为自行车道,最边上是人行车道,可以看出,几乎没什么车,路上最主要的交通方式是自行车。

由于自行车已成为荷兰最普遍的交通方式,人们骑自行车时,也有一些基本规则。首先,在自行车道上骑行,要根据自行车的红绿灯行驶。其次,晚上骑车,前后车灯必须同时打开,开灯不为照亮道路,而是为了告诉前后的人,有自行车在行驶。因此,车灯不一定要装在车上,骑车人在胸前背后各挂一个闪灯也可以。如果没有灯,骑车人可以跟在有灯的同行自行车旁边,或者推着车走,否则,被警察看到要罚款;最后,在骑行过程,如果转弯或突然停车,要做手势,比如,向右转时就伸出右胳膊,这样周边的人就知道你要转弯。

虽然这些规则非常简单,但非常实用,让骑自行车的人得到很多保护。北京算是国内自行车普及率较高的城市,笔者以前在北京骑自行车时,就经常看到直行和转弯的骑车人撞在一起,最后站在马路中间吵架。从荷兰的经验来看,只要一个简单的手势,就可以解决这个问题。

对自行车的停放也要有一定引导,可以放置一些自行车支架,把自行车插在里面。这样,人就会自觉把车停在上面,这种支架不仅能让自行车停放更有秩序,也能更好地保护自行车:一方面防止自行车翻倒,一方面可以把自行车锁到支架上,减少丢失的可能性。除了最常见的支架,也有不同类型的停放辅助设施,如河边的停车杆等。火车站附近,通常有大量的自行车停放需求,管理者为防止乱停车,还会画一些白框,如果支架不够,把车挤在白框里也行,但不能超出白框,否则会被拖走。笔者的自行车有一次就因停放不当而被拖走,起初以为丢了,而荷兰朋友说,可以去一个网站上查,说不定是被拖走的。后来,我果然在网站上看到了自己的自行车,为此,不得不跑到一个很远的地方取车交罚金,从此以后,我再也不敢乱停自行车了。

## 自行车有至高地位

如果说荷兰人是在自行车上长大的，一点也不为过。荷兰孩子从小就在学校学习骑自行车，其自行车技术也是世界一流，他们可以在自行车上做任何事，边骑车边拍照；边骑车边打电话；边骑车边拉行李箱；边骑车边吃三明治。用自行车运载东西也非常容易，笔者自己就用自行车运过床垫。荷兰自行车的储物方式，有一种是车前的筐，这种筐通常比较大，最大的可以运啤酒，还有不少人把狗或小孩放在车前的筐里。笔者见过一个男孩载一个女孩，就让女孩坐在放筐的拖板上，女孩一路尖叫。还有一种载物方式，是使用可以固定在后座上的袋子，这种袋子非常方便，且容量很大，最早应该是邮递员使用，后来普及到普通自行车，用它去超市购物非常方便。一家人出行也可以用自行车，父母经常骑车载着所有小孩：一个在后座上，一两个在附加的拖车上，身上再绑一个婴儿。

在荷兰，自行车拥有至高的地位。它既经济环保，也是最方便实用的交通工具。荷兰的自行车不便宜，但质量都很好，有不少二手店可买到二手自行车。笔者在荷兰的几年生活，就是依靠一辆二手车度过的，因此，我也深深体会到自行车在荷兰交通中的优势。一年冬天，下了很多场雪，原本我担心地面滑，打算坐地铁或电车上班。但因为荷兰极少下雪，一下雪火车基本就瘫痪了，有些地铁和电车也会瘫痪。没办法，最后只能骑车。但有趣的是，骑车后发现，自行车道几乎没有雪：一方面，有人会洒一些融雪的东西；一方面，骑车的人更多，相反人行道上的积雪没人管，很多行人没办法就走在自行车道。所以，到头来自行车是最可靠的。

笔者曾经居住的鹿特丹，在二战时曾几乎全被炸毁。所以在规划时，已考虑到人们汽车的使用，道路相对较宽，于是自行车经常要等汽车的红绿灯。因此，鹿特丹被认为对自行车不那么友好。在荷兰的交通法规中，据说有类似这样的规定：如果自行车和汽车发生了车祸，无论原因如何，都是汽车的错。笔者虽然没有看到明确规定，但听不少荷兰人提到过，这又一次证明了自行车在荷兰至高的地位。

阿姆斯特丹这样的历史古城，拥有丰富的运河系统。街道两旁是古老别致的建筑，道路弯弯曲曲，在此，自行车是最受欢迎的出行方式，不仅便利，也可以享受沿途风景。而对开小汽车的人来说，除了昂贵的停车费，还需要高超的开车和停车技术，很多停车位就在河边，一不小心，车就"跳河"了。当然，自行车也有"跳河"的，每年都有打捞队从河里捞车，大家都开玩笑说，这估计是骑车的人喝多了，看来以后骑自行车也要防止酒驾。

## 可持续的新诠释

除了交通功能,自行车也意味着可持续的低碳生活方式。"可持续"和"低碳"都是城市领域非常流行的词汇,很多人认为,它们指的是关于能源的各种技术。但在荷兰,自行车就是可持续的低碳生活方式的最佳代表,不是高科技,也不是新技术,但它展现了更广义的可持续性的新理念,即一种可持续的生活方式和心态。

可持续意味着健康。骑自行车可以锻炼身体,让你拥有好身材。荷兰人的体形偏高偏瘦,身材修长苗条,某种程度上,也和骑自行车有关。以前笔者学校的一位教授,已经满头银发了,但身材保持得特别好,特别有气质,后来我才知道,他每天都骑车十几公里来上班。

可持续意味着时尚。在阿姆斯特丹的大街上,经常可以看到身材高挑的美女们骑车,戴着墨镜,长发飘逸,也成为城市的重要风景。近年来,欧美很多城市开始注重发展自行车,巴黎、伦敦、纽约这些世界级的大都市都在鼓励自行车,各种关于自行车的城市项目和社区运动,吸引了广泛关注。很多年轻人认为骑自行车是新的流行趋势,年轻时尚的俊男靓女更成为自行车的代言人。自行车不再是便宜的代名词,而代表了时尚生活方式。

可持续意味着独立自由。自行车还帮助培养孩子的独立自由意识。在荷兰,笔者每次看到小孩努力地在父母旁边蹬车,都会觉得很感动。父母不会跟在后面,而是在旁边带着,只有在上坡时,轻轻在背后扶一下,小孩不会因为父母的帮助而松懈,反而更加努力地蹬车。这样的骑车教育方式,让孩子们从小就懂得独立,不依靠父母的汽车,而是自己骑车去自己想去的地方。孩子们骑着车可以自己出行,但前提是要认识路,也要遵守交通规则。这也是荷兰人对自由的定义,自由不意味着你可以做任何想做的事情,而是意味着为自己做的所有事情承担责任。

可持续还意味着积极改变,使用自行车算是积极改变的好例子。笔者现在生活在上海,一有机会还是会骑自行车,在荷兰的日常骑车习惯,让我在有交通出行需要时,首先就想到自行车。虽然上海的骑车环境危险,马路上汽车尾气严重,需要戴口罩,但骑车可以避免挤在地铁和公车里,也可以为自己节约时间,还节省了去健身房的开销,尤其在天气好的时候,骑车出游,欣赏老街和新景,都是让人愉悦的经历。笔者相信,终有一天,自行车还会回到中国城市。就像欧美城市,在走过弯路以后,人们会再次想起自行车的好处。自行车也会为中国的城市带来积极的改变。

(摘自《东方早报》2014.11.18)

# 书应该是美丽的

□沃尔夫冈·顾彬

不管英文还是德文,书都叫做BOOK。事实上,在欧洲,在很长一段时间里,只有一本书,就是《圣经》。

看书是一种艺术。我们看书的时候,应该知道怎么看书。我们有三种方法来看书:我们可以用眼睛,我们可以用耳朵,我们可以听声音。

用眼睛看书的时候,我们对书的态度是非常安静的。到现在还有人要求,对文学作品,我们应该用眼睛安静地看一看。但是我们用眼睛来看书,真的看得懂吗?在德国,书和文学是分不开的,所以我们经常喜欢到文学中心去,在那里听某一个作家,无论他是从哪个国家来的,听他用他自己的声音给我们念一下他的作品。听也是一种艺术,我们应该学好听,如果我们没有学好听的话,那么文学也可以说——书,我们是白听的。德国人非常主张朗诵诗歌、朗诵文学作品,但是很可惜,中国人很少能够好好朗诵他们自己的作品。有不少中国当代作家如果朗诵他们的书,通过他们的声音,他们自己的很不错的作品,却因为他们根本不知道怎么念,被完全破坏了。

我们不应该认为我们用眼睛读的书,跟我们听一个人给我们朗诵的书,意思还是一模一样。它们完全不一样,完全是两个世界,因为我们可以强调补充的意义,补充的意思。听书现在在德语国家是非常非常受欢迎的,每一个人,从小孩到老头子、老太太,都会喜欢听一个有名的演员朗诵,因为我们在他的声音里头会找到一种内涵。如果我们用我们的口朗诵的话,那么我们通过我们的口会分析解释我们自己的文学作品。你们可能不相信,但是真的是这样,不少德国人会上外国人的朗诵会,虽然他们可能听不懂、看不懂中文,但是他们喜欢听一个中国作家的声音。

有一次,我给一位来自台湾的诗人安排一个朗诵会,来的100多个听众,大部分的人都不会中文,但是他们想听他的声音。博物馆中心的领导也来了,他们当然也不会中文,他们说,我不需要你的翻译,我听中文朗诵。我知道他在说什么,他听中文比听我的德文翻译重要得多,这样的人在德国、德语国家是很多的。

书应该是美丽的,德国人喜欢美丽的书。中国的书太重,中国的书味道不好,纸不好等等等等。我

# 做一个对自己有要求的人

□一直特立独行的猫

我有一个男同事,单身,处女座。平日里的他,从来都是西装革履,白衬衣永远都跟刚从商店里买的似的。虽然我们公司要求职业装上班,但像大哥这样的,还真是很少见。我们这个行业,是经常需要熬夜写方案,第二天一早就去提案的。

有一次,我们凌晨4点写完方案纷纷回家睡觉,早晨9点在客户公司集合的时候,一个个端着咖啡还睡眼惺忪强撑着的样子,大哥又是西装革履,雪白的衬衫,两只眼睛闪闪发光,还喷了一头不知道是发胶还是发蜡的东西,感觉跟刚做完造型似的,格外有范儿。我们纷纷哭丧着脸问他:"大哥,你回家没睡觉吗?""没有啊,我回家熨烫了一下衬衣,然后洗澡刷牙刮胡子弄个发型,喝杯咖啡就来了。""大哥,你不困吗?你整这利落万一输了不也白瞎吗?""喊,我是一个对自己有要求的人,就算输了案子,也要输人不输势。"

今年身边有很多朋友都怀孕生们上书店的时候,我们的眼睛告诉我们一本书应该是我们看的还是不看的,从封面开始,封面应该有吸引力。书应该是轻的,纸应该是好的,我们的触觉应该告诉我们"我会喜欢这本书"。另外我们德国人买书的时候,老会闻一本书,如果一本书的味道不好的话,我们不会买。版面应该是美丽的。另外特别是在奥地利,有一些小出版社,他们的书堪称一件艺术品。有时候一本书才几十页,但是卖一百多欧元。这些书都是手工做的,都是工艺品。这些书我们喜欢作为礼物,如果晚上有什么派对,我们会带一本这样的书。有的时候,我们希望我们的西装口袋里头会有小书,所以在德语国家也会有小的出版社,他们专门会出小的书。虽然是小的书,但它们是重要的书,它们能够跟着我们好几个星期。

书从《圣经》来说是神圣的,所以书能够作为我们的朋友,我们真正的朋友,也可能一本书能够跟我们一辈子在一起。如果我们孤独的话,我们把最喜欢的书看成朋友,还会准备好一杯葡萄酒,相守一个晚上。

(摘自《博览群书》2014年第1期)

孩子了,朋友圈里到处都充斥着产后妈妈抱怨体重不下降,身材不恢复的帖子:"带孩子忙死了,哪有时间健身啊?""就这样吧,反正我给老公生了孩子,他也不能嫌弃我吧。""有没有不用健身不用辛苦的方法啊,你看我喂奶又不能节食。"但我想起了豆瓣网上很红的潇洒姐的故事。众所周知,潇洒姐在产后第36天启动瘦身减肥运动,用一百天时间恢复了产前身材,在网上受到追捧。很多人追捧她瘦身的动作、她日常的饮食,以为这样就可以跟她一样漂亮一样瘦,但很多人忘了她高度的自律精神。同样作为一个产后妈妈,难道她产后不辛苦吗?难道她的孩子不是两小时就要喂一次奶吗?难道她家就有十个保姆围着能让她脱开身去健身房吗?虽然我不认识她,但我相信她和所有的妈妈一样,辛苦、忙碌,甚至有着对新生命的烦躁和焦虑。但她跟很多妈妈不一样的是,她想做,并且真的排除万难去做了。今天的她,作为一个两岁孩子的妈妈,已经身材曼妙妆容精致地出任《时尚COSMO》杂志的新任总编,经常游走在世界各地的时尚尖端。有很多人羡慕她,说她运气好,说她一定嫁了个好老公,但不管你怎么说她,只要你学不到她对自己的严苛要求,就永远只能羡慕她。

年轻的时候,我总觉得生活就应该是随遇而安的,只要在大事上靠谱,小事不需要太计较。比如家里地面三天一扫还是五天一扫,看书是随便看看还是规定好一天30页,晚上回家是学习一小时还是先看看电视再说,衣服要不要熨烫,这都无所谓。可当自己慢慢成熟长大后发现,对生活小事马马虎虎的人,对大事也根本严肃不起来,比如重要的考试我依然会习惯性地迟到,项目汇报的时候穿着高级套装却不自在地发挥失常。日常生活中已经习惯了对自己的自由散漫放纵,内心便早已没有了自律这样的概念,等你想紧张起来的时候,却发现自己的一切,都好像刚醒来时的被窝,凌乱不堪什么都找不着。

生活中其实没什么大事,但每一件小事聚合起来,就塑造成了一个人的样子。想做成一件事,最怕的不是没运气,没钱,没伯乐,而是从开始就对自己没什么要求。一个人对自己没要求,就没有资格对这个世界有什么要求。

那位大哥去年结婚了,找了个一样对生活高要求的人,每天更是一尘不染地来上班,亮瞎周围人的眼睛。

其实生活并不需要每时每刻都有鸡血,但周围的每个比你我都好一点的人和事,都是我们需要认真思考的对象;生活里也并没有多少大事,但对每件小事有点要求,就塑造成了一个最好的样子。

(摘自《青年文摘》2014.12)

# 最合宜的位置

□周国平

我相信,每一个人降生到这个世界上来,一定有一个对于他最合宜的位置,这个位置仿佛是在他降生时就给他准备了的,只等他有一天来认领。我还相信,这个位置既然仅仅对于他是最合宜的,别人就无法与他竞争,如果他不认领。这个位置就只是浪费掉了,而并不是被别人占据了。我之所以有这样的信念,则是因为我相信,上帝造人不会把两个人造得完全一样,每一个人的禀赋都是独特的,由此决定了能使其禀赋和价值得到最佳实现的那个位置也必然是独特的。

然而,一个人要找到这个对于他最合宜的位置,却又殊不容易。环境的限制,命运的捉弄,都可能阻碍他走向这个位置。即使客观上不存在重大困难,由于心智的糊涂和欲望的蒙蔽,他仍可能在远离这个位置的地方徘徊乃至折腾。尤其在今天这个充满诱惑的时代,不少人奋力争夺名利场上的位置,甚至压根儿没想到世界上其实有一个仅仅属于他的位置,而那个位置始终空着。

我相信,从理论上说,每一个人的禀赋和能力的基本性质是早已确定的,因此,在这个世界上必定有一种最适合他的事业,一个最适合他的领域。当然,在实践中,他能否找到这个领域,从事这种事业,不免会受客观情势的制约。但是,自己应该有一种自觉,尽量缩短寻找的过程。在人生的一定阶段上,一个人必须知道自己是怎样的人,到底想要什么。

人的禀赋各不相同,共同的是,一个位置对于自己是否最合宜,标准不是看社会上有多少人争夺它,眼红它,而应该去问自己的生命和灵魂,看它们是否真正感到快乐。

我们活在世上,必须知道自己究竟想要什么。一个人认清了他在这世界上要做的事情,并且在认真地做着这些事情,他就会获得一种内在的平静和充实。

在商场里,有的人总是朝人多的地方挤,去抢购大家都在买的东西,结果买了许多自己不需要的东西,还为没有买到另外许多自己不需要的东西而痛苦。那些不知道自己究竟想要什么的人,就生活在同样可悲的境况中。

世界无限广阔,诱惑永无止境,然而,属于每一个人的现实可能性终究是有限的。你不妨对一切可能性保持着开放的心态,因为那是人

# 放下的智慧

□ 力　行

中国文化以心性为一切价值之根源,心性就是本质的善念。因此,在人的日常心性中无不体现着他的世界观、价值观。所以涵养心性,使其圆满具足,这是人生修养的最高境界。人之生命的价值,就体现在这一圆满具足的心性中,此即所谓"无待他求,当下即是"之人生境界。中国人以知进而不知退,为人生之危机。

这种人生智慧时时都在提醒我们与他人接触的时候,无论贵贱都应平等待之、一视同仁。不能先入为主地认为我是什么人,他是什么人;我是什么身份,他是什么身份,从而我应该怎么对待他,他应该怎么对待我。比如说,和与自己身份低的人接触,就首先端起一个在上位的架子,盛气凌人,颐指气使。对于陌生人拜访自己,不能首先怀疑人家有求于你,别有用心,从而形成一种沟通上的心理障碍,只有破除这些障碍,才能以真诚之心形成生命之直相照射。如果先有一概念的东西,就会成为人与人接触的障碍。这些概念包括我们预定的计划目标,用以联系人之抽象理想,用以衡量人之抽象标准、成见、习惯等。这些东西在我们希望与人有真实接触时,都应全部放下。只有把一切放下,我们才与人有发自内心生命的直相照射,直相肯定,从而有真实的了解。这件事说起来似乎容易,但要做到其实是很难的,必须有极深的修养才能做到。这种修养就是做人的坦荡和真诚。以诚待人,要将生魅力的源泉,但同时你也要早一些在世界之海上抛下自己的锚,找到最适合自己的领域。一个人不论伟大还是平凡,只要他顺应自己的天性,找到了自己真正喜欢做的事,并且一心把自己喜欢做的事做得尽善尽美,他在这世界上就有了牢不可破的家园。于是,他不但会有足够的勇气去承受外界的压力,而且会有足够的清醒来面对形形色色的机会的诱惑。

一个人应该认清自己的天性,知道自己究竟是什么样的人,从而过最适合于他的天性的生活,而对他而言这就是最好的生活。明乎此,他就不会在喧闹的人世间迷失方向了。

（摘自《新民晚报》2014.12.29）

心比心，推己及人。这就需要在平常的生活中，在日常生活的各个方面下持久的修炼功夫。然后在与人的交往中才会真诚地待人，真正地了解别人。只有当这种在平常日积月累修炼的功夫，深深融于我们的日常工作和生活行为中，形成我们的气质和自觉的处事为人的习惯，从而当我们随时遇到各种问题时能随时面对，随时超越，而随时放下。中国古话说"拿得起，放得下"，就是指一个人面对事情时的成熟、沉稳和练达。

这种"放下"的智慧，在印度思想中名之为"空的智慧"，解脱之智慧。佛教中的"空"，如"四大皆空"、"空即是色，色即是空"，就是放下的意思。圣严法师总结人生遭遇时曾有三句话，即"面对它，处理它，放下它"，也是放下的意思。这在中国道家称之为虚之智慧，无之智慧。中国儒家称之为"空空如也""毋意、毋必、毋固、毋我""廓然大公"之智慧。运用这种智慧，去看待生活中的一切经验事物，理想事物，都会看穿其本质和内在，而不为表面虚饰之物象所蒙蔽。于是，当人面对某一人、某一物、某一问题时，虽然可以有照常的概念的知识、理想，但他就可以不会再纠结于某一件事情上，虽然面对许多事情但却能超越于这些事情，既不置身事外，又不是陷入而不能自拔，若有若无、若即若离。有了这种智慧，达到了这种境界，人就不会为事物所累。百万富翁会像身无一文的乞丐一样不为财富所累而轻松自如；大政治人物会觉得"尧舜事业何异浮云过太虚"一样恬淡名利而不为功业所累；大科学家、大哲学家会谦恭如莘莘学子不为虚誉所累；大传教士会自觉"无一法可传于人"不为责任所累；大外交家会自觉只是一平凡之宾客不为酬应所累。这种放下的智慧在印度的宗教哲学中表现的尤为普遍而深刻，如《奥义书》《薄伽梵歌》；也体现在中国的儒道禅宗人物的思想与风度中，如春秋战国的范蠡帮助越王勾践复国后即功成身退，隐匿江湖；唐代的高僧慧远隐居庐山，影不出山，迹不入俗，送客无论贵贱，足止于虎溪，不敬王侯，等等；也体现在中国文学艺术人物的行为中，如晋代的陶渊明、竹林七贤。这些人的"放下"的境界及其文化观念，值得我们今天的人们去体会、欣赏、涵泳，然后知其意味之无穷，智慧之高妙。这种智慧的根源和本质就是当下即是、一切平等的人生境界。

其实，"放下"也是一种解决问题的办法。放下之后，可以使我们对事情的看法更客观、更冷静、更深刻。研究和思考解决问题的办法时更从容、更超脱、更周全，更反复斟酌、集思广益，从而也使问题解决得更好。

(摘自《博览群书》2014年第10期)

# 吃饭与时间

□苗 炜

亚特兰大的软件工程师罗伯·瑞尼哈特不想在吃饭上浪费时间，于是研究出了一种无味的米黄色营养泥。2013年2月，他在自己的博客上宣布他的发明之后，众筹网站帮他筹集了100万美元，他成了一家企业的CEO，专事生产营养泥。2014年5月，营养泥开始销售，公司收到2万份订单，到10月，累计销售额已经达到200万美元，根据美国劳工部门的统计，人们一般每天要花费90分钟的时间准备三餐，那么，营养泥已经累计为人们节省了很多时间。

黄色营养泥到底怎么样？纽约客杂志的撰稿人、饮食作家尼古拉·特利专门试吃了一阵子。他订餐一星期，想全凭借营养泥过活，但坚持5天后放弃了。他说，那东西腻乎乎的太难吃，他宁愿饿着肚子上床睡觉，也不想用它果腹。他的确节约了一些时间，但多出来的空闲也就是在网上冲浪、胡思乱想一阵。在特利看来，黄色营养泥不过是方便食品新潮流中的一种。

哈维·莱文斯坦著有《餐桌上的革命》一书，他在1962年提出，食品工业的便捷，使得家庭主妇料理五口之家餐食的时间从每天5小时缩短到了90分钟，主妇们可以有更多闲暇，料理花园或者做做女红。然而，这太乐观了。女人们的确节省下了做饭的时间，但她们得出门工作，变成职业女性。1990年代，墨西哥职业女性的比例从不足30%增加到了50%以上，她们要上班，要送孩子去上学，这时候，饭菜的口味就是次一级的问题了，人们越来越依赖各种方便食品。2001年到2005年间，加州大学做了一项调查，跟踪几十个中产阶级家庭之后发现，如果家人用新鲜食材料理一餐，比之方便食品，只多花了12分钟。做饭并不如想象中那么麻烦，但很多人宁愿吃速冻食品。

尼古拉·特利说，一家人坐在一起吃饭，对孩子有帮助，家人增进交流，促进孩子的心理健康，也会让孩子的学习成绩更好。食用营养泥这类方便的流食，会使人们的牙齿退化。他说，黄色营养泥最大的功用就是让我们更珍视一家人做饭，一起吃饭的美妙场景，"我的壁橱里还剩着三袋子营养泥，谁想要？"

（摘自《新民周刊》2014年第42期）

# 狡猾是一种冒险

□梁晓声

从前,在印度,有些穷苦的人为了挣点儿钱,不得不冒险去猎蟒。

那是一种巨大的蟒,以潮湿的岩洞为穴,背有黄褐色的斑纹,腹白色,喜吞人类的尸体。于是被某些部族的印度人视为神明,认定它们是受更高级的神明的派遣,承担着消化掉人的尸体之使命。故人死了,往往抬到有蟒占据的岩洞口去,祈祷尽快被蟒吞掉。为使蟒吞起来更容易,且要在尸体上涂了有香味的油膏,蟒一闻到,就爬出洞了……

为生活所迫的穷苦人呢,企图猎到这种巨蟒,就佯装成一具尸体,往自己身上遍涂油膏,直挺挺地躺到蟒的洞口去。赤身裸体,一丝不挂,当然,最主要的一点——脚朝向洞口。蟒就在洞中从人的双脚开始吞,人渐渐被吞入,蟒躯也就渐渐从洞中出来了。如果不懂得这一点,头朝向洞口,那么顷刻便没命了。

我少年时曾读过一篇印度小说,那是一个十三岁的孩子,和父亲相依为命,父亲患了重病,奄奄待毙,无钱医治。于是少年萌生了猎蟒的念头,只要猎得一条蟒,卖了蟒皮,父亲就不至眼睁睁地死去了。

某天夜里,他在有蟒出没的山下脱光衣服,往自己身上涂遍了油膏。他涂得非常之仔细,连一个脚趾都没忽略。他手握一柄锋利的尖刀,趁夜仰躺在蟒的洞穴口。天亮之时,蟒发现了他,就从他并拢的双脚开始吞他。他尽量放轻呼吸,因为蟒那时是极其敏感的,稍微明显的呼吸,蟒都会察觉到。通常它吞一个涂了油膏的大人,需要二十多分钟。猎蟒者在它将自己吞了一半的时候,也就是吞到自己腰际时,猝不及防地坐起来——以瞬间的神速,一手掀起蟒的上腭,另一手将刀用全力横向一削,于是蟒的半个头,连同双眼,就会被削下来。自家的生死,完全取决于那一瞬间的速度和力度。速度达到而力度稍欠,猎蟒者也休想活命了。蟒突然间受到强烈疼痛的刺激,便会将已经吞下去的半截人体一下子呕出来。人就地一滚躲开,蟒失去了上腭连同双眼,想咬,咬不成,想缠,看不见。愤怒到极点,用身躯盲目地抽打岩石,最终力竭而亡。但是如果未能将蟒的上半个头削下,蟒眼仍能看到,那么它就会带着受骗上当的大愤怒,蹿过去将人缠住,直到将人缠死,与人同归于尽。

不幸就发生在那少年的身体快被蟒吞进了一半之际——有一只小

蚂蚁钻入了少年的鼻孔,那是靠意志力所无法忍耐的。少年终于打了个喷嚏,结果可想而知。数天后,少年的父亲也死了,尸体涂了油,也被赤裸裸地抬到那蟒的洞口……

三十多年过去了,我怎么也忘不了这篇小说。猎蟒的方式和经验,可以很多,人为什么偏偏要选择最最冒险的一种呢?蟒喜吞人尸,人便投其所好,从蟒绝然料想不到的方面设计谋,将自身作为诱饵,再猝不及防地"后发制人",这是多么狡猾的一招!

比印度人猎蟒更狡猾的,是吉尔伯特岛人猎捕大章鱼的方式。吉尔伯特岛是太平洋上的一个古岛,周围海域的章鱼极大,它们的触角能轻而易举地弄翻一条载着人的小船。

猎捕大章鱼的吉尔伯特岛人,双双合作,一个充当"诱饵",一个充当"杀手"。"诱饵"也被称为"牺牲者"。"牺牲者"先潜入水中,在有大章鱼出没的礁洞附近缓游,以引起潜伏的大章鱼的注意,然后突然转身,勇敢地直冲洞口,无畏地闯入大章鱼八条触角的打击范围。

充当"杀手"的人,埋伏在不远处,期待着进攻的机会。当他看到"诱饵"已被章鱼拖到洞口,大章鱼已用它那坚硬的角质喙贪婪地在"诱饵"的肉体上试探着,寻找一个最柔软的部位下口。于是"杀手"迅速游过去,将伙伴和大章鱼一起拉离洞穴。大章鱼被激怒了,更凶狠地缠紧了"牺牲者"。而"牺牲者"也紧紧抱住大章鱼,防止它意识到危险抛弃自己溜掉。于是"杀手"飞快地擒住大章鱼的头,对准它双眼之间的致命部位拼命啃咬起来……不一会儿,张牙舞爪的大章鱼渐渐放松了吸盘,触角也像条条死蛇一样垂了下去,就这样一命呜呼了。

可以说,狡猾往往是弱类被生存环境逼迫出来的心计。我们的祖先,没有利牙和锐爪,没有自卫的角、蹄,甚至连逃命之时足够快的速度都没有。在亘古的纪元,人类无疑是地球上最弱的动物之一种,于是被生存的本能逼生出了狡猾,狡猾成了人对付动物的特殊能力。然而,当动物不再威胁人类生存的时候,一部分人类便构成了另一部分人类的敌人。因为人最了解人,所以人对付人比人对付动物有难度多了。于是人类的狡猾就更狡猾了,于是心计变成了诡计。

我以为狡猾并非智慧。狡猾往往是冒险,是通过冒险达到目的之心计。而智慧,乃是人类克服狡猾劣习的良方,它绕过狡猾的冒险的冲动,寻求更佳的达到目的之途径。狡猾的行径,最易激起人类之间的仇恨,智慧则缓解、消弭和转化人类之间的矛盾与仇恨。诸葛亮以"空城计"而退压城大军,是谓智慧。曹操将徐庶的老母亲掳了去,当作人质逼徐庶为自己效力,似乎就只能说是狡猾了吧!

# 从指甲看健康

□ 玲 华

中医认为：指甲为脏腑气血的外荣，与人体的脏腑经络有直接联系，能够充分地反映人体生理、病理变化。通过观察指甲的形状、大小、颜色，能够知晓一个人的健康基本状况，甚至看出他潜在的健康危机；而通过指甲的光泽、纹路、斑点等的变化，则可以推断出身体正在悄悄发生的病变。所以，学会观察指甲，就是学会了一种最为简易的健康自测方法。

## 指甲纹理

指甲纹理，指的是指甲上出现一些横纹、竖纹以及斑点等。中医认为，指甲的这种变化与机体的组织器官的功能低下，组织结构的破坏、萎缩等病理变化都是密切相关的。

**竖纹：**指甲表面不够光滑，出现一条条的直纹，一般会出现在操劳过度、用脑过度后；在睡眠不足的时候，这些竖纹会很清楚地显现出来。如果竖纹一直存在，则可能是体内某些器官存在着慢性病变。

**横纹：**指甲上的横纹是一种对已经发生的病变的记录。开始的时候横纹只在指甲的最下端，随着指甲的生长，逐渐向上移动。

**斑点：**指甲上有少量白点，通常是缺钙、缺硅或者有寄生虫病的表现；白点数量比较多，可能是神经衰

---

一个人过于狡猾，在人际关系中，同样是一种冒险。其代价是，倘被公认为一个狡猾的人了，那么也就等于被公认为是一个卑劣的人了，而且，几乎一辈子都难以扭转人们对他的普遍看法。

一个人过于狡猾，就怎样也不能成其为一个可爱可敬之人了。无论他多么有学识，受过多么高的教育，身上总难免留有土著人的痕迹，也就是我们的祖先未开化时的那些行为痕迹。狡猾实在是人类性格的

退化，使人类降低到仅仅比动物的智商高级一点点的阶段。比如吉尔伯特岛人用啃咬的方式猎杀章鱼，谁能说不是狡猾得带有了动物性呢？

人啊，还是不要冒狡猾这一种险吧。当然，若能做一个智慧之人，常以智慧之人的眼光看待生活，看待他人，看待名利纷争、人际摩擦，则就更值得学习了。

（摘自《青年文摘》2015年第1期）

弱的征兆;而指甲上出现黄色细点,则可能是患上了消化系统的疾病。

### 指甲形状

**百合形**:指甲比较长,中间明显突起,四周内曲,形状犹如百合片。这类指甲多见于女性,这种指甲的形状是最漂亮的,但拥有此指甲的人多半从小就比较多病,尤其是消化系统经常出问题。

**扇形**:这类指甲下窄上宽,指端成弧形。拥有扇形指甲的人,多半为天生的强体质型,从小身体素质就很好,耐受能力很强,但是,他们很容易忽视自己的健康。

**圆形**:呈圆形指甲的人,看上去体格健壮,很少得病。这类人对于疾病的反应十分不灵敏,很难自觉出身体的异况,所以,一旦生病,往往就很重。

### 指甲光泽

健康人的指甲有一定的光泽并且很均匀,好像一块光滑的玻璃,指甲应该是美丽的粉红色。一旦甲色发生变化,就说明体内某些地方出了问题,应该要重视了。指甲光泽变亮有两种,一种是指甲上有块状或者条状部位变亮,而不是整个指甲,这种情况多与胸膜炎、腹腔出现积液有关;另外是整个指甲都像涂了油一样,变得光亮无比,而且指甲变薄,这种情况多见于甲亢、糖尿病、急性传染病患者。

**光泽不均**:指甲的光泽度不均匀可以表现在不同指甲,也可表现在同一指甲的不同部位。如每个指甲都是前端有光泽,根部毛躁无光,可能存在慢性气管炎;如果只有部分指甲光泽不均,暗示体内存在某些慢性损害和炎症。

**失去光泽**:如果整个指甲都像毛玻璃一样,完全没有光泽的话,说明体内存在着某些慢性疾病,不可大意了。

### 指甲颜色

**甲色偏白**:指甲颜色苍白,缺乏血色,多见于营养不良,贫血患者;此外,如果指甲突然变白,则常见失血、休克等急症,或者是钩虫病、消化道出血等慢性疾病。需要注意的是,如果指甲白得像毛玻璃一样,则是肝硬化的特征。

**甲色变灰**:指甲呈灰色,多是由于缺氧造成,一般抽烟者中比较常见;而对于不吸烟的人,指甲突然变成灰色,最大的可能便是患上了甲癣,初期指甲边缘会发痒,继而指甲还会变形,失去光泽变成灰白色,如灰指甲等。

**甲色变黄**:中医认为,指甲变黄多由湿热熏蒸所致,常见于甲状腺功能减退、肾病综合症等;西医上则认为,指甲偏黄多半与体内维生素E的缺乏有关。如果所有的指甲都变黄,就必须接受治疗了,因为那是全身衰弱的象征。

(摘自《祝您健康》2014年增刊)

# 一个人的医院

□陈文茜

罹癌的、需紧急手术的、欲生产的妇女,宁可拖着,也不走进利比里亚的"医院"。

对他们而言,当地"医院",充斥着埃博拉病毒。与其说是医院,不如说是个"恐怖死亡旅程的太平间"。他们相信不走进去,还有生路,走进去则是死路一条。

依据美国疾病预防控制中心9月底的一次预测,如果疫情继续恶化,西非地区的感染人数可能高达140万人。

愈接近死亡之地,往往愈有动人的故事。利比里亚当地医疗人员闹罢工,许多医院已经关闭。一名22岁实习护士克库拉,家人罹患埃博拉。当地的医院不是关闭,便是拒绝他们看诊。这位年仅22岁的护士学生上网寻找了埃博拉的相关知识,包括传染途径、如何隔离等。她看到美国医护人员感染埃博拉后走下救护车的"装备",便自己进行隔离,并救援她的家人。

她的隔离衣是黑色大小塑料袋、口罩、塑料手套及雨鞋组成。为此,美国有线电视网制作了她的小专题《One Woman Hospital》(一个女人的医院)。

这名22岁护士向CNN展示她一人抗战埃博拉的设备,黑色小塑料袋套住头后,紧紧缠绕圈住,戴上口罩以便塑料袋不会有缝隙;接着身上穿着剪了洞的黑色大塑料袋,四肢各套上黑色塑料袋绑紧,接着才穿上雨鞋。她特别强调黑色塑料垃圾袋的重要性,它们够厚,不易破裂。

家中父亲、母亲、妹妹、表哥共有四人罹患埃博拉,她一人扛起照顾责任,隔离每一个人;而且每照顾一个,全身塑料袋更换一次,夜以继日。表哥不幸还是走了,爸爸、妈妈、妹妹活过来了。活过来的妹妹说:"虽然我知道我的生命是上帝恩赐的,但同时也是姊姊赐予的。"父亲说:"我多么以女儿为荣,她一个人建立了最好的'医院'。"

利比里亚经济正在上升期,如果没有埃博拉,增长率可能年达14%。如今疫区已是处于丛林野兽的原始状态,人性笼罩在惊恐、自我保护与仇恨中……

去年,无国界医生组织向联合国提交的报告显示,埃博拉致死率高达51%,其中有一成为医护人员。于是,医生护士罢工、逃离岗位,或者整个医院都拒绝埃博拉患者及出现类似症状的病人。而世人也视当地为鬼域,多数国际航空公

# 竖版《世界地图》能解读出什么

□杨 晋

近期,由湖南地图出版社公开出版发行的竖版《世界地图》引起了人们的兴趣。那么从"竖过来的世界"中我们能解读出什么呢?

第一,"世界观"的改变。竖版《世界地图》把海洋摆在了中心位置,使我们重新认识了海洋和世界的关系。一个典型的例子就是2009年10月,我国第26次南极科考时,中央电视台曾经播出了"雪龙"号科考船行进的路线图。由于当时采用了横版地图,考察路线呈扭曲的8字形,并且缺少了考察船绕南极航行的一段关键航段。直到后来有观众打来电话才用竖版地图重画了航线。这张画错的地图很长时间被悬挂在制作部门的墙上,提醒大家不要再犯类似错误。与竖版《世界地图》同时出版的竖版《中国地图》把南海完整地包含在中国版图的幅面里,强调了中国版图不仅是通常被认为的陆地领土"公鸡形",而是包含了下方300公里海洋国土的"三叶形"。从这个角度看,中国面积最大的省(自治区)级行政单位不是新疆,而应是海南省。这是中国从"陆地国家"转向"海洋国家"的一个重大的观念变化。竖版《世界地图》更加直观地强化了中国的海疆,体现出我国对自身和世界的全新认识。

第二,南北极的作用凸显。北极长期以来被看作是苦寒之地。据竖版地图绘制者、中科院武汉测量与地球物理研究所研究员郝晓光介绍,2006年10月,中国军方在研发"北斗"卫星系统时,曾经按照横版地图考虑把"北斗"二号的覆盖面优先置于"中国及周边地区",卫星覆盖范围向东延伸5000公里,但向北只是到中国版图的最北端。郝晓光在会上提出,"美国在中国的北

---

司禁飞,食物供应商也多数拒绝运送食物至当地,或者要求数倍价格。

逃离,不只逃离故乡,甚至逃离染病的亲人,这是疫区常态。但22岁的克库拉以黑色的塑料袋,一个最不起眼的生活物品,挽救了亲人。在苦难之地,泪痕、恐惧从来都不是最好的答案,死亡不过是人必到的终点。克库拉决定面对,以坚韧与勇气。

即使死亡之地,也有温暖的冗长回声。

(摘自《环球》2014年第21期)

面,而不是东面"。从竖版地图可以直观地看到,从美国袭来的导弹,落到中国的最短距离不是跨越太平洋,而是穿越北冰洋。我们以前常常提"跨越太平洋的合作",以突出"环太平洋"的重要性,但是从竖版地图上可以更真切地看到"环北冰洋"的战略地位。中国加强同俄罗斯的合作,类似于美国和加拿大的关系,在一枚导弹可能决定一个国家存亡的时代,建立一个预警缓冲带是多么重要。2013年12月10日,俄总统普京要求在2014年完成俄罗斯北极部队组建,2015年实现定期海上巡逻。2011年,美国防部出台《北极地区行动报告》,宣布将在2011—2015财年内为建造北冰洋舰队做好准备。2013年,美国发布《北极地区国家战略》,宣布北极将成为美国战略优先方向之一。南极也是经常被忽略的地区,它的重要性在于其为沟通几个大洋的节点。1991年6月《南极条约》到期时,各成员国一致同意《南极条约》继续无限期有效,其中"冻结主权"的条款在国际领土领海争端愈演愈烈的今天是一个值得借鉴的处理方式。2013年底,中国第30次南极科考队乘坐"雪龙"号破冰船完成了首次环南极大陆考察任务,并抵达南纬75度20分开展大洋科学考察,这是中国船舶迄今到达的最南纬度,表明中国在南极探索方面取得了重大收获。

第三,印度洋的重要性突出。1904年,麦金德曾把中亚及其周边地区看作是世界岛的"心脏地带",谁控制了心脏地带,谁就控制了亚欧大陆的主导权。而从竖版《世界地图》看过去,印度洋以独特的地理位置居于世界的中心,成为地球的"心脏地带"。中国真正成为世界性大国,也往往是从印度洋取得突破。1405年到1433年间,郑和下西洋横跨印度洋,比西方探险家达伽马、哥伦布等人早80年。英国前海军军官、海洋历史学家孟席斯还认为,1421年,郑和跨越印度洋和大西洋后,最先发现了美洲大陆。而如今的中国,同样面临着战略空间的"东进"与"南下"的问题。美国的"战略东移"、日本借助美日同盟对中国的抗衡,以及朝鲜半岛的不确定性,使中国"东进"战略空间受阻。如何通过南海和东南亚,打通一条稳定的印度洋出海通道,以维护中国的贸易和对外经济交往,成为一个迫切的问题。从这点看,中国大力推行的高铁战略,特别是计划推进的从云南到新加坡的泛亚铁路,将成为中国从陆路打通印度洋出海口的关键。

历史证明,地理大发现往往是变革的先声,而以全新的视角竖过来看世界,不仅拓宽了我们的思路,更提醒我们旧有的世界格局正在发生新的巨变。

(摘自《世界知识》2014年第15期)

# 同学圈：只谈风月不谈风云

□章诗依

毕业多年了，因为一个同学的离世，昔日大学同学惺惺相惜地在微信上建立了同学圈，许多联系已不那么紧密的同学，朝夕之间，一下子又謦欬之声相闻了。

然而，很快便发现，岁月的力量委实惊人，不知不觉间，不但肆意修改了昔日青春的面容，更大大分化了曾经共振的心灵。如今，昔日同学之间，在价值观上的分道扬镳，乃至激烈冲突，已经到了令人唏嘘的地步。本为抱团取暖而建的同学圈，一度因刻薄的诛心之语而让人心里感到冰凉。

本来，"同学少年多不贱"，有的当官，有的发财，有的学富五车，有的优游自在，在轰鸣急驶的时代列车中，大家都还算混得不错，虽然尚没有大富大贵的，但基本上应该属于坐在优等座位的一群。按理，大家的共同语言应该很多才是。

然而不。事实是，在对大家共同乘坐的这座"列车"的评价上，或者说，在如何评价今日中国现实这个问题上，同学之间，爆发了剧烈的冲突。

冲突的具体起源，是有的同学对现实中的社会、政治问题如多年前一样，继续采取批判的立场，他们认为，中国经济虽然取得骄人成就，但由于一些改革滞后，埋藏了许多矛盾与危机，因此应该有更深入的改革。有的同学则相反，他们反感这种对现实的批判态度，认为是不了解实际操作者苦衷的书生之见，他们对未来抱有极大乐观，认为中国超越美国几乎是自然会发生的事。打一个比方就是，前者不但没有为列车风驰电掣的速度感到陶醉，还担心列车有脱轨的风险，而后者却认为，列车行驶正常，即使有问题，也是列车长需要操心的事，不劳别人多嘴多舌。

同学圈的这一幕，相信许多人会有似曾相识之感。冲突双方的意见，料也不会有人感到陌生。

成就与不足俱在，机遇与挑战共存。这样的现实，决定了赞美与批评本应都是题中应有之义。可惜，像目前公共空间中流行的景象一样，挟经济发展所带来的傲慢日益滋长，对批评的不宽容正在蔓延，在同学圈中，同样如此。

同学圈中最令人沮丧的，是对批评者各种奇葩式的指责。概括起来，它们主要有：

一、你对现实持批评态度是因为你自己的生活不够成功，是因为没能从体制中捞到足够的好处而心生怨恨；

二、你是体制中人，就不该既端着体制的饭碗又去批评体制。

毋庸讳言，如今，这也是盛行于同学圈外的哲学。这种哲学的杀伤力，在于将批评行为描绘为一种心理疾病，一种道德缺陷。

是啊，因为自己少得了三瓜两枣，就不惜毁掉整个林子，这难道不够变态、可恶吗？从体制内领工资，还对体制说三道四，这不是白眼狼又是什么！同学圈中，此类对批评者的批评，让批评现状者感到气闷与愤怒，他们回击：别用猪圈哲学衡量所有人，这个世界上，不是所有的人除了鼻子底下的食槽之外，就没有别的关怀。至于体制内所领的工资，是劳动的报酬，并非封口费，还不足以让人在并不完美的现实面前闭上嘴巴。何况，体制所提供的工资，不是体制自家的菜园子里长出来的，而是纳税人的钱，既然花纳税人的钱，关心公共事务，又何罪之有？

在双方的唇枪舌剑之下，同学圈中一时硝烟弥漫。好在，毕竟是同学。最后，大家达成共识：同学圈里，不谈国事。只谈风月，不谈风云。一度激扬文字的同学圈，用生活的真理消解了自己的紧张与冲突。

作为同学圈的一员，冷静下来，我知道，自己有批评现实的权力，也应该有雅量容纳同学的批评。同时，我更祈望，在同学圈之外的更广阔的空间里，批评与赞美一样，都不是原罪，都能享有同样的正当性。因为我们应该谨记，不远的昨天，中国曾经有过鸦雀无声的年代，在那样的年代里，许多带来灾难的决议都是在全体掌声中通过的。

说到底，我们又如何避得了风云呢？最近一段时间，一种风云的近似物，——有关雾霾的话题，已经在同学圈中不胫而走了。

（摘自《大家》2014.10.27）

## 今日说法

仇读"求"，区读"欧"，召读"哨"，任读"人"，华读"化"，燕读"烟"，朴读"瓢"，折读"舌"，单读"善"，解读"谢"，繁读"婆"，纪读"己"，查读"扎"，盖读"葛"，逢读"旁"，万俟读"莫奇"……

——别读错小伙伴们的姓氏。

女生对男生说的"心烦，陪我聊聊"，其实是"现在开始我要持续负能量吐槽大约20分钟，你就安安静静耐心听着，我说啥你就猛点头夸我说得太对，我骂谁你就狂拍桌骂谁。我哭了你就递纸，我还哭你就刷卡，不要乱插嘴不要分析这分析那不要乱提一二三条建议，敢说是我的错你就死定啦"的意思。

——女生心烦聊聊的意思

# 学学年轻一代的好心态

□李 梓

今年复旦大学发布了《中国网络社会心态报告》,通过分析网络用户在近两年间发布的微博文章,就社会情绪、群体认同与网络行动等问题进行比较研究后,呈现出了不同年龄段的社会心态。

### 跟80后学谨慎

80后中有70.6%对中国未来经济"谨慎乐观",被称作"保守的'重商一代'"。80后多已到而立之年,他们逐渐成长为社会各行业的中流砥柱,也开始背负起家庭的责任,在上有老下有小的现实磨练中,变得谨慎不再大意,理性不再冲动。

武警总医院心理科主任许健阳表示,小心谨慎是保护自己的手段,从小开始学习走路、跑步、骑车,一步步都是在安全可控的前提下才鼓励放手进行尝试,通过不断熟悉陌生事物最终战胜恐惧。

但谨慎的同时要适度放开,不要被自己的假想敌所制约束缚。古印度猎人捕虎,会提前在老虎经常出没的地方用一米高的白布将树包围成圈,待将老虎赶入圈中即刻封口。本能轻松跳出包围圈的老虎却被自己的假想敌制约住,再也逃不出猎人的手掌心。需要注意的是,所谓放开是指在确保安全可控的前提下,安全性不能保证的危险事物建议不要实际完成,可以通过冥想的虚拟方法,最终战胜心理恐惧。

### 跟90后学乐观

90后中有76.7%的人对未来中国政治发展前景持乐观态度,被称作是"乐观的'社交一代'"。"我每天可以吃的有限,穿的有限,花的有限,但是开心,必须无限!"电视剧《我的青春谁做主》中的经典台词非常贴切地表达出了代表90后们的乐观宣言。在他们心中,快乐是天性的释放,是洒脱的心态。

北京回龙观医院心理科教授邸晓兰认为,对于乐观每个人都有自己的专属定义,它是充满正能量的、有益身心健康的积极情绪。乐观的人朋友多、资源多,愿意将自己的乐事与他人分享,你点赞、我评论,快乐随之扩散,自信成倍增长,他们坚信独乐乐不如众乐乐。哪怕是囧事也习惯从积极角度出发,转化成幽默的小插曲付之一笑。

但是对于盲目乐观的人,就要注意正确引导了,要让他们学会从

# 家长五句最有魔力的话

**一、"你自己来做决定吧"**

如果你想让孩子做某件事,或者是停止做某件事,我们建议你这样说。这么说是为了让孩子了解:他要为自己的行为负责任。

**二、"妈妈爱你,但妈妈不喜欢你这样做。"**

这样做也能提醒你自己,批评孩子的目的是帮助他分清对错,你也就更容易在孩子的错误面前保持冷静了。孩子也会知道自己做了一件不好的事,但这并不意味着自己是个不好的人。

**三、"你其实是想说什么?"**

有的时候,小孩子会因为生气或者激动而变得情绪失控,他无法说清自己的感受,只是不停大喊:"我不要你!""我讨厌你!"除了温和地询问:"你其实是想说什么?"你还可以给他一些参考答案:"你生气是不是因为小明哥哥泄露了你的秘密?"等你的孩子逐渐学会了解自己的内心感受,表达自己的感觉了。

**四、"你来试试帮我解决这个问题。"**

如果你的孩子做什么让你生气的事——吃饭的时候不停地哼唱幼儿园学的新歌谣,或者试图用手里的青菜画一幅画——你可以这样说。说得就好像问题出在你自己身上,然后请你的孩子帮你想一个解决的办法。它可以让孩子感觉到自己的行为是受欢迎和受尊重的,让他可以不把你看作是他的对立面。

**五、"不同的人有不同的需要。"**

要让孩子了解,"每个人只有在他真正需要的时候才能得到。"比如,隔壁的小姐姐配了眼镜,并不意味着楼里所有的小孩都可以得到眼镜。表哥的鞋子小了,并不意味着所有的兄弟姐妹都需要买双新鞋。

(摘自《家庭主妇报》2014.12.1)

实际出发,分析事件特点,把握积极心理,多提及优点发扬长处,少揪住缺点打击信心,让心灵充满阳光,笑容传递能量。

(摘自《健康时报》2014.11.20)

# 改革太急与期待太高的中国大学

□陈平原

从1998年到现在,中国大学改革的步伐不可谓不大。可办教育的人必须明白,教育是一项长期工程,急不得。整天强调"世界一流",不是理想的状态。在我看来,办教育应当拒绝急转弯,拒绝大跃进,不急不慢,不卑不亢,走自己认准的路。这样坚持5年、10年、20年,中国大学才有可能走出一条适合自己的"康庄大道"。

到过国外大学的人都知道,校园里很安静。可是回到中国内地,几乎所有大学都是一派热火朝天的景象。校长不断地在制定发展计划,系主任也是踌躇满志。甚至每位教授都热血沸腾。这样的画面令人感动,但我必须说,这样的状态也让人担忧。大学改革,应当稍安勿躁。从几年前的大学扩招到今年的要求600所大学转为职业教育,一路走来基本上都是对于先前政策的调整与否定。这样不断的急转弯,非常伤人。

办教育的人要懂得,一个错误的决定,必须用十个很好的主意才能弥补过来。学生不应当成为小白鼠,大学也不应当成为小白鼠。一个重要政策出台,一代学生的命运也就与之直接相关。所以,教育的实验必须小心翼翼,特别忌惮连续急转弯。宁肯胆子小一点,步子慢一点,追求的效果是"移步换形",而不应该是"日新月异"。

中国大学之所以步履匆匆,源于国人的期望太高:今天讨论教育问题的人,主要有两种思路:一是"向外看",喜欢谈哈佛如何、耶鲁怎样;一是"向后看",极力表彰民国大学如何优异。这两种思路,各有其道理。作为"借镜",两者都是很不错的资源。但需要警惕的是,没必要借此对当下中国大学"拍砖"。我在演讲的时候,经常会遇到热心听众提问,开口就是"中国没有大学"。我明白他的立场,但这样的表达是有问题的。中国不仅有大学,还有很不错的大学。中国大学"在路上",请多一点点掌声,少一点点砖头。

现在有一种流行观点,说民国大学多好多好。可是持论者必须明白,今天的中国大学同样需要一种"了解之同情"。民国大学是一种精英教育,这与今天我们的高等教育模式很不一样。整个民国年间的社会动荡姑且不论,即便是在局势相对稳定的1930至1937年间,在校大学生也就四万多人。等到抗战

# "穷养"孩子的标准是什么

所谓"穷养",不是刻意追求"劳其筋骨,饿其体肤",而是在物质上对孩子有所限制,让孩子懂得珍惜和奋斗;要从小培养孩子自立和受挫的能力,让孩子懂得任何东西都是付出劳动才能得来。另外,要培养孩子正确的心态,接受社会现实,别人拥有的物质财富,自己不要盲目攀比,关键是要用自己的知识和能力去创造这些财富。

**日本的吃苦教育**

日本教育孩子有句名言:除了阳光和空气是大自然的赐予,其他一切都要通过劳动获得。

许多日本学生在课余时间,都要去外边参加劳动挣钱。大学生中勤工俭学的非常普遍,就连有钱人家的子弟也不例外。他们靠在饭店端盘子、洗碗,在商店售货,在养老院照顾老人,做家庭教师等来挣自

---

胜利,这一数字有所增加,也不过八万多人。而今天则是每年大约2600万人在大学念书,二者很难同日而语。再如,当我们追怀民国大学的独立精神时,既要看到校长与教授争取自由的努力,同时也得承认这与民国年间教育部的管理不细、经费有限直接相关。所以,当下中国大学的困境必须直面,不是召唤"民国大学"的亡灵就能解决的。

大学史的研究也好,大学评论也罢,都应当是一种有情怀的学问,追求的是启示,而非影射。大家应当明白,中国大学不可能迅速地"世界一流",所以还请大家多一点耐心。世界上没有一个国家像中国目前这样全民都在关心大学问题,

过于受关注,以至于没有办法从容地坐下来,喘一口气、喝一口水,这对大学发展是很不利的。

"五四运动"的时候,蔡元培在把被捕的北大学生营救出来后,留下一句"杀君马者道旁儿",就离开了北京。这是借用汉代应劭《风俗通》的话,意思是说,对于骑快马的人而言,道旁观众越是喝彩,你就越快马加鞭;马被催得越跑越快,最后就气绝身亡了。对待中国大学,同样是这个道理,今天被追问为什么还不"世界一流",明天又希望你多得诺贝尔奖,很可能导致中国高等教育步伐不稳,产生一系列的问题。

(摘自《探索与争鸣》
2014年第9期)

己的学费。孩子很小的时候，父母就给他们灌输一种思想："不给别人添麻烦"，全家人外出旅行，不论多么小的孩子都要无一例外地背上一个小背包。别人问为什么，父母说："他们自己的东西，应该自己来背。"

### 台湾富豪王永庆：对儿女进行节俭教育

台湾富豪王永庆，对儿女的教育从节俭开始。他供给孩子学费、生活费都算得很精准，就像管理手下企业般，总是给得"刚刚好"，不让他们有一丝享受奢侈的机会。此外，和儿女联络都是写信，从不打电话，因为觉得打长途电话太贵了。王永庆的女儿王雪红说：父亲特别强调凡事要"追根究底"，父亲写信多半写自己的工作心得，告诉她公司发生了什么事，他如何追根究底，如何处理等，让她从中学习了不少处理事情的方法。

现如今，许多家庭都是"独生子女"，加上女性越来越多地参与到社会活动中，需要和男性一样肩负起社会义务和责任，因此，男女都应该"穷养"。"穷养"要先教孩子做好两件事：

### 男孩养志气，女孩养气质

男孩强调的是养"志气"，主要培养克服困难、吃苦耐劳、做事勤恳、踏实努力、有韧性、顽强的品质，如带他去爬山、踢球、游泳，锻炼坚韧性；而女孩侧重养"气质"，强调的是文化修养的投资，性情的陶冶，如有条件的可以让女孩学学琴棋书画，在家里，多给她些关心，让她感觉精神上富有，有安全感和自豪感，并有意创造环境，让孩子学会关心别人，帮助别人，更具女性特质。

### 父母要适当"偷懒"

不少家长总抱怨孩子自理能力差，其实很多时候是因为家长过分"勤快"。孩子到了自己学吃饭的年龄，家长见不得满桌的狼藉，最后忍不住出手喂饭；孩子捡个玩具捡半天，看着一地凌乱，家长忍不住收拾得整整齐齐。

"穷养"孩子，首先体现在让孩子自己的事情自己做，就这么简单的一句话，相当一部分家长难以坚持。因此，家长在养孩子的过程中要适当"偷懒"，一定要学会忍受孩子的不完美，等待孩子把事情做得更好。

此外，现在的独生子女普遍比较自我、霸道，家长在生活细节上还要学会对孩子有所保留。孩子要"十分"，家长给个"六七分"就好，不要超过"八分"，必要时跟孩子讲讲条件。比如带到超市买吃的，不要顺着孩子什么都买，，回到家里也不要一口气全部吃光，要教孩子学会克制、节俭和适量消费。

（摘自《科技文摘报》2014.12.4）

# 上海距离国际顶尖大都会还有多远

□ [印度] 孟莎美(Sharmistha Mohapatra)

> 在"软"的城市质量方面,上海距离"顶尖"仍然有不小差距——这次的新年踩踏事件,正是这个差距的反映。

2015年到来前夕,上海外滩发生的踩踏事件,让人痛心,也让关注、热爱这座城市的人,禁不住想提出一个问题:上海距离国际顶尖大都会还有多远?

提这个问题,并不是想否认上海的国际地位——上海是目前全世界人口最多的超大型城市之一,拥有全世界最长里程的地铁交通网、全世界第一吞吐量的港口、632米高的世界第二高楼,是无可置疑的亚洲航运和金融中心,即将迎来一个全新的迪士尼乐园。

这些,都是上海足以骄傲的"硬"优势。但是,开埠于19世纪中叶的上海,仍然是个年轻的城市,在"软"的城市质量方面,距离"顶尖"仍然有不小差距——这次的新年踩踏事件,正是这个差距的反映。

于是,我随机问了一些国际朋友:上海与国际顶尖大都会的差距,在哪里?以下是一些回答:

"在东京,从机场到写字楼到公共厕所,干净程度永远无可挑剔,服务永远礼貌周到。高峰时段地铁比上海还要挤,但人们永远按顺序排队,且没有噪音。这些在东京是'默认设置',在上海还远远不是。"

"香港也是一个非常拥挤的大都市,但比上海好的一点,是城市空间布局更加人性化——从中环开车出去20分钟,即可行山见海,城市中间预留了大片公共绿地,不允许用于商业开发。上海虽然面积很大,但平均到每个市民的公共空间还是太小了。"

"新加坡没有上海这么令人兴奋,但你知道,那里人们永远礼貌微笑,一切井然有序、有章可循,一般不会出错。"

"伦敦是目前全世界最贵的城市,中心地带房子已是天价,但仍然吸引全世界的富豪前去购房。为什么?因为伦敦贵而有品——所谓'品',是精致的服务、深厚的历史和浓厚的文化氛围。希望上海不要成为一个'只是贵、不够精'的城市。"

"纽约最大的特点是'共存'——波希米亚与高大上并存,'屌丝'与超级巨富都爱它。上海也要有这样的包容力,才能成为真

# 如何教学生读宪法

□王学进

**首先，要了解宪法知识** 通过阅读宪法文本，了解宪法的框架、条款以及我国的制宪史。最后一点尤其重要。相比1954年、1975年、1978年的宪法，为何1982年的宪法（通称八二宪法）公认最好？这需要教师作出解释。不妨以规定公民基本权利的详细程度为例，1954年宪法用了14条，1975年宪法用了两条，1978年宪法用了10条，而1982年宪法则用了18条。这反映了党和政府对公民权利的高度重视，宪法的核心精神得到了完整体现。

**其次，要明白为何说宪法是根本大法，为什么具有至尊地位** 除了从理论上讲清宪法在治国安邦中的重要作用外，还须联系在学校中的法治教育，让学生明白我国的一切法律法规都是从宪法中派生出来的，宪法是母法。各类法律法规必须与宪法保持一致，否则就是违宪。

**再次，要吃透宪法精神** 宪法最核心的精神体现在权利与权力的关系上，两者分属不同的主体，权利归人民，权力属政府；两者既有利益一致的地方，又有矛盾冲突的时候。从来源论，权利是天赋的，权力则是授受的，即国家权力机关是经人民授权建立起来的。因而权力的天然使命就是为权利服务，也即通常说的为人民服务，同时还要接受权利的制约和监督。也就是说，权力是权利的保障，权力任何时候都不能侵犯和剥夺权利，必须对权利保持谦抑。当然，权利也不能无限膨胀，不给权力留有行使空间，如是，则无法维持公共秩序，导致无政府状态。说到底，宪法精神，就是要规范国家权力的行使，保障公民权利的实现，保持权力与权利的协调与平衡。

读懂这些，人们就会慢慢确立宪法意识，树立宪法信仰，自觉成为宪法的践行者。

（摘自《中国青年报》2014.12.5）

---

正的一流大都市。"

说完这些，所有人也都指出，上海仍然是全世界发展最快的国家里最国际化和有活力的城市之一，上海的好日子还在后头。谁也不可以低估未来10至20年后上海的成就。只是，永远要心怀敬畏，不可大意。

（摘自《瞭望东方周刊》2015年第3期）

# 这些答案一定要让孩子记住

**当有陌生人要求领路怎么办?**

**这样对孩子说:**

路上如果有人向你问路,你应该热情指点,但万一对方请你引路,就要引起警惕,即使是你非常熟悉的地方,即使这个地方离你所在位置不远你也不要去。你可以有礼貌地告诉他:"爸爸妈妈不让我和陌生人走,你可以去路口让警察叔叔帮你带路。"如果陌生人纠缠你,你可以大声呼喊引起路人的注意。

**一个人在家时,忽然有人敲响了大门该怎么办?**

**这样对孩子说:**

1. 爸爸妈妈不在家时,你可以把电视机或者音响设备打开,使坏人误以为家里有人,不敢做坏事。

2. 千万不要随便给陌生人开门,应该及时把门锁好。就像父母在家一样,喊爸爸妈妈,说有不认识的人敲门,把坏人吓跑。

3. 如果陌生人说自己是煤、水、电气等修理工或来收各种费用时也不要给他开门。

4. 如果来人声称是你父母的同事,并能叫出你的名字,你也要提高警惕不能开门,但可以问他有什么事,记下来告诉爸爸妈妈。

5. 如陌生人还不走,就打电话给邻居或报警。

**在学校时,被高年级的孩子围在中间,要零用钱,你该怎么办?**

**这样对孩子说:**

1. 你不能有惧怕的心理,尽量说一些好话,说明自己没有带钱,避免发生冲突。

2. 如果他们不吃这一套,就跟他们说去教室取钱,马上乘机跑掉报告给你的老师,并描述他们的特征、长相、衣服颜色、高矮、胖瘦,这样才能找到他们,让他们接受教育。

3. 如果不行,拖延时间,看到别的大人或老师路过的时候大喊"救命"。因为你如果给他们钱,下次他们还会勒索你。

4. 如果当时地理位置偏僻,对方人多无法脱身,可以先给他们钱。但是一定要告诉老师,以后避免一个人去偏僻的地方。

5. 放学回家后,把在学校里发生的事情向爸爸妈妈汇报,让父母协助解决。

**上学的路上，突然有陌生人要求上他的车，这时候怎么办？**

**这样对孩子说：**

1. 千万别惊慌，大声喊"救命"，并奋力挣脱。

2. 跑到人多或热闹的地方，例如商场、超市等处向警卫或保安人员求救。

3. 告诉附近商家或是大人，请他们帮忙通知家人、学校或报警。

4. 万一被抓上车，虽然这时你会很害怕，但千万要保持镇静，不要吵闹，以免激怒坏人而使你受到伤害。

5. 努力记住坏人的相貌、特征、穿着、年龄及车牌号码，并记住车子所经过的道路、有特点的建筑物。

6. 如果坏人问你家里的电话及父母的姓名，要尽量配合满足他的要求，使自己受到伤害的机会降到最低点。

**假如独自走在路上，发现有个可疑的陌生人在背后跟踪，这时该怎么办？**

**这样对孩子说：**

1. 如果发现自己被人跟踪，最好往人多的地方走，如果附近有警察局，或看见在指挥交通的警察，就赶紧请警察协助你。

2. 如果找不到警察，可以走到百货公司或商店，向店员借电话，请家人来接你。

3. 千万注意不要被坏人追到小巷子里或者死胡同里，如果万一碰到这样的情况，不要不好意思，赶紧按别人家的门铃或大声叫"救命"。

4. 平时可以随身携带一个哨子，遇到坏人的时候，就用力吹哨子，引起路人的注意，吓退坏人。

5. 出门在外要小心，要注意四周的动静，而且尽可能不要一个人走在黑暗、偏僻的小马路上，以免给歹徒可乘之机。

6. 上学和放学的路上要与同学结伴而行，或者请父母在一段时间内接送。

**如果坐出租车上学，却发现司机把车开到不熟悉的路上，该怎么办？**

**这样对孩子说：**

1. 向司机询问是不是走错路了，并再次说明你所要到的地点，这时千万不要慌张。

2. 如果发现情况不对，借口要去厕所或办一些着急的事，请他靠路边停车。赶快下车到人多的地方去，再找交通警察，说明情况并请他帮助你回家或回学校。

3. 如果司机还继续开车，自己悄悄地把车窗摇下来，等到红灯停车时，向窗外的行人和车辆大喊"救命"。

4. 一个人坐出租车的时候最好坐在后排，发生意外的时候不容易被司机控制。

# 趣味诗谈

□伍健洲

格律诗是我国特有的文化现象。比如律诗，分为七言诗和五言诗，平仄、押韵、对仗等都是只有一字一音的汉语才有的。这是中国格律诗的特色。

课本里的律诗都很"正儿八经"，其实，律诗也有不少有趣的，向来被认为"正宗的文字游戏"，有点不登大雅之堂的"歪味"，但如果你了解了它们，却知道这种"歪诗"不失为一件高雅的趣事。

**鹤顶格**

又叫"藏头诗"。是这样的：诗句的首字连读能读出一个意思，别有一番天地。

《水浒传》里，智多星吴用，扮成一个算命先生到玉麒麟卢俊义的家里去"策反"，将玉麒麟狠狠地吓唬了一顿，然后在他家墙上写了一首诗：

芦花荡里一扁舟，
俊杰俄从此地游。
义士手提三尺剑，
反是须斩逆臣头。

这首诗平仄不分，意思狗屁，人家写的是"打油诗"，吴用这是"打水诗"，却成了卢俊义的管家向官府告密，霸占了玉麒麟的妻小家财，从而逼反了卢俊义的"真凭实据"。智多星不愧智多星，你看这四句诗的首字：卢俊义反。够格抄他的家，灭他的族了吧？更何况，老卢是北京府第一大财主，超级大肥肉一块，奸诈小人、贪官污吏早就垂涎欲滴，蜂拥而上咬他一口那是必然的事情。

明末状元、广东南海才子伦文

---

**遇到陌生人请吃东西怎么办？**

**这样对孩子说：**

如果有人给你东西吃，一定要婉言谢绝。许多坏人看起来很和善，但他们常常利用小孩子不辨真假和嘴巴馋的特点，引诱你中他们的圈套。他们往往会在食物中放入药品，吃了这些食物，你可能会呼呼大睡，坏人就会趁机绑架你。如果你已经坚决表示不吃，对方还纠缠你，那就大声呼喊，引起旁边人的注意。

（摘自《每周文摘》2015.1.9）

叙,以"鬼才"著称,反应快,文采好,风流倜傥。话说:熟读《离骚》痛饮酒,是为才子矣。伦文叙既然是才子,喝酒必不可少,而且馋虫似乎比其他的才子更强壮。一天午夜,酒瘾发作,敲酒店之门买酒,小二哥梦中被拍门声吵醒,以为地震、走水、进了贼,开门一看,惺忪睡眼瞅着猴急的伦才子不顺气,但解元公(省高考第一名者也)不便得罪,不妨出一难题,兼收广告之效,说:解元公,你能给我们门上"有好酒卖"四字写一首诗,而诗中又不出现这四字,我就美酒白送,若是不能,请忍忍酒瘾。伦文叙略一思索,脱口而出:

一月能顶半边天,美貌嫦娥伴子眠。

三点酉时来问候,士读诗书不用言。

此乃"隐藏鹤顶格",是更高明的一种"鹤顶格"也。

## 叠字诗

"扬州八怪"之一怪郑板桥,一天赴朋友陶公寿筵,俗话说:"秀才的人情纸一张",更何况穷光蛋郑老先生乎?故老郑写了个大"寿"字,画了"福禄寿"三星图,兴冲冲赴会而去。却不料,走到半路,天下大雨,字画皆湿,穷光蛋郑板桥到了陶家,再无长物,便赋诗一首:

奈何奈何可奈何,奈何今夜雨滂沱。

滂沱雨祝陶公寿,寿比滂沱雨更多。

此诗借景抒情、即景生情、情景交融,既解眼前困,又适合当时的气氛。当众人纷纷称颂的时候,又冷又饿的老郑早已大杯喝酒、大块吃肉,不亦乐乎了。

俗话说:上有天堂,下有苏杭。杭州的美景就在西湖,清代著名学者俞樾称"九溪十八涧乃西湖最胜处",并作了赞美九溪十八涧的对联(律诗不能没有对仗,对仗的两句诗也就是对联了):

重重叠叠山,曲曲环环路;

叮叮咚咚泉,高高下下树。

说到对联,济南一向有"四面荷花三面柳,一城山色半城湖"之美名。泉城济南有千佛山,崖削壁立,佛宇莲座。自山脚北行,即为古称泺源的趵突泉,驰名中外,历来被称为"天下第一泉",泉自地下溶洞涌出,三窟并发,近处还散列着漱玉、柳絮、珍珠等众多名泉。有人以此景撰联:

佛脚清泉,飘飘飘飘,飘下两条玉带;

源头活水,冒冒冒冒,冒出一串珍珠。

联语中那两个很平常的字眼"飘"和"冒",一经重叠,灵气飘然,传神至极,令人叫绝。

## 数字诗

冷冰冰的数字,大家都以为是数学家的专利,却不知道,诗人对它们也是情有独钟,欲罢不能。

数字,看起来枯燥乏味,然而诗歌中适当引用数字,却别有风趣,诗意盎然。以数字入诗,化腐朽为神奇,正是诗人的功力和诗的意境之所聚。

一去二三里,烟村四五家。

亭台六七座,八九十枝花。

这首诗是宋朝理学家邵康节采用基数词作巧妙地组合而写出来的。它语言质朴自然,诗意清新素丽,十分形象简洁地把旅途风光通过数字的排列,展示在读者面前。这是小学生都能理解的诗(在小学语文课本有),但这诗里蕴含的情景,却是风和日丽的傍晚,莺飞草长的三月,炊烟袅袅的乡村的美景。

再来一首:

一片一片又一片,二片三片四五片,

六片七片八九片,飞入梅花都不见。

有典故曰:明朝布衣才子徐文长,一冬日,他踏雪孤山,见放鹤亭内一群秀才正借酒赏梅,便进前求饮。秀才们不识庐山真面目,道是诗人聚会,不会写诗者不能在此喝酒。徐文长便"一片一片又一片,二片三片四五片,六片七片八九片"地作起咏雪诗来,前三句尚未念完,众秀才的笑骂早已让辛弃疾"听取蛙声'一片'"了,说道,你这俗子是否只认识得数字和"片"字?想不到第四句"飞入梅花都不见"一出,秀才们顿时大惊失色。白雪飞入号称"香雪海"的孤山梅林之中,当然是看不见了,这种深邃苍茫的意境,奇特精妙的构思,正不愧是化腐朽为神奇的"数字诗"。

## 回文诗

所谓"回文诗",是顺着读可以,倒着读也行,而且意思不同,妙趣天然。

上面我们说了太多插科打诨的小故事,这一节来点"正儿八经"些的。

比如,宋代诗人李禺的《夫妻互忆》就别有情趣。诗曰:

枯眼望遥山隔水,往来曾见几心知。

壶空怕酌一杯酒,笔下能成和韵诗。

途路阻人离别久,讯音无雁寄回迟。

孤灯夜守长寥寂,夫忆妻兮父忆儿。

这是顺读,写的是夫对妻儿的思念。咱们再看它倒着读如何:

儿忆父兮妻忆夫,寥寂长守夜灯孤。

迟回寄雁无音讯,久别离人阻路途。

诗韵和成能下笔,酒杯一酌怕空壶。

知心几见曾来往,水隔山遥望眼枯。

似乎更加押韵,更加顺溜?不是吗?

(摘自《半月选读》2014年第24期)

# 一堂哲学课

□徐则臣

在奥马哈听了一堂哲学课,坐在一群二年级的小学生中间。

老师在写字板上写下4个问题,然后统计对这些问题感兴趣的学生人数。问题是孩子们自己提出来的:(1)什么是哲学?(2)大学像什么?(3)什么是真实的?什么是不真实的?(4)什么东西是有生命力的?

统计结果是:第一个问题只有1个孩子感兴趣;第二个问题9个孩子感兴趣;第三和第四个问题各有5个孩子感兴趣。老师说,少数服从多数,这节课谈第二个问题,说出你知道的、好奇迷惑和想知道的一切,只要和大学有关就行。

发言之前先举手。老师手里拿着一只小皮球,你举手了,皮球抛给你,你接住了才可以发言。发言完毕,别的孩子举手,你可以选择把球传给你认为合适的同学,接到球的孩子再发言。你说完,球也传出去,如果感觉意犹未尽,再举手要求发言权。

一堂课,小孩们叽叽喳喳,想到什么说什么,皮球在老师和孩子中传来传去。我旁边的一个黑人孩子老举手,总是拿不到球,累得趴在地上,我就代他举手,接到球递给了他。

发言五花八门。

大学像个大城市。大学里什么都有,待在里面世界上哪儿都不用去了。我喜欢大学,因为大学里树多,长得还都好看。我喜欢大学,因为大学里操场大,篮球架也多,我要天天打篮球。我喜欢大学,因为大学里有图书馆,有很多书。念大学才能接受好的教育,受了好的教育才能找到好工作,工作能挣钱了,我就不用整天给我妈妈洗碗了。我爸爸现在天天干重活儿,就是因为没念过大学。我念好了书,我妈就不用那么辛苦了。我爸爸要是念了大学,就不会像现在这样天天喝酒了。我外婆说,只要我能考上好大学,就可以买好衣服穿了。念了大学,受了教育,我可以做自己想做的事。从大学里出来,你就是个有知识的人,就知道什么是好人,什么是坏人。对,就知道什么是真的,什么是假的,什么才是真正有生命力的。有了知识,我可以帮助那些需要帮助的人。我要学法律,告诉别人哪些是能做的,哪些是不能做的。

老师问:"必须念大学才能接受教育吗?"

大家一起回答:"不是!"

# 民国教授捞外快也很嗨

□廖保平

**教授常被欠薪**

民国教授薪水高，历来为人们津津乐道，知之者众矣，无须多说。但是，民国教授薪金虽高，拖欠之事常有，且一拖半年之久，则未必有多少人知晓。

顾颉刚在北大担任助教，法定月薪100元，考虑到当时的物价水平，即一个四五口人的劳动家庭，每月11元就可以维持，顾助教的收入是相当不错的。但据他在1925年日记所载：1月薪金，拖欠半年后分三次领取，到6月17日取22元，6月25日取70元，7月16日取8元；2月薪金，拖欠4个月，到6月24日取100元；3月薪金，拖欠将近半年后分三次领取；4月薪金，拖欠将近半年后分两次领取。长时拖欠薪水，让顾颉刚难以维持生计，只好借钱。

拖欠也就罢了，更让人无奈的是经常不能足额拿到，其时任北大教授的李宗侗后来回忆说，"我在

---

"必须念大学才能成为一个好人吗？"

"不是！"

"那好，为什么？"

又是一堆五花八门的理由。孩子们之间也开始相互争论。孩子们的很多表述在我意料之外，不是道理讲得好，而是思考问题的角度，那个极其自由、烂漫的角度。有中正之言，更多的是常人想不到的、可爱的、由衷的话。这样的哲学课离我的设想很远。

哲学系的教授Y女士跟我说，她的两个助教在给二年级的孩子开哲学课。我一下子没反应过来，那么小的孩子能上啥哲学课？"哲学"两个字让我立马想起一张沟壑纵横的干瘪老脸，想到皓首穷经，想到无数人告诉过我，这个世界如何，这件事如何，你要如何做才行。

但在二年级的小学生这里，哲学不是知识，也不存在结论，没有圣旨和终审判决，而是一种思辨和寻找的过程：首先是自由的、充分的自我表达，想到什么说什么，说自己的话；其次才是逐渐深入认识世界的方式。

（摘自《教师博览》2013年第9期）

这四年中(1924至1927年)薪金是每月220银元,但是事实上,我每月只领到110元,恰好是半薪。"

到了抗战时期,军费开支庞大,政府财政拮据,教师薪水减少了两三成,加之物价飞涨,教授们生活十分困窘。

### 拓财源赚外快

为了生存,或是为了开拓更宽的财源,民国教授经常在外面赚外快。

赚稿费和版税,是教授们赚外快的一大途径。当时的稿费和版税标准可不低,在官办报刊发表文章,稿酬每千字4-5元;民办刊物的一般稿酬为每千字1-3元。田汉在1935年到1936年间在《新民报》上发表剧本、评论、诗歌、散文共40万字,共得稿酬1200元,基本上是千字3元。鲁迅的文章一般稿酬是千字3到5元,胡适是千字5元,甚至更高。

另外,民国时,版税的标准一般在10%-20%之间,胡适在新月社自订的版税标准是:初版15%,再版20%。这个标准绝不逊于现在。

正因为稿费、版税收入可观,鲁迅到上海后,干脆辞掉一切公职,做一个纯粹的自由撰稿人,依靠版税、稿酬为生,每月收入700多元。

胡适更是稿费、版税收入大户。据《胡适书信集》可知,1928年12月,亚东图书馆送来一张账单,上面写明胡适几种书籍的版税和稿酬,综合加总,胡适一共拿到版税和酬劳达3万银元。

### 兼职与走穴

兼职社会职务也是民国教授们赚外快的重要途径。20年代末鲁迅应邀担任民国政府中央大学院的特约撰述员直到1931年底,该职月薪300元。上海艺术大学教授田汉,因为专业优势,曾被邀请担任艺华影业公司的总顾问,月薪200元左右。

较为普遍还有兼职上课。20年代的授课费是每小时3至5元。李宗侗说:"彼时北平的教育界,皆因欠薪而难维持生活,于是兼课之风大作。"即便按规定"兼课每星期钟点不得过四小时",一个教授在外兼课每月最少也有几十元收入。像陶希圣是北大教授,在外面五所大学轮流讲课,每月可得100元。

另外,教授们开讲座、做演讲,即我们现在俗称的"走穴"更是捞外快的办法。学者刘超说,"20世纪30年代的陈垣、胡适等学界名人月薪有五六百元,另有大量稿费、演讲费等,平均月人达1500元以上。"

其他教授也是八仙过海,各显神通。譬如闻一多,他在西南联大除了到中学兼职做教员,还给别人刻印章赚钱。民国教授兼职多,收入多,实乃知识处于"卖方市场",且质量上乘,求者众,价钱高。

(摘自《南都周刊》2014年第40期)

# 澳大利亚的独特家教

□刘 锴

**名誉高于一切**

澳大利亚的父母们非常看重对孩子的名誉教育,他们认为,再顽劣的孩子都有名誉之心,尽可能地激发孩子们的名誉心,有利于他们健康成长,积极进取,自珍自重,自强自立。因此,澳大利亚人把名誉教育作为教育子女向善而行的根本。孩子无论做什么事,父母都提醒孩子要树立责任意识和主人翁意识,让孩子为自己的声望负责。

比如在院内栽树,父母必在孩子栽植的树上挂上一个小牌,让孩子在上面写清树种、栽植时间、植树人名字等。这是为了让孩子明白:今后,你就要为这棵树的生长负责了。

到社会上去做义工,父母也提醒孩子不能马虎,要树立"个人品牌"。这件事是我做的,我一定要做到位,不能让别人因我做事马虎而说三道四。

学校发的每一本教材,家长们都提醒孩子在书本上写下自己的名字,以便在课本转到下一届学生的手中时,能够看到洁净如新、完整无缺的续用教材(在澳大利亚,一本小学教材在四五个主人间传递是很常见的事)。

澳大利亚的父母还有一个好习惯,就是善于从孩子的日常言行中发现其优点,然后写成"格言"和"好行为"栏板,贴挂在家中最醒目的地方,一方面提升孩子的"声望",一方面增强孩子的荣誉感。久之,孩子自然对自己的一言一行看重起来,时时处处严格要求自己。

**"残忍"是另一种爱**

澳大利亚的父母们极其注重孩子独立性的培养和健康体魄的形成。在澳大利亚,绝大多数孩子都受过看似冷酷无情的"残忍教育"。如接受寒冷考验——有意识地让孩子在寒季里少穿衣服,接受寒冷的挑战,在冬季的澳大利亚,很少见到孩子上学穿棉衣和防寒服的;如承受日晒的考验——父母有意识地让孩子在烈日下暴晒,使其长大后能够适应澳大利亚的气温和气候;比如接纳海浴的考验——家长从小就带孩子到大海中去嬉游,使之在搏击海浪的过程中,直面挑战,永不退缩。

**接受才能快乐**

澳大利亚的父母们认为,让孩

# 九大世界遗产地令你心生敬畏

□张东升

**一、印度泰姬陵**

无论是在印度还是世界遗产名单中,泰姬陵都是公认的"穆斯林艺术之瑰宝"。远观不如近玩,只有真正与其亲密接触,方可看出它的浪漫气息和陵身缜密的历史纹路。置身其中;建筑风格、装潢艺术、历史年轮才会浑然绽放在眼前。当然,还有不容小觑的建筑缘由:皇帝沙贾汗为纪念第三任妻子姬蔓·芭奴而建起这座白色大理石陵墓。

**二、荷兰王子运河**

除了郁金香和风车,阿姆斯特丹还因水与"世界形象"结缘。荷兰运河共165条流体通道,在17世纪的黄金时期得以发展。而2003年,教科文组织将其收入世界遗产名单中时,恰逢运河400岁生日。

如今的运河既是交通网又做当地节庆场所。运河带最著名的要数王子运河、皇帝运河、绅士运河和辛格运河。每逢年度节日,如四月的国王/王后节、八月的同性恋自豪日和运河音乐节,著名的王子运河上便会挤满欢庆节日的人们,划船漂浮在运河之上。

**三、葡萄牙热罗尼莫斯修道院**

热罗尼莫斯修道院也叫哲罗姆派修道院,是里斯本的世界遗产地。这座令人震颤的宏伟建筑光修建就历时100年。如若真身临其境,想必你会花上整整一天时间好好"把玩",相机不离身,随时记录定格建筑的每一处。通向内厅的拱门,远远望去,仿佛童话故事里的场景。

---

子快乐地接受教育是最高层次的教育,也是最成功的教育。只有让孩子"乐从",才能收到事半功倍、立竿见影的好效果。性教育和上网是令国内很多家长最头疼的两大家教难题。在澳大利亚,这两则难题根本不是难题,父母们会定期和孩子谈性,通过一起观看录像,教育孩子正确认识人体器官的结构和功能,从而树立正确的性观念。父母还经常和孩子一起上网,共游网海,体验网络的乐趣。对于孩子们的兴趣爱好,澳大利亚的父母们大都遵循一条总的原则:喜欢至上。孩子喜欢什么,就让他学什么。在澳大利亚的父母眼中,孩子喜欢画画和痴迷厨艺,没有什么本质上的区别,更没有高低贵贱之分。

(摘自《半月选读》2015年第1期)

### 四、柬埔寨吴哥窟

许多人都认为，吴哥窟是柬埔寨之行的精华。这片古老遗迹堪称人类最伟大的建筑成就之一。最好在黎明时分就动身前往吴哥窟，这样就可以避开人流，寻觅观湖的最佳地点。

### 五、印度拉贾斯坦邦的希尔堡垒

斋浦尔是印度最大的邦——拉贾斯坦邦的首府和最大的城市。因为市内粉色建筑繁多，斋浦尔也被冠以"粉色城市"的称号。据说，斋浦尔也是印度首座经规划而建成的城市。山上城堡是公元 1600 年辛格时期开始修建的，直到 18 世纪才完工。最初，琥珀堡就是主要的旅游胜地。堡中的镜之宫是一间布满镜子的屋子。镶嵌于其中的镜子晚上还能反射出繁星点点的光景。

### 六、瑞士贝尔尼纳铁路

隆冬时节，阿尔卑斯山上大雪覆盖。火车从小站缓缓出发，沿途景色精美，火车车厢的设计别具一格，这让醉人的景致最大化的呈现出来。窗户都是特大号的，座位之间的空间足以令痴狂的摄影爱好者点头称赞。沿途不但经过狭窄的山谷，还飞速疾驰过山间村落，仿佛火车的冲力将村落拉扯成现在这般模样。

### 七、墨西哥奇琴伊察

奇琴伊察是玛雅遗址中最大的城市之一，在公元 9 世纪就已建立。早在 1988 年，奇琴伊察就被列入世界遗产地。当地还有为数众多的天文奇观，但最令人兴奋的当属"羽毛蛇的后裔"。库库尔坎的中央金字塔根据春秋分而建，时间把握得好，就好似看了一出皮影戏：阳光打在金字塔上，影像变成阶梯状，如同一条蛇正在"爬楼梯"。游客在 4:10 就可以观赏到，景象可持续一个小时之久。

### 八、约旦瓦地伦

约旦有许多令人惊叹的壮观时刻。穿行过大沙漠瓦地伦就是其一。瓦地伦一直为贝都因人居住，但这座如同月亮般的沙漠变得众人皆知还要源于英国驻阿拉伯军官劳伦斯。1917—1918 年阿拉伯起义时，劳伦斯用峡谷和山作为作战基地。但沙漠可并不仅因为历史原因而著名。

### 九、澳大利亚乌卢鲁卡塔曲塔国家公园

乌卢鲁，也就是艾尔斯山，是举世公认的地标级景象。这块坐落在澳大利亚内陆地区正中央的奇异巨大的岩石，其历史可以追溯至几千年。如今虽然是重要的旅游目的地，但对于当地的原始居民来说，它还具有巨大的文化价值。沿着岩石走上一圈都会给人一些启发：不但对当地的传统文化有所了解，还会知道乌卢鲁在朱库尔帕的重要性。朱库尔帕集原著居民法、文化、历史和人民的世界观于一身。

（摘自《羊城晚报》2014.11.25）

# 李银河:我的小说没人敢出版

□赵振江

今年是法国哲学家福柯逝世三十周年。前中国社会科学院社会学所研究员李银河曾在2001年出版《福柯与性——解读福柯〈性史〉》一书。她提到除了在研究同性恋问题上带给她的启发,福柯对人文学科的看法和人生态度也极大地颠覆了她的观念。

**记者:** 福柯对你的学术研究有什么影响?

**李银河:** 我觉得主要是他的那种颠覆性思想对我有很大影响,从学术脉络上来看,他是反理性、反启蒙的。他最后说:"我的所有东西都是虚构的。"一个社会学科研究者能说出这样的话,这个气魄太大了。社会学科研究者的工作不就是要找现象背后的规律和真理吗?结果他说所有的东西都是发明,不管是话语还是社会规范。比如性别,为什么女的有哺育性,男的有攻击性。从生理上来讲,男人精子多,到处找性伴,女的卵子少就在那里等着性伴。

从福柯那里开始,答案就不一样了:是因为男人可以喜欢性,女人不可以。男人喜欢性是正面评价,女人喜欢性就是坏女人。从根本上讲这是社会规范的问题。从福柯开始就说,并没有一个真理在现象下面藏着。这些都是人们发明出来的。

**记者:** 你曾提到"福柯让你知道人的自由度竟然这么大",现在如何看?

**李银河:** 福柯对自由的看法对我影响很大,福柯有一次提及,"人拥有的自由比他知道的大得多。"在福柯看来,好多人往往是自己约束自己,比如中国的同性恋百分之七十选择和异性结婚,你非得这么做不可吗?你不这么做又怎么样呢?很多人屈服于社会规范等压力。这是很荒诞的。

**记者:** 听说你也开始写小说了?

**李银河:** 对,呵呵,我有三本写虐恋的小说压在路金波(出版人)那儿,他说没有出版社敢出。

**记者:** 你觉得写得怎么样?

**李银河:** 我在博客上发了一篇,好多人说,哎呀,比王小波差太多了。那不能比呀,小波写的是纯文学呀。我给我的小说起了个名字叫"全景式虐恋小说"。但我不是一个合格的小说家,我的小说也像案例式的。路金波说,"你的小说,就像学者写论文一样先有一个概念,然后填人物。"我自己觉得我的

# "成功学",多少人深受其害

□练洪洋

刘铁男以受贿罪一审被判处无期徒刑,中纪委官网刊文披露了诸多细节,其中提到刘铁男的"育儿经"。其子刘德成说:小时候每次我爸骑车带我去奶奶家的时候,都不走大路,都串胡同,跟我说这样近,做人要学会走捷径。父子同上台,贪腐"二人转",最终落个"坑儿"的下场。现实中,像刘铁男这样教育儿女的,又何止他一个?变味成功学正在肆虐,而多少人又深受其害。

草活一秋,人活一世。短短几十年,谁不渴望成功?儒家倡导:"正心、修身、齐家、治国、平天下";拿破仑说:"不想当将军的士兵不是好士兵。"人同此心,心同此理,成功乃千古命题,中外皆然。登高而招,顺风而呼,呼风唤雨,再加上"达则兼济天下"之济世情怀,成功便是功德无量。

接着,问题来了。第一,怎样才算成功?金钱?地位?一项调查显示,中国人对于物质的热衷度远高于其他国家,位居榜首。当下流行的"什么都是假的,只有钱才是真的""钱不是万能,没钱却万万不能"之类的格言,足以窥斑见豹一些人对成功的定义。

第二,成功的反面是什么?古人云"不成功便成仁",说明在古人眼中"仁"是一种次优选择,并不算失败。今天的成功学,"成功/失败"被视为非此即彼的二元对立,即不成功便是失败。成不了参天大树,做一株绿色小草就是失败,简单、肤浅、浮躁的成功学何其有害!按照这种标准,辞官隐居的庄子、一生清贫的陶渊明、半生潦倒的曹雪芹是成功还是失败?

只问结果,不问来路,畸形的成功学助长功利主义、滋生机会主义、烧炽拜金主义,很容易把一些缺乏定义的人引向歧路,甚至推上不归路。到头来,如李斯被腰斩之前对儿子说:"牵犬而出东门,岂可得乎?"

世界多彩,成功也应该有千万种。为梦想而活,为追求而活,"穷则独善其身,达则兼济天下",就不枉人世走一遭。哪怕永远是普通人,也是成功的。

(摘自《广州日报》2014.12.13)

# 中国综艺少了一根原创筋

□ 阙　政

外国模式，中国制造，眼下这样的电视综艺玩法，早已人尽皆知。来自英国的"达人秀"，来自美国的"顶级厨师"，来自荷兰的"好声音"，来自韩国的"爸爸去哪儿"……

从山寨模仿到购买版权，中国电视综艺历时将近十年，走过了野蛮生长期。然而各家卫视激烈的竞争格局，又使得"吃洋快餐"、赚快钱成为新的流行。

## 韩流取代欧风美雨

与前两年相比，最近的电视综艺，多了几分亚洲邻国的助力——韩式真人秀猛增十数种，还频频迸发出现象级的影响力，正在成为各大卫视的新宠——湖南卫视的《爸爸去哪儿》《我是歌手》，东方卫视的《花样爷爷》《妈妈咪呀》《不朽之名曲》，浙江卫视的《奔跑吧兄弟》《人生第一次》，贵州卫视的《完美邂逅》，四川卫视的《两天一夜》，山东卫视的《烈火雄心》，湖北卫视的《如果爱》《我的中国星》……背后全都有韩国原版。

英美模式遍天下的时代告一段落，韩娱继韩剧之后，再度掀起韩流。一部分原因可能是模式告急，更重要的还在于——相对欧美，中韩两国的伦理价值观念更为相近。而综艺节目，说到底贩售的还是价值观。近来热播的《爸爸去哪儿》和《花样爷爷》就是最明显的例子，探讨三代关系，对上赞美敬老，对下讲究德育，在中韩两国都通行无阻。

唱歌、喜剧、真人秀，综艺三大支柱莫过于此。但韩国人很善于从类型中玩出创意，玩完素人玩明星：明星跳水，明星跑步，明星还能怎么玩？来了个狠的——明星直接跟你谈恋爱，于是《The Romantic》风靡一时。如今中国版《完美邂逅》也落地了，从内容设置、画面拍摄，到后期制作，都带着浓浓的韩风。

## 从点子到模式还缺"作家"

中国的综艺人，也有一颗原创心。这些年来各大卫视的体制改革，无不在为原创创造机遇。央视成立独立创作团队，东方卫视实行独立制片人制，湖南卫视最早实现团队制，江苏卫视也正迎头赶上……今年还有一个突出的现象是，许多电视剧公司开始转向综艺节目的制作。这些都是中国电视综艺的原创力量。

不过，从创意到模式，还有很长

的路要走。在一个模式的生产流水线上,有一些岗位,是我们所没有,或并不固定有的,而在韩国,却很可能是一种终身职业,比如"选角导演",又比如"作家"。

什么是综艺节目里的"作家"？在综艺节目里,导演做整个规划,但是规划所需的,比如调查资料,这些都由"作家"来负责,是一个辅佐导演的角色。他们帮助导演做新的点子、新的创意。在策划阶段,他们就会负责调查这个节目会不会受到观众的欢迎。等到导演拍摄的时候,还会帮助导演做出客观、开放的判断。

## 网络综艺人

一个不能忽视的生力军,是异军突起的网络人,《晓说》《晓松奇谈》捧红了高晓松,《罗辑思维》成就了罗振宇,脱口秀这种综艺形式,在渴望个人魅力的网络上,格外如鱼得水。

就在大家都认为互联网盛产吊丝剧、脱口秀的时候,土豆走起了实验综艺的路。《土豆周末秀》已经拍到第三季,各种街头真人实验频频引起价值观大讨论。

和卫视一样,土豆也与韩国有着密切合作,甚至以韩粉集聚地著称。但他们的合作方式,又与电视媒体有区别。今年10月,土豆与韩国SBS电视台共同推出音乐打榜直播节目《The Show》(韩秀),投资对半开,制作团队2/3来自韩国,1/3来自中国。和以往最大的不同在于,粉丝、尤其中国的韩粉,可以直接投票打歌,他们的选择会直接影响到韩国歌星的成绩,充分发挥了网络赋予的"零距离"和"代入感"。

那么,互联网综艺和电视综艺,到底有什么样的差别？对此,优酷总裁魏明的回答是"大数据":"我们了解优酷5亿观众的构成,了解他们的习惯,他们看多长时间,看哪些细分品类。以前,是片子放出去就结束了,而现在,片子上线传播时,才是真正产生价值的过程。我们的优势是共赢——互联网制作人之所以越来越成熟,是因为既有互联网的思维,又有传统媒体制作的工艺和经验。"

## 原创怎么卖

对于海外投资人来说,中国综艺市场最大的莫测阴云,其实是政策的变动。今年年初,广电总局下发了《关于积极开办原创文化节目弘扬和传承优秀传统文化的通知》,一时间,原创的文化类、国学类节目大幅增加,其中也不乏优秀的作品,如河南卫视的《汉字英雄》、贵州卫视的《最爱是中华》。综艺界有一种说法:节目模式,代表了一个国家或地区的创意和生产水平。但这些中国原创节目,要反过来销往国际市场,却仍是千难万阻。原因也很明显,《汉字英雄》基于方块字,本来就不是国际化的符号。

# 德国:避难者的天堂

□马 尧

> 二战后的联邦德国,通过宽松的难民政策吸收了大量战争难民,不仅为战后国家的重建提供了劳动力,也逐渐改善了德国在欧洲的形象。

人类的历史在某种程度上是一部灾难不断的历史。战争、饥荒、大屠杀等大规模的灾难都会制造同一个产品:难民。难民是有流动性的,为保住性命,必定要迁徙到另外一个安全的地方去。在伊拉克战争和迄今激战犹酣的叙利亚内战中都产生了大量的难民。这些难民逃离炮火纷飞、俨然成为人间地狱的家园,奔向他们认为可以安身立命的他乡。

在这些难民的目的地中,德国是最受欢迎的。德国2013年接收了10.96万份避难申请,取代美国成为最大的避难申请接收国。德国既不是世界上领土最辽阔的国家,更不是经济规模最大的国家,为什么能成为这样一个避难者的天堂?

俄国著名作家托尔斯泰在其名著《安娜·卡列尼娜》中曾经说过,幸福的家庭都是相似的,不幸的家庭各有各的不幸。托尔斯泰这句话的意思是,为了得到幸福,婚姻必须在许多不同方面都是成功的:两性的吸引、对金钱的共识、对孩子的管教、宗教信仰、三亲六眷,以及其他重大问题。在所有这些基本方面只要有一个方面出了问题,就可使婚姻毁掉,即使这婚姻所有其他必要的幸福因素一样不少。这个原则推而广之,可以用来了解婚姻以外的生活的其他许多方面。在德国何以成为避难者天堂这个问题上也是可以适用的,历史的传承、国家的经济结构、国内的立法以及地理位置等诸多方面的因素都是促使德国成为避难者天堂的原因。

### 历史原因

二战中大批犹太人被纳粹迫害

---

中国"非常不一样"的东西,往往难于在西方市场行销,而迁就西方价值的产物,又显得没什么不一样。归根结底,东方文化在全球仍然属于弱势。日本、韩国的综艺节目都曾遇到同样的问题。

(摘自《新民周刊》2014年第45期)

致死,也有大批犹太人到国外避难。1949年美英法占领区的德国政治家吸取了历史教训,在起草建国的基本法时,专门在16条上写"受政治迫害的人享有避难权。"德国联邦政府遂对苏联、东欧和东南欧地区采取宽松的避难政策,大量接纳来自苏东地区和东德的逃亡者。对于逃离苏东集团的人,当局都视其为"逃离独裁政权"的政治难民,并给予宽厚的救济,同时也利用苏东难民外逃现象反面宣传和打击苏东政权。在当局的怂恿下,国内民众大力支持当局敌视苏东政权的难民政策,有些西德居民甚至主动协助东德人逃亡。在1956年对匈牙利难民和1978年后对印支难民的接纳问题上,联邦政府也宣称这些人是"不堪忍受而逃离独裁政权"的政治难民。

600多万外籍人(包括大批意大利、西班牙、南斯拉夫和土耳其的外籍劳工)为德国的繁荣作出了贡献。他们每年创造的产值高达200亿马克,他们所交的各种税收和保险费900亿马克远远超过用在他们身上的福利费。外籍劳工所从事的工作大多为本国人不愿从事的低酬劳的脏活累活。二战后的联邦德国,通过宽松的难民政策吸收了大量战争难民,不仅为战后国家的重建提供了劳动力,也逐渐改善了德国在欧洲的形象,这符合了战后德国的欧洲和解战略的需求。冷战结束后,世界局势仍不太平,难民的产生有增无减,德国及时调整难民政策,将接受避难申请的难民重点从东欧转向中东及中亚等热点地区,接纳了大量伊拉克及阿富汗难民。

德国此举可谓一举两得,既获得了丰厚的经济红利,还大大改善了因迫害犹太人而臭名昭著的国际形象,从"难民输出中心"转化为"避难者天堂",并成为二战战败国中改善国际形象成功的范例,与同样战败却死不悔改而遭到中韩唾弃的日本形成了鲜明对比。

## 国内立法

德国有一个长期的、公开的和宽松的避难法,其基本法关于避难权的限定很宽泛,对外国难民进行庇护的法律,主要基于德国的《庇护法》和1951年《日内瓦难民国际公约》。德国《庇护法》存在于《德国基本法》第16条中。这项法律在1949年被确认为一项具有宪法和法律保障的普遍的主观性权利。

在经历纳粹法西斯主义的独裁统治之后,德国社会各阶层在道德上取得了共识,普遍认为难民有避难的权利。同时也主张,新建的德国应该是对全世界自由和开放的。德国庇护法的发展历史本身就经历了一个从政治到法律的转变过程,这表现在给予庇护的依据从个人要求难民地位的权利,逐渐转变为行政性的要求庇护的法律,批准庇护的决定性标准也相应地从相信对迫害的主观恐惧转变到了客观的"出逃环境"。

除了德国基本法第16条以外，联邦德国还签署了《日内瓦难民国际公约》，该公约于1951年被联合国难民委员会确认为难民待遇的国际法基础。但和德国庇护法不同，该项公约没有界定个人对国家的权利，而是界定为"自由和生命在其本国受到威胁"的个人被驱逐时要求得到保护的权利。相比之下，德国制定的庇护法比国际法的规定更加明确。从1945年到1973年，每年有数千主要来自东欧国家的移民取得了难民身份和居留许可，并合法在德国居留。由此可见，德国的避难政策向来宽厚，向德国申请避难也更容易获得批准。例如德国行政法院针对阿富汗的局势变化而扩大解释基本法第16a条关于"政治迫害"的定义范围，给予了在德国境内申请避难的阿富汗人以难民身份。2002年2-10月中，超过60%的阿富汗的避难申请者获得了难民身份，次年申请人数有所下降。

截至2004年，德国接收了约5万名阿富汗的寻求避难者，是欧洲区域内接收申请最多的国家。此外，2007年德国内政部发布一项新的命令，允许批准少数宗教成员的避难请求。根据这一政策，当年约有三分之二的伊拉克难民的避难请求获得德国政府的批准。

## "德国制造"

德国货向来是高品质的代称，德国工业也因此享誉全球。大众、奔驰、宝马、保时捷、蔡司、博世、莱卡等享誉世界的品牌就是德国的名片。克虏伯、亨舍尔、威廉港造船厂等品牌固然映射出杀戮的武器，却也使人类的工业文明实现了跨越式的进步。进入新世纪后，德国工业发展的势头不减，2002年，德国在研究型密集工业中新建的企业数量达到2250家，其中尖端技术领域950家，高附加值1300家。当第三次工业革命刚刚在中国流行时，德国提出"工业4.0"——基于信息技术下的人、产品与机器之间的互动，将是一场真正的工业革命。

可以说，工业就是德国产业的核心。这种产业结构使德国对劳动力的需求较大，其原因很简单——工厂对于劳动力的吸纳能力是巨大的，小型工厂员工动辄上百人，大中型工厂招收成千上万的劳动力不足为奇，而且在工厂建立之后，需要消费，需要服务，又需要更多的劳动力。可以说，以优势工业为基础的德国产业为国家能够消化更多的外来难民提供了基础。此外，德国一直引领工业革命发展的先进国家。一次工业革命是在一个新的空间、新的领域出现用机器造机器的生产力指数增长，每次工业革命之后，基本零配件都会增加一个数量级，相对应地对工业人口的需求也会增加一个数量级，更多的就业机会，自然会让大家都找到自己的归属，让社会变得昌明繁荣。

说到底一个国家要维持工业体系持续升级，必须要有足够的人口。每当一种更复杂的机器出现，只有能招募到足够的工人和技术员，产业升级才能进行下去。在一次又一次产业升级中只有人口足够多的国家才能甩掉所有对手。对此，德国了然于心。然而只有8000万人口的德国虽是欧洲人口大国，但是在未来的工业升级中工业人口还是显得不足。美国和日本已经是亿级人口的工业国家，而中国这个世界上工业产值最大的发展中国家已经俨然是一个十亿级人口的工业国家，与其相比，德国显得相形见绌。在这种情况下，外来移民，特别是青壮年难民的进入将会缓解这一困境。

## 地理位置

德国位于欧洲中部，东邻波兰、捷克，南接奥地利、瑞士，西接荷兰、比利时、卢森堡、法国，北接丹麦，濒临北海和波罗的海，是欧洲邻国最多的国家。就地理位置而言，德国处于一个四通八达的欧洲枢纽位置，从各个方向进入其境内都比较方便。

从地缘政治的角度来说，处于陆权与海权势力之间存在着一条危机频发的破碎地带。破碎地带以中东为中心，向东沿着欧亚大陆南岸延伸到巴基斯坦和印度，在那里分为两条岔路。北线经过阿富汗到中亚五国，南线经东南亚、台湾海峡到朝鲜半岛。以中东为中心，向西也分为两条岔路。南线沿着非洲大陆北部向西，包括撒哈拉沙漠以北的所有国家；北线经土耳其到巴尔干半岛。欧亚大陆的南边是破碎的地缘政治地带。在该地带中，国家、民族、宗教、部落矛盾此起彼伏，且自然灾难不断，可以说是难民的最大来源地。德国恰恰是毗邻破碎地带的发达国家。

世界上接纳难民最多的国家有两个，就是美国和德国。对于身无长物的难民来说，横跨万里大西洋显得既危险又不现实，而向北进入欧洲大陆抵达德国才更具有可行性，且进入德国的交通也是比较便利的，无论是陆路、水路（受财力制约，难民较少通过航空途径进行迁徙）都可以到达。

但是，成为避难者天堂的德国也有自己的烦恼。那就是随着避难者的增加，新移民与本地居民之间因文化背景、生活习惯，特别是宗教信仰等方面不可避免地发生一些摩擦。随着近年来欧洲经济的不景气，部分本地居民认为难民抢了他们的饭碗。但是笔者认为德意志民族是诞生了现代哲学的、充满智慧的民族，一定会找到解决问题的方法。毕竟，怜悯与宽容是人类共同的美德。

（摘自《世界博览》2014年第23期）

# 我们追过的日本女神

□田 颖

高仓健的离世引发了中国影迷的怀念,不由得使人想起"小鹿纯子""阿信""寅次郎"这一个又一个我们曾经天天挂在嘴边的名字。那些青春的微笑和狂热被永远定格在时光里——

### 中野良子——64岁
### 代表作:《追捕》

1971年,中野良子演出了《只有两个人的早晨》,由此步入影坛。1973年《如花的情死》是她第一部主演的影片,拍摄时,她坚决拒绝了导演拍裸体镜头的要求,被传为一段佳话。最令中国观众津津乐道的非《追捕》中真由美一角。不过也正是从那时起,中野良子逐渐淡出影坛,成为中日文化交流使者。近三十年来,她来到中国超过60次,还在秦皇岛建立了一所中野良子小学。

### 栗原小卷——69岁
### 代表作:《望乡》

栗原小卷的父亲是日本著名剧作家、儿童文学家栗原一登。1978年她主演的《望乡》在中国公映,之后的《生死恋》则在国内引发了"栗原小卷热"。

栗原小卷终身未嫁。她是中日文化交流协会常务理事。前年,她曾优雅亮相上海电影节"日本电影周",为两国文化推广不遗余力。

### 田中裕子——59岁
### 代表作:《阿信》

1979年出道的田中裕子在1983年毅然回到电视圈,带着从大银幕上积累的演技接拍了电视剧《阿信》,这部剧当年在日本平均收视率是52.6%,引进中国后也造成过万人空巷的热潮。

人至中年的田中裕子接片重质不重量,2006年,她凭《火火》及《何时是读书天》分获日本"第60届每日电影大奖"和"第30届报知电影奖"影后。今年,她与松山健一合演反映遭遇核辐射事件后家园重建的《家路》颇受关注。明年初,由她参演的电影《深夜食堂》也将在日本上映。

### 荒木由美子——54岁
### 代表作:《排球女将》

1979年,随着新一轮排球热潮升温,电视台为这个新人量身拍摄了电视剧《排球女将》，健康活力的"小鹿纯子"一角令她一炮而红。1983年，正当荒木由美子事业如日中天时，她却选择了与比她大13岁的音乐人汤原昌幸结婚，退出演艺界做起全职太太，然而婆婆却在婚后瘫痪，她也开始了20年来照顾患病婆婆的艰辛历程。2004年，荒木由美子出版《觉悟的护理》一书，里面不但讲述了与刁钻的婆婆从打骂到成为知己的故事，也谈到在婆婆去世后，自己被查出肿瘤，曾一度想自杀的心路历程，最后她在丈夫和儿子的陪伴下度过了最困难的时期。

### 吉永小百合——69岁
### 代表作：《天国车站》

吉永小百合曾四获日本电影金像奖最佳女主角奖：1985年《天国车站》、1989年《华之乱》、2001年《长崎漫步曲》和2006年《北之零年》，连作家川端康成都是她的粉丝，是当之无愧的实力派。

吉永小百合堪称影坛常青树。2008年、2010年与名导山田洋次分别合作了《母亲》《弟弟》，2012年还主演阪本顺治导演的悬疑片《北方的金丝雀》。今年，由她主演兼制作的温情电影《不可思议的海岸物语》还荣获第38届蒙特利尔国际电影节"评委会大奖"。

### 山口百惠——55岁
### 代表作：《血疑》

1975年，山口百惠与三浦友和合演《伊豆的舞女》广受好评后，这对公认的金童玉女再度推出《潮骚》《绝唱》《春琴抄》等12部电影，以及那部让他们红遍中国的电视剧《血疑》。1980年，他们从银幕恋人结为生活伴侣，成为一段佳话。同年山口百惠退出电影圈。

男主外，女主内，他们二人以极其传统的方式生活，三浦友和仍活跃在日本影视界，2012年在北野武的电影《极恶非道2》中饰演暴力集团里野心勃勃的二号头目加藤，获得一致赞誉。这对昭和时代顶级偶像夫妇，以传统方式的坚守赢得好评，而他们的两个儿子三浦佑太郎和三浦贵大，也分别在音乐和影视圈取得了不错的成绩。

（摘自《新京报》
2014.11.21）

## 今日说法

一位中产阶级作家的地位刚好岌岌可危到足以带着相当的敏锐观察下层发生的事情。一个属于社会阶梯较上层或较下层的作家，会扭曲生存的画面。

——布罗茨基在评论陀思妥耶夫斯基时说，一个把6000卢布（相当于现在的2万美元）当成一笔巨款的作家，是在与大多数人相同的物质和心理层面上运作的作家。

# 音乐的声与味

□张鹤/译

据说,人对音乐可以有很高的品味。那么,音乐的味道究竟是怎样的呢?它尝起来是什么滋味呢?牛津大学跨通道实验室的实验心理学家 Charles Spence 及其同事或许能为此提供一些深入的见解。

跨通道实验室旨在探究触、味、嗅、视、听五种感觉的通感现象。他们的研究成果中,关于听觉和味觉刺激的研究表明味道和音调具有内在联系。高音主要与酸味和甜味关联,而低音则更多地与苦味和鲜味相关联。一般认为,哺乳动物具有 5 种基本味觉,即:酸、甜、苦、咸和鲜。

此外,他们的研究发现食物的味道可能随背景音乐而改变。在一项试验中,受试者听着不同音乐品尝太妃糖———一组所听的音乐音调偏高,另一组则偏低。然后在苦—甜尺度表上为太妃糖打分。结果竟得到了苦-甜交响乐:有音调偏高的音乐伴奏时,受试者认为吃到的太妃糖更甜,而在音调偏低的音乐伴奏时,吃到的太妃糖更苦。受试者并不知道,他们吃到的是完全一样的太妃糖,惟一不同的是音乐。

这是音乐—味道搭配领域一个激动人心的时刻,Spence 说。这类实验正走出实验室,来到我们的日常生活中,从高档餐馆到街边小店,几乎无处不在。受太妃糖实验启发,Spence 与艺术家 Caroline Hobkinson 合作在伦敦的一家实验餐厅沃尔夫之家(House of Wolf)设计了一种"音乐蛋糕"(sonic cake pop)。这种甜点是裹着巧克力并且味道既苦又甜的太妃糖,同时还附有一个手机号码。拨通这个电话,食客就可以通过按"1"选择味道更甜的点心,或按"2"选择味道更苦的点心,然后就会听到相应的高音音乐或低音音乐。据 Spence 介绍,改变背景音乐使得食客对含甜度的评价改变了 5-10 个百分点。

音乐和味道的关系仍是一片待垦的处女地。Spence 表示,目前关于音乐和味道之间相互作用关系的发现多属臆测,严谨的科学发现尚少。他怀疑音乐对味道的影响要大于味道对音乐的影响。"这在某种程度上可以归结于神经资产",Spence 解释说,"因为我们大脑给予听觉和视觉的关注要远远多于味觉和嗅觉。"

鉴于音乐可以改变人们对食物甜度和咸度的感受,Spence 的一项长期计划就是探究如何利用音乐-

# 陈丹青：我不过是在意淫

□李晓婷

身旁杵满了摄像机和相机，有记者向陈丹青提问：有些江湖画家压根儿不会画，但通过一些渠道能进大展馆办画展，你怎么看？

"我就是江湖画家。"陈丹青笑道，他起身走出去：参观的人群早已在博物馆前厅挤得水泄不通。

2014年10月25日，陈丹青画展《静物》在苏州博物馆开幕。

三间展厅，墙上挂有毕加索、马蒂斯、委拉士开兹、沈周、董其昌。六十多件所谓"静物"画，画的全是画册。展墙上贴着陈丹青的自述："这里没有一件我的作品，但每块画布签着我的名字。"

1998年秋，这些画册写生由几位朋友张罗在南京，办了内部观摩的小展览。当时陈丹青给国内同行的记忆还是《西藏组画》。销声匿迹十多年，这么一堆"静物"画，大部分观众接受不了。"又没生活，又没主题，怎么回事？"陈丹青回忆那些回馈："几位评论家当面指出：你出国后，完全失去了创造力。"

2000年，陈丹青受聘清华美院。校方得有个汇报，又办了展览，这些"静物"画还是令很多人不解。不过有七零后、八零后青年告诉陈丹青，他们喜欢他的画册写生。他记得有位青年私下对他说，其实不那么喜欢《西藏组画》，理由是："你们那代'文革'画家的东西，都差不多。"

2006年底，陈丹青离开清华美院，重归江湖。

"将近二十年了，画册还没有画厌，你要是给我一本好画册，我就想画。"但他的"画册写生"实际是对绘画非常恳切的放弃，"算了。我不动脑筋去画什么了不起的画。绘画早该退休了。"

## 我管画册写生
## 叫做"静物"，其实是耍赖

**南方周末**：画册写生和实物写生有差别吗？

**陈丹青**：有，我画过自己的皮鞋，还可以，但没画出一幅成功的传统意义上的静物:水果、花,或者什么摆件。我管画册写生叫做"静物",其实是耍赖,但我想不出别的词语和定义。

**南方周末:** 你说看见的不是谁谁的画,看见的只是画册,这两者的差别在什么地方?

**陈丹青:** 古人对着真迹临习,今人对着印刷品临习,但印刷品是伪经验。我画这批书,是肯定伪经验,同时把伪经验变成真经验。这个真经验是有折扣的,可疑的,但正好是我们所有人的经验,我只是把它说出来:这个伪经验,你也有,谁都有。

当你看董其昌或者哈尔斯的画册,你不会怀疑这是董其昌和哈尔斯,但其实他俩待在博物馆里,照本雅明的说法,独此一件,你不可能看到。你听到的贝多芬不是贝多芬,也不是那位指挥家,而是唱片或碟片。现代传播让你觉得听到了他、看到了他,这就是伪经验,但又是真经验。我的画就是肯定这种经验,肯定悖论。

另一种说法,就是所谓"引文"。据说《尤里西斯》运用大量引文,本雅明、罗兰·巴特,私下都有野心:引用别人的文章,汇集成一本小说。你选择引文,已经有作者意识。你把这部分和那部分衔接、排列、错置——有点类似秘书或编辑的工作——是有快感的,无穷的快感。我亲手画了这么多"引文",就是不断哄骗自己的过程:当你照着"他"画时,我觉得我就是董其昌,我就是哈尔斯!

## 画个巴洛克时期的人脸,烦死了;可是写一幅字,一根烟功夫就写好了

**南方周末:** 画哪些,不画哪些,你怎么选择?

**陈丹青:** 我失控了,所有画家的我都想画,但我没有那么多时间。并不是所有画册都能入画。第一,我选择的不是哪位画家,而是某一本画册,画册有大小、有厚薄,版本、年份都不同。第二,我在乎排版,计较那幅画印在什么位置,经典图像如果排版不好——我觉得不好,就放弃。

我的画出现很多局部,比如卡拉瓦乔,这些局部根本不是原作,而是电脑切割。我也画了不少董其昌、文征明、沈周的局部,他们都被现代排版篡改了,我们看经典的眼光,因此都被改变。

艾柯和法国剧作家卡里埃尔的对话录《别想摆脱书》,卡里埃尔说了一句经典的话:"古代的艺术不断让你惊讶。"我想,惊讶的手法之一,就是电脑排版,经典经得起任意切割,哈尔斯和沈周要是看到,一定大为惊讶:我的画怎么变成这样了?

奇怪。最容易画的是董其昌和委拉士开兹。印刷品浓缩了他俩原作中许多性感的部分,虽然模糊走样,可是魅力仍然在,仍然给我的临摹带来快感。

**南方周末**：外国画家里难画的有谁？

**陈丹青**：眼下我选择的几位没有难到让我无法克服。伦勃朗蛮难画的，但我不太喜欢他。我年少时当然绝对崇拜他，开眼界后，发现风格印记太显著的作品，我都不太喜欢。我喜欢相对打开的作品，喜欢作者的隐退。董其昌从不号称自己的风格。中国文人几乎都这样，公然写明这幅画仿倪云林，那幅画仿黄公望，唯恐别人不知道。那不是谦虚，而是牛X，好比现在名片上写明自己挂靠哪个权力部门一样。中国绘画就是这么一种文明，它不但承认，而且标榜，认为前人比自己重要，不断沉醉在复述他人的境界。作者的"自我"怎么办呢？有句文人画家的话很牛逼，很诚恳，（大意）"我恨不见古人，也恨古人不见我！"

这就是中国古典画家的信条，和西洋人相反。马奈懂古人，他的同行就批评他总是眼光盯着几位古人下笔，中国画论叫做"笔笔有出处"，这在古典中国正好是美德。

**南方周末**：笔触你也会去接近吗？

**陈丹青**：当然，巴不得！我告诉你，最容易画的就是书帖。书帖不是图像，而是符号，规约了几千年，方便使用辨识，它给我带来方便。画个巴洛克时期的人脸，烦死了，很难的，可是写一幅字，一根烟功夫就写好了。

**南方周末**：用油画颜料画中国画的色调，困难吗？

**陈丹青**：印刷品色调跟原作没法比，它相对简单，很容易调出来。可是见了鬼了：最容易调的是水墨画色调，画成油画后，它比西画印刷品好看，雅、清淡，又很丰富。水墨画的暗示色调多于显示色调。我只要画国画画册，画面自然会雅。人看了对我说，你心很静，其实完全误会。我画西洋画册，画卡拉瓦乔的杀头画面，心也很静。绘画就是骗人嘛！我画董其昌和沈周，经常很亢奋，因为比西画容易画，可是画完后，变得我像个好和尚，心无杂念，一天到晚在吃素。

## 一个中国哪里吃得下这么多画家

**南方周末**：你画画册的过程中，对那些画家有什么重新发现？

**陈丹青**：哦，太多了！画得顺了，进入情况了，我会不断暗自惊讶：他妈的！他们比我想的还要更好，好得不可思议！

**南方周末**：为什么你不选择现当代画家？

**陈丹青**：选择过，不成功。我还画过现代摄影集册，很快放弃了。有些图像拒绝复述，有些图像欢迎复述，再怎么复述，还是性感，我不知道为什么会这样。图像领域还有很多可能性，也许会出现哪个画家专门画另一种印刷品，画现代摄影，甚至商品广告，他的才能我没有，他会画出非常好看的、让我意外的所谓"静物"。

**南方周末**：你还画人像吗？

**陈丹青**：画。这是老习惯，就像老年人唱来唱去还是革命歌。一个人总会重复少年时干的傻事。我画画，有个焦虑在后面，20世纪画家最大的困扰就是：我画什么？太多主题被画过了，太多形式被试过了。你可以再来玩，但你很难超越前人。

约翰·伯格评论毕加索，讲到关键的一环：为什么毕加索晚年画的不好？因为他不知道画什么，他苦于没有新的素材。画什么、怎么画，是一对问题，你不能拆开。绘画在20世纪的功能被摄影和电影拿走了，在古代，绘画等于摄影和电影，教堂的壁画，贵族的群像，宗教画、历史画、战争画，在过去的世纪几乎是国家大事，王侯平民看着绘画，全部当真，有敬畏。十九世纪后，绘画变成所谓艺术，是赏玩的经验，今天激动人心的是电影，是数码世界。

绘画的年龄实在太老了。在所有现代画家那里，绘画变成自私的意淫的玩意儿，我不过就是在意淫。如今绘画只跟画画的那个人发生关系，如果幸运的话，画家和少数有钱人发生关系。画家成了记忆性角色，成了文明的保留物种。它和社会与时代曾经有过的那种关系，那种至关重要的传播关系、精神关系，再也不可能了。

**南方周末**：你说绘画现在已经不重要了。是不是有一批专注于绘画的人会被淘汰掉？

**陈丹青**：我愿意靠这些"静物"自我淘汰。但在中国，很多早该淘汰的事物，不但没淘汰，还大规模发展。艺术学院不该这么多，全世界艺术学院最多的就是中国。还在教所谓纯绘画，这是本该闲置的种类，可是越来越发达。农学院、林学院都要附个美术学院，历年培养太多画画的人没出路，只有拼命钻，钻到各个学校，教美学、教绘画，建系后，慢慢变成学院、学校，于是院长副院长系主任一大堆，有饭吃了。现在也饱和了，80后、90后毕了业就没事干，中国社会哪里吃得下这么多画家？

**南方周末**：在你看来，绘画会有一天重新变得重要吗？

**陈丹青**：在欧美，绘画一直在，不断出现天才的画家。但它不再重要，它走入一整片风景，就是所谓当代艺术。其中一块还是绘画，但跟我们所知道的绘画，完全不一样了，跟30年前的绘画、跟那些已经很前卫的绘画，也很不一样。我无法跟你描述今日西方绘画，以我的观察，绘画变成一个小可爱，一个识趣的配角，这是对的，但所有事情在中国的形态，都是异样的。"与时俱进"这句话应该对应另一句话："与时俱退"，可是该退的事物，它不肯退。

（摘自《南方周末》2014.11.6）

# 歌词打败汉语

□肖 佳

不久前,大家都在讨论华晨宇的《Why Nobody Fights》和许嵩的《等到烟火清凉》,两首歌都是歌手自创的,都只有一句歌词,前一首来来去去就是"Why Nobody Fights",后一首从头到尾只有"天干物燥,小心火烛"。网友纷纷吐槽:"这不是要气昏那些专业填词人吗?"可这种一句话歌词至少揪不出什么错误,更普遍的则是那些错漏百出、雷点密布、不知所云的歌词。最近有网友自行整理出了"华语乐坛最让人理解不能的100句歌词",被大量转发评论。我们突然发现,现在的华语音乐不但找不到能让人欣赏的歌词,而且在那些歌词面前,我们会忘记汉语的本来面目。

## 什么叫"带你去火辣辣"?

有人感慨,在李宗盛罗大佑林夕黄伟文之后,我们就再也没有拿得出手的词人了。即便是罗大佑,最近一首新作的歌词也只能看得人"呵呵呵",这首名为《同学会》的歌里面有这么一段:"回到同学会面/回到同学会炫/回到同学聚会的校园/你在同学会间/有梦同学会变/享受同学欢聚的庆典/想在同学会中/有些同学会在/如今同学当下结因缘/也愿同学会中/原先同学发现/如今同学越看越顺眼。"看这词,你晕不晕?

很多歌词完全不能深究,不然你会陷进一种迷乱的状态而无力自拔。比如《爸爸去哪儿》主题曲里面有一句是,"就算有天你掉光了牙/我也可以带你去火辣辣!"什么叫"带你去火辣辣"?是穿火辣辣的性感服装,还是吃火辣辣的火锅啊?为了押韵,我们的填词人们几乎是无所不用其极,生拉硬拽、生拼硬凑。总之,能把韵押住,就已经是一个填词人专业素养的最高体现,值得表彰鼓励。因为还有好多意思没弄明白韵也没押上的词,比如林俊杰的《江南》:"圈圈圆圆圈圈/天天年年天天的我/深深看你的脸。"这个"圈圈圆圆圈圈",大概是华语流行歌曲里最大的谜案。

## 创作天王也有软肋

对于大部分所谓的创作歌手来说,作曲还能对付,一写歌词就露怯。

周杰伦每张专辑里都会有两三首自己作的词,大概是想以此证明不靠方文山也能有作品。第一张专辑《JAY》中,就有他自己写的《黑色幽默》,一首稚嫩的小男生情歌,其中有句是这样唱的,"你说/苦笑常常陪着你/在一起有点勉强/该不该现在休了我……"不知道当年听这首歌的小男生们有没有思考"休了我"究竟体现的是种什么心理,把自己当成古代弃妇了吗?第三张专辑《八度空间》,周杰伦突然变成了一个哲学爱好者,《分裂》的歌词是这么写的,"雨点从两旁划过/割开两种精神的我","没有了证明/没有了空虚/基于两种立场我会罩着你",真的好难懂哦。

不过周杰伦还是有被承认的好歌词的,比如刚出道就写出的《星晴》,以及被收入语文教材的《蜗牛》。另一位创作天王王力宏就是默默耕耘不管他人评价的典范了。《唯一》里面"一颗星星变了心""两个世界都变形",就是明显的为押韵而押韵。而他最令人费解的歌词是,有一首《华人万岁》中他这样唱:"把你的手挥在空气里身体的国旗/骄傲地说我可以改变世界改变自己/做一个领袖/做一个领袖/领和袖我都有。"王力宏这些年一直在卖力推销他的华人嘻哈曲风,结果却收效甚微。

### 词库并非汪峰专属

汪峰刚刚成为内地摇滚界一哥没多久,就有人统计了他一百多首创作歌曲中的词汇量,结果表明,他的那些歌中,"生命"一词出现了50次,"路"出现了37次,"碎"出现了37次,"哭"出现了35次,"孤独"出现了34次,"夜"出现了29次,"自由"出现了17次,"迷惘"出现了16次……利用这些数据随便排列组合一下人人都能写出汪峰式的歌词。

其实,常听内地原创音乐的人就知道,这个词库并不是专属汪峰一人独有,即便只是从歌名上就能看得出来,内地的一大批歌手作品有如连体婴儿般难以分辨。你知道吗,汪峰和李健都有首歌叫《绽放》,老狼和许巍都有首歌叫《喜悦》,许巍和朴树都有首歌叫《九月》,许巍和郑钧还有李健都有首歌叫《温暖》。

而出现次数最多的,应该是"路"以及与其相关的各种意象。朴树的最新单曲叫《平凡之路》,很多老粉丝一下就找出了它与那首《旅途》之间的关联,而汪峰也有首歌叫《旅途》,许巍有首大热金曲叫《旅行》,许巍还有张精选集叫《在路上》,麦田守望者乐队也有首经典歌曲口《在路上》,痛仰乐队有首音乐节必唱歌曲叫《公路之歌》……这个单子还可以无限列举下去。

### 有些谜,是有解答的

《2002年的第一场雪》中,"停靠在八楼的二路汽车"这句歌词长期名列看不懂歌词之列,难道乌鲁木齐已经进化为垂直立体型城市了吗?有新疆朋友早已对此做出解答,原来乌鲁木齐有一座楼的名字

# 远程医疗，离我们有多远

□James Hamblin/文　艾薇/译

想象一下，你可以在任何时间给医生发短信咨询医疗问题，并迅速得到一个详尽的答复，不用在网上胡乱搜索，也不用为了一点头疼脑热就去医院排长队看病。

这对病人来说，简直太棒了；但对医生而言，可能是噩梦的开始。在美国，一个普通病医生平均有2300个固定病人，如果人人都给医生发短信，那么第一个病倒的应该是医生自己。

这让硅谷的企业家罗恩·古特曼看到了其中的商机。四年前，他创建了 Health Tap——远程医疗信息平台，这个专注于提供医疗服务的网站拥有6万多名美国执业医生和强大的医疗信息数据库，能够快速将用户描述的症状与相应领域的专家进行匹配，然后这些医生会根据自己的医学专长解答用户的问题。目前该网站每个月有超过1000万人访问，累计用户数量达到1亿人。

但 Health Tap 并非只是简单地为病人提供免费的网上医疗咨询，其特别之处在于会向医生推出"虚拟实践"平台。在这里，医生们通过回答病人的问题来提升自己在当

就叫"八楼"，该楼的正式名称叫昆仑宾馆，1958年建成后一度是新疆楼层最高的宾馆，于是当地老百姓就简称其为"八楼"，并一直流传到现在。

除了歌词的字句表达问题，歌手的发音也是一个频频被纠错的点。如果要说被唱错次数最多的字，应该要算"不能自已"的"已"。有首经典老歌《漂洋过海来看你》，其中有句"我竟悲伤得不能自已"，演唱过这首歌的娃娃、李宗盛和周华健，全都把"不能自已(yǐ)"唱成了"不能自己(jǐ)"。

此外，张学友在《别哭泣》中唱错过，苏芮在《慢慢地》中唱错过，萧亚轩在《倒数》中唱错过，钟汉良在《Be My Love》中唱错过，EXO在《幻境》中也唱错了。

而仅有的两次唱对的情况，是在《玫瑰花的葬礼》和《O女士》这两首歌中，前一首歌的演唱者就是唱《等到烟火清凉》的许嵩，而后一首的演唱者就是当时还在鲍家街43号乐队的汪峰。

(摘自《看天下》2014年第26期)

地的声誉和知名度。而HealthTap绝不允许"南郭先生"来胡乱指导病人，所有入驻网上平台的医生都必须经过严格审查，他们回答的问题也会经过同行的验证和评分。

基冈·杜纯拉是Health Tap上注册的牙科医生，他的档案显示其解答病人"关于牙床脓肿"的问题得到了其他5803位医生的验证，病人给了他12555次"感谢"。每当医生解答病人一个问题，系统就会自动弹出一个对话框询问病人是否认为该答案"有帮助"、"让他感觉好点了"或"拯救了他的生命"。根据系统显示，杜纯拉已经帮助了25个病人，得到全五星好评。若用户想在HealthTap中搜索南加州地区最好的牙科医生，那么排名前三的杜纯拉医生的名字会优先跳出来。

最近，HealthTap推出了一项新服务。用户交付99美元的月费，就能在任何时间与任何一位专业医生进行视频对话，无论你身在何处，都可以达到远程医疗的效果。从症状询问、诊断、开药方，整个过程都可以在Health Tap的平台上完成。此外，Prime用户还将有一些特权，比如医生可以看到病人的个人健康记录，根据这些记录，HealthTap能够生成相应的医生回复和相关推送文章；用户能够在手机上下载医生认可的医疗类应用，从而更好地管理自身健康。

古特曼说："人们一般喜欢找自己熟悉的医生看病，但即使是最细心的医生也无法掌握如此多的信息。事实上，你要相信，相比医生的头脑，我们有更有效的方法做你的数据库。"

Health Tap Prime的推出，是远程医疗需求快速增长的结果。据市场调研机构IHS的报告，到2018年，远程医疗将会成为一个19亿美元的大产业。不过，对于习惯与医生面对面交流的人来说要通过视频看病可能仍有障碍。一项调查显示，去年只有12%的美国人用短信和电邮与他们的医生交流，但有1/3的30岁以下的被调查者对网上就医的模式持更开放的态度。

古特曼也承认远程医疗的局限以及传统医疗的不可替代性。他说："Health Tap的诞生并非要取代传统医生，但是它可以为患者节约看病时间，减少医疗开销，同时也方便了医生的诊断。不过有些病确实是病人必须亲自去医院检查的。从这方面来说，Prime更适合那些慢性疾病或者对健康有持续需求的人。"

从事市场咨询分析师的彼得·穆勒比较看好远程医疗的未来。他认为，随着可穿戴智能产品和家庭监控设备的发展，远程医疗的使用范围将会更为广泛。从目前的形势来看，医疗费用会持续增长，而患者需要自己支付的部分也在增多。结果就是，消费者会在传统的医疗渠道之外寻求更好的解决方法。

（摘自《大西洋月刊》11月刊）

# 七十年代人的心灵史
## ——专访老舍、鲁迅文学奖获得者徐则臣

□郑秋轶

> 郭敬明的一本书抵莫言的很多本，但我觉得这样比的标准有问题，要么都谈质量，要么都谈销量。你不能拿我们跟前辈比质量，又跟后辈比市场。

2014年，作家徐则臣成了双料王，他的长篇小说《耶路撒冷》获得老舍文学奖，短篇小说《如果大雪封门》获鲁迅文学奖。12月底，身为《人民文学》杂志编辑部主任的徐则臣除了日常的工作，忙着收获各种好消息，"搜狐读书2014年度小说""新浪十大好书"。接受本刊采访时他的《耶路撒冷》，从2014年3月出版以来已经加印到第四版了。

荣誉之后，接踵而来的是各种作品研讨会和讲座，还有朋友们的围观赞叹，微信圈里他解释为"主办方的安排"。

1978年出生于苏北农村的徐则臣，脸上还带着几分家乡人的憨厚与质朴，应酬的场合，他沉默寡言。但是谈到文学，他立刻言辞敏捷、思维活跃，目光也锐利起来。

近日，在北京的一家咖啡馆里，徐则臣接受了《瞭望东方周刊》的专访。

## 写开了

《耶路撒冷》45万字，写完这部小说，徐则臣才觉得自己"写开了"。之前，他已经发表过三部长篇小说，几十篇中短篇小说，大约有150万字的作品。但这部《耶路撒冷》从萌发到完成，用了六年。

他写作有一个习惯，对某个词或者某句话比较感兴趣，就写下来，贴在墙上。"耶路撒冷"最初也是墙上光秃秃的四个字，没有任何故事，只是觉得特别适合做长篇。"你突然遇到一件挺有意思的事之后，它自然而然地往那个方向去了。"

一开始，他想把所有的东西都装进小说里，却发现根本装不下。试了很多次，始终找不到一个合适的形式。2010年，他在美国参加爱荷华国际写作计划，有一晚睡不着，突然想，为什么非要装进去不可，而不拎出来呢？

他当即爬起来,列出30个问题,反复推敲。后来,又问过许多同龄的外国作家,阿根廷的、德国的、白俄罗斯的,问他们的困惑和焦虑。

渐渐地,《耶路撒冷》的内容和形式都有了眉目,自然形成了这种"前店后院"式的结构:每一章,前面是小说,后面是专栏,交叉推进。

为了把故事与专栏区分开,他在文体上下了功夫,专栏是轻松的笔调,和主体故事有联系,又若即若离。

徐则臣说,他已过了单纯讲故事的阶段,考虑更多的是怎么讲故事。他写《耶路撒冷》有一个野心:梳理70后这一代人的心灵史。他希望,这件事,他做了别人就不用做了。

## 到世界去

只看书名,会以为《耶路撒冷》和西方有关。翻译成英文时,有人建议改掉,他坚持不改,"肯定不能动。改成什么?难道改成《北京人》?"

实际上,《耶路撒冷》写的是一群小城青年,一帮离乡的70后。那时的故乡还是郊区,跟土地还有关系。十几年后,故乡已跨越式大发展,变成了城市,它可以人为地给自己制造文化,虚构一段历史,建一个纪念馆。在小说里,这是虚构;在现实中,是非虚构。

徐则臣觉得70后的乡愁有别于其他年代生的人。"一个生于上世纪50年代的人,比如莫言,他回到故乡依然能往哪儿一蹲,抽根烟,聊聊天,有天然的认同感。而我们回去后会特别尴尬,变得拘谨。"

像小说里的人一样,在北京呆久了之后,徐则臣回老家"不敢看来人"。他觉得有点难为情。他时常想,隔着这么漫长的时光,怎么弥合两个人身上的观念和差距。他想回到从前的关系中去,但中间横亘着比北京到故乡更远的距离。这让他觉得难受。回乡,成了一场逃窜。

于是,他要"到世界去"。《耶路撒冷》中,有一章叫"到世界去",这四个字被反复提起,成为一个心照不宣的暗号。书中写道:"必须到世界去。'到世界去'成了年轻人生活的常态,最没用的男人才守着炕沿过日子。"

英国作家奈保尔说,我是一个小岛长大的人,所以对外面很向往。徐则臣觉得有道理:"我是一个小村长大的人,所以要到世界去。"

年轻时,觉得更广阔、更大的地方就是世界。多年以后,他发现内心最为安妥的地方,可能就是故乡。"世界"在哪里,也许没有一个标准答案。

在徐则臣看来,故乡和世界的关系在不断置换,由绝对的地理空间变成心理空间。所谓"到世界去",就是不断地离乡、返乡,直到抵达内心最安妥的地方。也许找了一圈,世界就在家门口。

徐则臣认为,70年代生人,对

"故乡和世界"的关系体会最为深刻。因为当时中国正经历着转型、变革,他们那一代是最充分的时代体验者。相比上一代,他们更敢于到世界去;相比下一代,又更固守乡土。

"你不可低估他们,他们的奋斗、爱情、生存压力和理想焦虑,以及对社会的推动力量。"徐则臣说,这么多年来,他一直被一条"意义的狗"追着跑,"一本小说我为什么要写它,对我的意义是什么,对读者的意义是什么,这个意义如果说服不了我自己,我就不会写这个东西。"

通常作家的写作资源有两个,一个是童年,一个是故乡,二者在一定程度上是重合的。徐则臣的故乡在苏北,那里有一条运河,流淌着他们那一代人的怕和爱。

## 穿越北京

《耶路撒冷》之前,徐则臣写过一些"京漂"小说。其中一篇《跑步穿过中关村》,英文版翻译成《Running Through Beijing》。徐则臣认为译得不错。"中关村国外读者没有感觉,北京更能唤起阅读的欲望。"

十几年前,徐则臣第一次来北京,准备去北大参加研究生面试,正赶上沙尘暴,整个北京灰头土脸。"坐车路过天安门广场都要哭了,天安门怎么长这样?感觉受到打击。"不过,他知道,北京是适合文学生长的地方。

在北京,徐则臣见过各色不靠谱青年。小说《啊,北京》中的假证贩子边红旗,之前是江苏的一位中学语文老师;《跑步穿过中关村》中的假证贩子,也是一个专科生……知识似乎不足以改变命运,于是借人物之口发问:"我们为什么非要来北京不可?"

2002年,刚到北京时,徐则臣是一个"体制外"的人。"有一种漂泊感、无根感,在这个城市就是一个过客,随时可能离开,或者被清除。"

2011年,户口到了北京,"但好像北漂不仅仅和户口、编制有关,更重要的是跟你的认同感有关。"徐则臣觉得,他很难在心理上和北京达成非常自然的关系。

他问过很多外国朋友,他们不是纽约人、巴黎人,但没有漂泊感,在一个地方呆烦了,卷起铺盖就可以去另一个城市。而中国的年轻人没有这个感觉,他的一个朋友在河南要生二胎,一共盖了35个章。

从苏北、南京到北京,在不同的城市呆过,徐则臣说,好处就是写得不会太离谱。对于北京,他认为这是一个最土又最洋的城市。在五道口,可以看到玛莎拉蒂和拉货马车齐驱。

"纽约、巴黎、上海是自足的城市,具备充分的城市特性。北京不是,它是中国的一个缩影,有那么多乡土的东西。"徐则臣说。

## 残存的理想

**《瞭望东方周刊》**：《耶路撒冷》中，所谓的70后的人生问题，是不是个伪命题？因为这些问题80后甚至90后也都会遇到。

**徐则臣**：当时我也曾质疑过这个问题。后来发现无非就是一个微观历史和宏观历史的区别。太阳底下无新事，上一代和下一代的问题不是绝对的，我只是想突出他们的特点。我觉得70年代比较特殊的原因是，他们经历的那段历史拐点比较多。这些拐点肯定对他们影响比较大。这个影响表现在他们的日常生活和精神内容中。

70年代的人，有一种残存的理想主义，有某种情结。但这种情结不足以强大到为了理想而放弃日常生活。上世纪50、60年代的作家为什么写作这么勤奋，一部接一部像劳模一样，是他们多年培养出来的。你看像贾平凹、莫言、王安忆，贾平凹的一部长篇又要出来了。70后依然想做劳模，同时还想把日常生活弄好。到了80后作家，对他来说市场更重要。

我们一方面想实现正大庄严的东西，另一方面又不得不受困于现实。这一代的人上有老下有小，疲于奔命。这就是我们这一代表现得纠结的地方。

**《瞭望东方周刊》**：有一种说法，70后作家和50、60后比起来，作品好像要差一点；和80后比起来，市场又差一点。是不是比较尴尬？

**徐则臣**：我觉得这个比法是有问题的。一代作家的重要性跟这一代作家的象征性资本积累有关。上世纪50、60年代的作家写了这么多年，一直在积累，你花了10年积累，怎么样也比不上人家。80、90后根本不和你比这个，他们和你比市场，郭敬明的一本书抵莫言的很多本。我觉得标准在这里不一样。要么都谈质量，要么都谈销量。你不能跟前辈比质量，又跟后辈比市场。

## 深度与长度

**《瞭望东方周刊》**：你曾说中国中短篇小说的边界一直没有拓宽，意义还没有打开。你现在还这样认为吗？

**徐则臣**：现在依然这样认为。我觉得西方这点做得比我们好，他们容易跳出来。中国现实主义的力量太强大了。一个是现实主义的潮流非常强大，第二是现实本身也非常强大。有时候作家容易沉溺于现实里。无论是你的生活还是创作，很容易被现实或者现实主义裹挟着走。跳出来就能够站得更高，重新审视。我总是说我们是在自己的惯性里写作，有的时候是在别人的惯性里写作。这个惯性就是现实主义这么多年的传统。现在，我觉得作家应该时刻提醒自己跳出来。第二就是你要有足够的能力跳出来。

# 中美军事技术上的"时间差"

□宋晓军

自美国国防部长宣布辞职后,身边很多炒股并盯着"军工股"的朋友,常常会问我这样一个问题:对中国军事而言这是大事儿吗?对此,我都会借用美国国防部副部长沃克(Bob Work)的一篇"访谈",来描述一个中、美在军事技术上的"时间差"。

沃克在接受《防务新闻》视频采访中,两次回答了未来如何在军事上应对中国的问题。他的回答大致可分为两个层面:一是仍要在政治、外交、军事层面加强与亚太盟友的联系,建立一个可制约并让中国遵守的安全秩序;二是美国要探索一条低成本应对中国"反介入"能力的技术路径。前者经过几年来奥巴马政府"重返亚太"的双边和多边军事运作(签署协议和联合演习等),大家已经大致清楚了。但真正具有军事意义的是在第二个层面中的两点:一是面对中国以各型反舰导弹为主的低成本"反介入"手段,美军已经失去了成本优势;二是

---

我们确实有一个书写大时代的传统,历史转型期,大革命。很多时候你会发现,背景成了这些小说的主人公,人物反而被压抑掉了。相比而言,西方小说更注重写人,写内心世界,背景相对次要。而现代性写作恰恰是一种反观自我、反观内心的写作。当下写作,应该说写日常生活写得非常好,但只停留在世俗层面,这样一种文学表现,是缺少现代性的。

**《瞭望东方周刊》**:在碎片化阅读的时代,一本45万字的小说的价值在哪里?

**徐则臣**:有人批评中国的小说写得太长。你只要看看美国的小说,就会发现这种批评站不住脚。在美国,最好的小说家被奉为国宝大师级的,菲利普罗斯、唐德里罗、厄普代克、品钦等,写的最重要的作品都是超长的长篇小说。德国也是如此,托马斯曼、君特格拉斯等大作家,也都是以长篇小说闻世。但却没有人因为指责他们写得太长,原因在哪?我觉得长度本身不是问题,真正在于这个长度包含多少含金量。

(摘自《瞭望东方周刊》2015年第1期)

为了扭转这一成本困境，美国必须进行军事技术上的创新，如尽快开发激光和电磁等武器技术。而所谓的军事技术"时间差"，实际上就在于原有的宙斯盾反导系统难以承受成本压力转而寻找"廉价新技术"所需的时间。

那么这个"时间差"是怎么产生的呢？上世纪90年代初，美国挟"冷战"胜利之势，军事战略的核心从"冷战"期间的"战备威慑"，转为了"装备技术优势威慑"。其海军战略由此也从"在海上"的战略，转向将舰艇逼近被威慑对象国近海的"从海到陆"战略。而其海军从1978财年开始研制并陆续服役的宙斯盾巡洋舰、驱逐舰，也开始开发、研制反导功能。与此同时，中国军方在海湾战争后，也推出了"打赢高技术条件下局部战争"的军事战略指导方针，并启动了从"方针"出发通过军事能力需求分析，发展所需的武器装备和关键技术的进程。在这一进程中，以现有技术基础出发并结合高技术的发展方向，中国自主设计、生产能力最强的导弹武器，自然就成了重中之重的"杀手锏"。

20年过后，美国海军到2014财年结束时，已有了33艘具备反导能力的宙斯盾舰艇（巡洋舰5艘，驱逐舰28艘），以及320枚标准-3反导拦截弹（259枚标准-3 Block I/IA型和61枚标准-3 Block IB型）。与此同时，中国军方也发展出了各型系列化的反舰弹道导弹和巡航导弹。也正是在此时，美国一些军事专家发现了由"时间差"造成的成本困境。比如他们认为，中国的100枚超音速反舰导弹成本最多为3亿美元，而一艘宙斯盾驱逐舰的成本为15亿美元，即便在其96个发射单元中全部装上正在研发可拦截巡航导弹成本为1300万美元的"标准-6"型导弹，放弃装载拦截弹道导弹的"标准-3型"导弹，在中国的发射平台携带的反舰巡航导弹超过96枚，且空军战机又无法在取得制空优势后将这些发射平台击毁的情况下，美国海军的驱逐舰很可能会遭遇"来自地狱的47秒"（他们以中国的YJ-12超音速反舰导弹飞行30海里的时间计算而来）。

现在的问题是，在美国军方探讨是否需要转变投资方向和军事技术路线来扭转"成本困境"时，中国军方应该如何利用这个"时间差"，确定下一步的军事技术发展路线？在回答这个问题前应该清楚一个基本常识：军事目标只是达成政治目标的一种手段。换句话也可以说，政治目标的制定不可超出军事能力。因此，中国军方要探索的是：在达成"维护国家主权、安全和发展利益"这个政治目标上，还有哪些技术差距需要弥补。

(摘自《三联生活周刊》2014年第49期)

# 闲书的味儿

□张佳玮

大体上,闲书跟肉一样,分肥、瘦和柴;跟茶一样,分温和削。翻译来的外文书,越是近现代的,翻译腔越重,锐利、寒、削。老一辈的翻译,词句都更圆润温和些,朱生豪先生的莎翁、傅雷先生的巴尔扎克之类不提,像王科一先生的《傲慢与偏见》、李健吾先生的《包法利夫人》,都可当午后茶与点心。

中文作品其实也类似,但得细分。上古诸子散文诗之类,好读但不膏腴,像牛肉干,咬多了厚味满口,但牙齿累。《文选》里的东西尤其如此,《古诗十九首》算例外。越是近年出版的书越清淡,薄而好读,但偏滑,不厚润。我认识的人,都爱重读"三言"《金瓶梅》《牡丹亭》、《红楼梦》《水浒传》《儒林外史》,以至于沈从文、汪曾祺、钱锺书、张爱玲诸位,无他,这些作品都聪明厚润不紧绷,肥而不腻,瘦而不柴,而且余香满口。

马三立老师曾说:"生书熟戏,听不腻的曲艺。"老一代评弹唱腔为啥好听呢?按说侯、郭、刘、马这几位老先生的相声,笑点不密集,也都是悠悠然家长里短的事,为什么耐听?这就是功力。有功力的相声、京剧、话剧念白、电影镜头和书,都是那么个圆润润、颤悠悠的饱满劲儿,跟熬到火候的乳白鱼汤一个道理。

坐火车时读福克纳、斯坦贝克、科塔萨尔甚至物理学教材,平时再看不下去的段落都可以轻松咽掉。同样适合火车旅途的是商务印书馆出的各种史传和各种艺术、建筑和植物图鉴。当然史传也另分,《史记》就比其他史传好看得多,像分盒贮藏的脆坚果仁,不用特意当火车读物,平时也看得下去。

几十个小时的长途火车旅行要备几本百看不腻的大部头肥书,以备看累了休息调剂使,这就具体各有所好了。《红楼梦》、《鹿鼎记》、《文学讲稿》、《西洋世界军事史》、《阿拉蕾》,看什么的都有。海明威上世纪40年代之前的短篇像冰镇芥蓝,白天走路看会觉得清爽明快,一入夜读就会心情抑郁继而发冷。马尔克斯早期的作品阴郁些,中后期的大多有花团锦簇似的热闹,宜饭宜粥宜走路。膏腴一点的书,例如沈、汪、梁、施、张、钱诸位的小散文,嫩软有味,很适合吃饭时读。汪、梁的饮食散文尤其搭调,助长食欲。同理适用于各家通俗演义和古典章回小说。因为章回小说大多有

# 人均100岁的世界什么样

□刘 霞

美国《大西洋月刊》网站在近日的报道中指出，随着社会不断进步，人类的寿命也不断增加。如果这种增加持续下去，那么，在可见的未来，百岁老人的数量将大幅增加，从而对整个社会产生巨大而又深远的影响。

## 没有放之四海皆准的长寿秘方

存在着一种放之四海而皆准的延缓衰老秘方吗？为什么饮食习惯相同，有些人会罹患心脏病而有些人则不呢？

第一个大规模的老年医学研究始于1958年的美国巴尔的摩纵向老化研究，目前这一研究仍在进行中。现在的负责人路易吉·费鲁奇说："这项研究已经确定，老年时的疾病或者残疾在年轻时就会发出警告信号，这使我们能进行早期干预从而减少老年时的慢性病。但最大的问题，例如长寿由基因支配还是主要由生活方式和环境支配，我们还不知道。"

对双胞胎进行的研究表明，有30%的研究对象的长寿是由于遗传，这一结论使研究人员感到乐观。如果30%的长寿由于遗传，那么，研究人员或许能设计出化合物来模拟那些拥有长寿DNA的人身体内发生的情况，但当研究人员对基因组进行测序时，却发现仅仅1%的基因与长寿有关。

---

松有紧，故事性十足，有肉味，极下饭。《红楼梦》前五十五回，《金瓶梅》宋蕙莲死之前，都像炖烂了的红烧肉，是百搭下饭的好段落。欧·亨利与马拉默德的大部分以喜剧结尾的小说、卡尔维诺的马可瓦尔多系列，就可以当零食甜点，随时捧起来吃着玩。

大部头的书，好处之一是催眠，但也得挑对书。膏腴的书不适合催眠，一不小心就看到天亮了。我小时候看《九三年》催眠，结果心情澎湃，一气看完，彻夜难眠。陀老的东西看了会做噩梦。太干练的文字——比如《九故事》或者卡佛——只会让你越发清醒。大概睡前一适合看各类原文书，二适合看哲学史、思想史、艺术史，倦意浓了直接睡。

（摘自《半月选读》2014年第24期）

组成身体的组织和器官都很容易受伤；细胞也容易失灵，癌症是最突出的现象。当某个伤口正在被治疗或者正在分裂的癌症组织必须被阻止时，附近的细胞会传输触发受伤细胞修复或恶性细胞死亡的化学信号。在年轻的身体中，这套系统工作得很好，但随着细胞开始老朽，它们开始发送错误的反馈。随着修护信号的过量产生，导致身体持续不断地出现炎症，身体的治愈能力开始摇摇欲坠，这就是人们为什么会罹患心脏病、老年痴呆症、关节炎以及其他与衰老有关的慢性疾病的原因。我们的身体因为失去了修护自身的能力而报废。如果自我修护能力的损失速度可以减缓，那么，我们晚年的健康状况将大为改善，我们也能更长寿。

巴克衰老研究所的朱迪斯·凯皮西表示："如果我们能知道如何消除老朽细胞或关闭其分泌过程，那么，我们就能预防或减缓很多老年慢性病的影响。"这也是纳巴霉素让研究长寿的科学家们兴奋不已的原因，因为其似乎关闭了衰老细胞错误发送的修护信号。

## 寿命是否有极限

在几乎两个世纪的时间内，人类的寿命就像自动扶梯一样，每年上升3个月，两次世界大战、1918年大流感、艾滋病泛滥以及全球人口增长了7倍等诸多因素都没有带来太大的影响。不考虑生命科学可能会有的突破，寿命会一直持续增加下去吗？德国罗斯托克市马克斯普朗克人口研究所的詹姆斯·法奥佩尔对此给出了肯定的答复，他指出，在许多工业化国家中，百岁老人的数字每10年就要增长一倍。而美国芝加哥伊利诺伊大学公共卫生学院的长寿研究专家杰伊·奥利尚斯基教授则给出了否定的回答。

2002年，法奥佩尔在《科学》杂志上发表了一篇非常有影响力的论文，该论文指出，自从1840年，人类的寿命直线上升。并非某个特定的进步或科学突破导致了这种上升，营养状况的改进、公共健康、卫生条件的改善以及医疗知识的普及或许都有帮助，但最关键的驱动力是"持续不断的进步"。

法奥佩尔认为，这种平均寿命的增加将会持续到人类的平均寿命超过100岁，目前，他仍然对此坚信不疑。美国疾病控制和预防中心最近的一份报告指出，2011年，美国的死亡率下降到历史最低点。目前，导致美国民众死亡的四大杀手都是慢性疾病和与衰老有关的疾病：心脏病、癌症、慢性下呼吸道疾病以及中风。法奥佩尔认为，只要生活条件持续不断地改善，人的寿命将持续不断地增加。

而奥利尚斯基则认为：寿命的增加"如果还没有达到极限的话，很快将达到极限。20世纪，长寿的获得很大程度上源于婴儿死亡率的降低，而这些都是一次性的获得"。

美国婴儿目前的死亡率为1/170，已经没有多少下降空间了。而且，即使癌症被攻克，美国人的平均寿命或许也只会增加三岁，因为还有很多其他慢性致命疾病等着接癌症的班呢。他认为，在21世纪，人的平均寿命可能会再增加10岁，随后，这种增加将显著降低或停止。

人的寿命是否有生理极限？目前还没有确切的答案。现代社会最长寿的人是法国女人瑞让娜·卡尔芒特，她生于1875年，卒于1997年，活了122岁零164日。她显然是个例外，尽管例外并不能告诉我们很多，但例外表明了一种可能性。在过去一个世纪，不同的专家，在不同的时间，都说过类似的话，那就是我们人类的寿命快要接近天花板了，但最后都被证明是个错误。

**更灰、更静、更好的未来**

在动物世界，年轻动物比年老动物多，而人类正在朝着一个老人比年轻人多的社会进发，这样一个世界在很多方面会与今天我们所处的世界迥然不同，因此，也会让社会的各个方面发生深刻的变革。

首先是大学教育。传统观念认为，大学就是年轻人读书玩乐的地方。未来的大学可能为所有人服务。大学将重新定位自己，向老人和青少年提供同等的服务。对于那些想获取知识的老人来说，可以根据自己的情况，购买适合自己的课程。在未来数十年，大学教授的桃李可能涵盖18岁到80岁。

或许还有其他更加深刻的变革会发生。10多岁到20多岁的青年人更有可能犯罪，随着老人数量的增多，整个社会的犯罪率会下降。从各个角度来看，暴力都可能会下降。就像加拿大——美国实验心理学家、认知科学家和科普作家史蒂芬·亚瑟·平克在其2011年出版的新书《本性之善》中展示的那样，战争总的伤亡数，包括与战争有关的经济伤害导致的间接伤亡数都在下降。美国俄亥俄州立大学的政治科学家约翰·米勒进行的研究也表明，随着人们年龄的增大，他们对于战争的热情和积极性也在降低。在1950年，全球因为战争而死亡的人数比例为1/5000；2012年，这一数字下降到1/300000。最近几年，车祸杀死的人比在战争中死亡的人还多。

年纪更大的人也向做民意调查的人和心理学家表示，与年轻人和中年人相比，他们感觉更加富足和充实。到了生命的最后阶段，对物质和浪漫的渴望已经得到或已经被放弃，激情也已冷却下来，记忆成为他们最大的财富。2002年诺贝尔经济学奖获得者、美国普林斯顿大学心理学和公共事务教授丹尼尔·卡内曼对于幸福的研究的核心论点就是："最后，记忆是你所拥有的一切。"

（摘自《科技日报》2014.10.27）

# 名人书斋名趣话

□张 雨

从古至今,书斋一直就是读书人放牧思想的精神家园,历代文人雅士都很讲究自己书斋的命名,正式命名为书斋,起源于北宋。这些文人雅士,给自己的书斋命名,或以言志,或以自勉,或以寄情,或以明愿,意味隽永、饶有情趣的书斋名,给后人以有益的启示。

老学庵。南宋爱国主义诗人陆游的书斋题名"老学庵"。他说:"予取师旷'老而学如秉烛夜行'之语名庵。"以此激励自己要有活到老、学到老的进取精神。

桂斋。宋代名相李纲常以桂花品格自勉,亲植桂花以明志,并把自己的书斋命名为"桂斋"。

七录斋。明代著名学者张溥的书斋取名"七录斋"。他自幼好学,所读之书一定要亲手抄录,抄了再读,读了烧毁,接着再抄,反复七次,达到"胸有成竹"为止。

聊斋。清人蒲松龄应试落第后,喜欢请人到书斋闲谈,然后根据闲谈讲的故事加工整理成小说。所以,他称自己的书斋为"聊斋"。《聊斋志异》就是在"聊斋"里写成的。

饮冰室。近代学者梁启超的书斋名叫"饮冰室"。"饮冰"一词出自《庄子·人世间》:"今吾朝受命而夕饮冰,我其内热与?"比喻自己内心的忧虑。当年,梁启超受光绪皇帝圣命,竭力变法维新,面对国家内忧外患的严峻形势,梁启超内心的焦灼和困窘可想而知,如何解其"内热"?唯有"饮冰"方能解之。

何妨一下楼。闻一多先生曾多年埋头于古代文化典籍《楚辞》与《诗经》的研究,除了吃饭上课之外,难得下楼一次,轻易不出门。饭后大家都去散步,闻一多却不去,邻居劝他说何妨一下楼呢,大家笑了起来,于是闻一多得了一个雅号"何妨一下楼主人",他的书斋从此便成了"何妨一下楼"。

梅花诗屋。著名京剧表演艺术家梅兰芳,在1930年左右曾得金农书法"梅花诗屋"一幅,他视为珍宝,挂在斋壁,朝夕揣摩,后来他将书斋命名为"梅花诗屋"。

龙虫并雕斋。语言学家王力说:"古人有所谓雕龙、雕虫的说法,在这里,雕龙指专门著作,雕虫指一般小文章。龙虫并雕,两样都干。"所以他把书屋命名为"龙虫并雕斋"。

(摘自《学习时报》2014.12.1)

# 中国传统敬辞你会用吗

中国是礼仪之邦,来往称呼接洽往往使用敬辞。敬辞是指含恭敬口吻的用语,在人们日常交际,特别是书信往来中往往要运用到。

"令"字一族,用于称呼对方的亲属。如称对方的父亲为令尊;称对方的母亲为令堂;称对方的儿子令郎;尊称对方的女儿令爱;还有令兄、令弟、令侄等。

"拜"字一族,用于自己的行为动作涉及对方。如拜读:指阅读对方的文章;拜访:指访问对方;拜服:指佩服对方;拜贺:指祝贺对方;拜托:指拜托对方办事情;拜望:指探望对方。

"奉"字一族,用于自己的动作涉及对方时。如奉告:告诉;奉还:归还;奉陪:陪伴;奉劝:劝告;奉送、奉赠:赠送。

"惠"字一族,用于对方对待自己的行为动作。如惠存(多用于送人相片、书籍等纪念品时所题的上款):请保存;惠临:指对方到自己这里来;惠顾(多用于商店对顾客):来临;惠允:指对方允许自己(做某事);惠赠:指请求对方赠送(财物等)。

"垂"字一族,用于别人(多是长辈或上级)对自己的行动。如垂爱(都用于书信):称对方对自己的爱护;垂青:称别人对自己的重视;垂问、垂询:称别人对自己的询问;垂念:称别人对自己的思念。

"贵"字一族,称与对方有关的事物。如贵干:问人要做什么;贵庚:问人年龄;贵姓:问人姓;贵恙:称对方的病,贵子:称对方的儿子(含祝福之意);贵国:称对方国家;贵校:称对方学校。

"敬"字一族。用于自己的行动涉及别人。如敬告:告诉;敬贺:祝贺;敬候:等候;敬礼(用于书信结尾):表示恭敬;敬请:请;敬佩:敬重佩服。

"光"字一族。表示光荣,用于对方来临。如光顾:称客人来到;光临:称宾客到来。

"雅"字一族。用于称对方的情意或举动。如雅教:称对方的指教;雅意:称对方的情意或意见;雅正(把自己的诗文书画等送给人时):指正批评。

**链接**

**中华传统礼仪用语**

◆头次见面用久仰,很久不见说久违。

◆认人不清用眼拙,向人表歉

# 一百年后世界讲什么语言

□约翰·麦克沃特

1880年,一名巴伐利亚牧师创造了一种语言,他希望全世界都能使用该语言。他把法语、德语和英语单词混在一起,并把这种新语言命名为沃拉普克语。沃拉普克语红火了几年,但很快就被另一种新创造的语言——世界语——边缘化,这种语言有着富有诗意的名字,也更容易掌握。

但这没起什么作用。世界语推出之际,另一种语言已经开始兴起为世界媒介:英语。两千年前,英语是铁器时代丹麦境内部落使用的口头语言。一千年后,在讲法语的领主的阴影下,英语在一个潮湿小岛上苟延残喘。当时没人想到今天会有近20亿人在某种程度上讲英语,而且英语正在成为这个星球上三分之一人口使用的语言。

令人欣慰的是,对英语将成为全世界唯一语言的担心为时过早。几乎没有人悲观到认为我们的星球上不会继续存在众多国家和文化,以及相应的除英语外的各种语言。

---

用失敬。

◆请人批评说指教,求人原谅用包涵。

◆请人帮忙说劳驾,请给方便说借光。

◆麻烦别人说打扰,不知适宜用冒昧。

◆求人解答用请问,请人指点用赐教。

◆赞人见解用高见,自身意见用拙见。

◆看望别人用拜访,宾客来到用光临。

◆等待客人用恭候,迎接表歉用失迎。

◆别人离开用再见,请人不送用留步。

◆欢迎顾客称光顾,答人问候用托福。

◆对方字画为墨宝,招待不周说怠慢。

◆请人收礼用笑纳,辞谢馈赠用心领。

◆表演技能用献丑,别人赞扬说过奖。

◆向人祝贺道恭喜,答人道贺用同喜。

◆请人担职用屈就,暂时充任说承乏。

(摘自《每周文摘》2014.12.5)

但英语与数千种其他语言同时存在于这个星球上的日子不多了。一名前往未来（一百年后）的旅行者可能注意到地球语言格局的两大特征。第一，那时地球上语言种类将比现在少得多。第二，那时的语言通常没有今天那么复杂——尤其是口语而非书面文字。

有人可能持有异议，认为将成为世界语言的并非英语而是汉语普通话，因为中国人口众多且经济实力不断提升。但这不太可能。其中一个理由是，英语碰巧占据了领先地位。英语目前在印刷、教育和媒体领域地位极其稳固，以至于转换至任何其他语言都需要付出巨大代价。我们继续保留键盘上QWERTY的字母顺序，也是出于类似原因。

此外，汉语的声调在儿童时代以后极难学习，真正掌握汉字书写体系，实际上需要出生在汉语环境中才行。既然英语已站稳脚跟，与中文相比，英语的易学性将令其难以被取代。

不过更重要的是，与目前拥有六千种语言相比，到2115年地球上可能仅存留六百种语言。日语不会有事，但比日本规模更小的群体所使用的语言将面临困境。

殖民已经多次导致了语言灭绝：本土使用者使用自己的语言，会遭到灭绝或惩罚。城市化进程进一步加剧了这种毁灭。

甚至提升人们的读写能力也会威胁语言的多样性。对现代观点而言，有书面文字的语言看上去正规并且"真实"，而仅在口头上使用的语言看起来将逐渐消失并且有些狭隘。

使用者很容易把运用广泛的语言与机会相联系，而把使用范围小的语言与落后相联系，因此他们停止向自己的孩子讲使用范围小的语言。除非这种语言具有书面文字，否则一旦某代人不再把它传授给头脑具有最大程度可塑性的儿童，则这种语言差不多就灭绝了。我们都知道，成年人学习一种语言是多么困难。

许多通过在学校教授以及向成人讲授来传授祖传语言的群体将创建词汇量更小、语法更简化的新版语言。这样的新版语言将是更广泛趋势的一部分，过去几千年这种趋势不断增强。

这种简化不应被视为衰落的迹象。所有得到"优化"的语言都不折不扣地保留了语言完整性。

但愿在所有这些变化中消失的语言，最终都会被描述并用现代手段记录下来，以使其具备复兴的可能性。我们可能对一个操六千种（与六百种形成鲜明对比）不同语言的世界逐渐消失感到遗憾，但下述事实给我们带来一丝光明：将有更多人能够使用母语之外的一种语言沟通。

（摘自《参考消息》2015.1.7）

# 太平轮沉船事件回放

□ 解宏乾

## 超载严重

太平轮原是二战期间美国太平船坞公司的一艘运输货轮，载重量2050吨。1948年7月14日，浙江"中联企业股份有限公司"租下了太平轮，开始航行于上海、基隆两地。

辽沈战役以后，前往台湾的船票一票难求。1949年1月27日，是太平轮在年关前的最后一班船。原本有效卖出的船票是508张，但实际上船旅客超过千人。

太平轮原定的起程时间是上午，后来又改到下午两点，可是开船前，货物仍然源源不断地往船上运，直到下午四点半才开航。经证实，船上装载了包括国民政府中央银行重要文件1000多箱、东南日报社全套印刷设备、纸张及相关资料100多吨，钢条600吨。

据卢超回忆：1月27日，他送侄儿登上太平轮到台湾读书，午后又送食物上船。"那时候甲板与码头齐平，以前我上船得由梯子上船，而这次竟是抬脚即可上船。"可见太平轮吃水程度。生还者葛克也提及，"全船无一空地，非货即人，因此加速下沉"。

## 船员大意

此前的1949年1月5日，淞沪警备司令部发布一条水上宵禁令：每日下午18时至翌日上午6时之间禁航。为了在此时间前驶出吴淞口，"太平轮"开足马力，加大航速。冬日天暗得早，大船出港本应点灯，但是时局紧张，行驶在吴淞江口的大小船只都不鸣笛、不点灯。

据生还者之一、太平轮上的厨师张顺来说："看到船上大副、二副们，当天晚上喝酒赌钱。船行出吴淞口，海象极佳，无风、无雨，也无雾。"

过了戒严区，迎面而来的是从基隆开出的建元轮，满载着木材和煤炭。1月27日23点45分，在舟山群岛附近海域北纬30.25度、东经122度处的白节山三角航道上，都是熄灯急驶的两艘船呈丁字形碰撞！吨位较小的建元轮被拦腰一撞，5分钟后即沉没。建元轮有120名船员，据生还者后来回忆，有一些船员立即跳到太平轮上。起初太平轮安然无恙，可是没多久，船体开始进水。许多尚在睡梦中的旅客，根本来不及反应，就命丧海底。

生还者徐志浩描述："太平轮

大副当天已喝醉，交由三副掌舵，三副忘记调舵，等发现建元轮迎面而来，提醒挂灯鸣笛已经来不及。"

**遇难人数**

因当时许多政界要员和商界名流急于向台湾转移，太平轮上也乘载了很多名人商贾，千人以上葬身海底，一时成了台海两岸的大新闻。

事后，中联公司委托招商局所有的轮船、飞机，前往出事现场搜救。

按照当时的官方说法，被救起的生还者有36名，其中旅客28人，船员6人，另有"建元轮"上的2人，他们由澳大利亚军舰"华尔蒙哥号"救起。但据2月2日《台湾新生报》和2月3日《中华日报》报道，除了被军舰搭救的人员外，还有三名旅客脱险。2月17日，《大公报》刊登了徐志浩的文章，并注明徐志浩是自行脱难，不在官方生还者名单之列。而太平轮遇难人数，至今仍没有定论。

**公司倒闭**

台湾著名主持人蔡康永在一篇名为《我家的铁达尼号》一文中，提及太平轮的投保问题："爸爸从来没有跟我说过太平轮沉没的原因。只提过当时他们公司所拥有的每一艘轮船，一律都向欧洲保险公司投保。唯独太平轮启用前，因为上海一位好友自己开了保险公司，为了捧好友的场，就把手上最大的这艘太平轮，让好友的公司承保。太平轮一出事，爸爸好友的这家保险公司，立刻宣布倒闭。所有赔偿，由轮船公司自己负担。"

中联公司是由一群宁波同乡集资兴办的轮船航运公司，总经理周曹裔原来从事茶叶买卖。蔡康永的父亲蔡天铎是股东之一。

太平轮沉没后，受难家属分别在两岸展开赔偿诉讼。因保险公司恶意潜逃，中联公司担负起全部赔偿金额，在股东多半四散的情况下，由总经理周曹裔扛下大部分赔偿重责。

1950年，中联公司以华联轮、安联轮抵押给台湾银行贷款，作为太平轮事件赔款使用。即使这样，太平轮罹难家属拿到的赔款依然少得可怜。

**打捞成空**

长久以来，太平轮是条黄金船的传言不断。

2010年7月，中国国家博物馆水下考古舟山工作站经过近一个星期的努力，终于在白节山海域、水深55米的海底，发现太平轮的踪迹。事实上，早在船难发生后不久的上世纪50年代末期以及80年代初，官方就已经着手制订打捞计划。但因舟山群岛海域水流湍急，潜水难度很大，加之打捞经费接近天文数字，最终作罢。

（摘自《国家人文历史》2014年第23期）

# 苏联"帝国大厦"倾塌之谜

□周晓沛

普京总统曾表示,苏联解体是20世纪最大的地缘政治灾难之一,对绝大多数俄罗斯人民而言是真正的悲剧,许多人失去信仰和追求。

对于上世纪苏联解体这一历史现象,各方做出了截然不同的反应,有人幸灾乐祸,有人惋惜哀叹,有人迷惑不解。至于剖析苏联大厦轰然倒塌的原因,更是众说纷纭。

从表象看,"其兴也勃焉,其亡也忽焉"。但纵观其历史,却似是某种必然的结果。应该说,这一事件的来龙去脉大体上是清楚的,可能由于意识形态等复杂因素,导致感受好恶不一,解读起来甚至大相径庭。

## 倾塌原因众说纷纭

20多年前,较为流行的有三种说法:一称这是美国和西方对苏联在政治上搞和平演变,加之长期军备竞赛将其经济拖垮了;二说堡垒最容易从内部攻破,苏联亡党亡国最终"亡"在戈尔巴乔夫手里,是他提出所谓公开性、新思维,把魔鬼从"潘多拉盒子"里放出来,结果一发而不可收拾;三认为苏联解体是其僵化体制发展演变的必然结果,是"苏联模式"自身导致联盟在地球上消失。当时,占上风的是前两种观点。如今"外因论"逐渐淡出,而究其深层内因,看法依然不尽一致。

在俄罗斯国内,对苏联解体原因的看法也是五花八门。曾任苏共中央领导人的利加乔夫认为,苏联解体的原因,首先是大批党的领导人在国内外各种因素的影响下蜕化变质;其次是为增强国家的防御能力而过度消耗了大量资金人才;三是匆忙决定快速转向市场经济,结果遇到很多困难,尤其是消费品极度短缺,引起社会的强烈不满。

曾任苏联部长会议主席的雷日科夫认为,俄罗斯议会1990年6月发表主权宣言,这是苏联瓦解的决定性事件,此后没有任何东西能够阻止苏联走向毁灭。

曾任苏联外长、格鲁吉亚总统的谢瓦尔德纳泽认为,苏联的实质是一个帝国,而任何一个帝国终将崩溃。作为少数民族的代表,对此则更为敏感,但他未料到会来得这么快。

俄罗斯共产党主席久加诺夫认

为，国内外破坏势力的活动是导致苏联灭亡的主要原因。以成立"国家紧急状态委员会"的方式拯救苏联，是一个应有和绝望的步骤，但其做法无济于事，当时已没人会上街去捍卫苏联政权了。

2009年，曾先后任俄联邦外长和总理的普里马科夫院士在《没有俄罗斯的世界？》一书中，分析苏联解体的原因时指出，尽管美国和西欧都竭力削弱苏联，不少人也梦想苏联崩溃，但他不认为外国势力介入了这一过程。苏联消亡主要是内因所致，包括体制内部各种矛盾发展以及某些领导人主观决策的错误。我想，这一看法相对比较客观，基本揭示了帝国大厦崩塌的内在原因。

曾任美国驻苏联大使的马特洛克，在2014年3月15日《华盛顿邮报》网站上发表的文章中则这样评说：人们普遍认为，西方促使苏联解体，从而赢得了冷战胜利。这种看法是错误的。事实是，冷战的结束是通过对双方都有利的谈判实现的。苏联解体前两年，我们与苏联领导人戈尔巴乔夫合作的密切程度甚至超过与我们的一些盟友，双方还达成"美国不利用苏联从东欧撤出而谋求好处"的谅解。苏联分为15个不同的国家不是美国造成的，也不是美国想要的，而是民选的俄罗斯领导人叶利钦与其乌克兰和白俄罗斯同僚合谋，用松散的"联合体"取代了苏联。

值得参考的是，在苏联解体20周年之际，环球舆情调查中心以"你认为导致苏联解体的主要原因是什么"为题，在中国7个具有代表性的城市进行了调查，结果显示：有52.7%的人认为"政策错误，制度僵化，政治腐败，丧失民心"是苏联解体的主要原因；45.7%的人认为"苏联领导人推行错误改革路线的结果"；41.1%的受访者认为主要原因是"苏联与美国搞军备竞赛，在世界范围内搞霸权主义，拖垮了经济"；37%的人认为"苏联解体是西方颠覆、和平演变的结果"；29.9%的人表示"经济改革失败及长期的经济增长停滞"是主要原因。其中，15岁至29岁的青年受访者或本科及以上高学历受访者，更倾向于认为"政策错误，制度僵化，政治腐败，丧失民心"是最主要的原因，比例均高于60%。

## 先"左"后右

个人认为，苏联衰落、瓦解是一个渐变、复杂的漫长过程。简言之，苏共先"左"后右，先"亡党"后"亡国"。过去，我们强调阶级斗争和无产阶级专政，批判赫鲁晓夫背叛马列主义，搞修正主义，包括"三和"、"两全"理论（即"和平共处、和平竞赛、和平过渡"和"全民党、全民国家"），指责苏共"蜕化变质"，"复辟资本主义"。苏共则反批中共是"教条主义"，对"大跃进"和"文化大革命"更是恶言相加。其实,冷静下来思考一下,我们自己也没搞清楚,究竟什么是马克思主义,什么是真正的社会主义。

1989年,邓小平会见戈尔巴乔夫时谈到关于意识形态的那些争论问题:"经过20多年实践,回过头来看,双方讲的都是空话。马克思去世以后一百多年,究竟发生了什么变化,在变化的条件下,如何认识和发展马克思主义,没有搞清楚。必须根据自己的条件建设社会主义,一个固定的模式是没有的,也不可能有。那些争论,我们也不相信自己是全对的。"这是我国领导人第一次对两党意识形态争论做出这样明确的结论。

赫鲁晓夫是个有争议的历史人物。平心而论,赫鲁晓夫确实说过马克思的某些观点"过时了"需要"修正",但没有从根本上否定马列主义理论;他以"老子党"自居,干涉兄弟党内部事务,但从未否定过共产党领导。赫鲁晓夫作风粗暴,犯有"唯意志论"错误,但上台后敢于"揭盖子",反对斯大林"个人迷信",采取了某些改革措施。值得一提的是,当初毛泽东主席不喜欢反对"个人迷信"这一提法,故将"культличности"(个人迷信)正式改译成"个人崇拜"。应该承认,上世纪50年代是苏联经济社会最为活跃、发展最快的一个时期。

为什么说先"左"后右呢?苏共中央高度集权,计划经济完全排斥市场,本身就是被扭曲了的社会主义模式。1936年,斯大林宣布苏联已建成社会主义社会,3年后提出向共产主义过渡。1961年,赫鲁晓夫提出要在20年内赶超美国,基本建成共产主义社会。勃列日涅夫上台后调整了这个口号,1967年宣称已建成发达社会主义社会。60年代,苏联发展确实较快,但经济畸形,头重脚轻,一个率先把卫星与宇航员送到太空的国家,竟然连粮食、棉纺织品都不能自给自足。柯西金试图进行经济改革,却受阻失败。70年代后期,苏联开始停滞、倒退。

## 症结出在苏共内部

当时,我刚好在苏联工作。到红场附近国营大商场一看,货架空空,日用消费品及食品短缺,到处排队抢购,民众不满情绪溢于言表。难道这就叫"发达社会主义"?1982年起,苏联国运不好,三年内连死三任最高领导人。1985年,戈尔巴乔夫接手的是一个病入膏肓的烂摊子,提出改革和新思维,主张"人道、民主的社会主义",直至1990年3月修改宪法,正式放弃了共产党的领导地位。那时,苏共内部思想混乱不堪,处于瘫痪状态,丧失了执政能力,实际上也"领导"不下去了,最终为广大民众所唾弃。

最典型的例证是,1991年6月俄罗斯联邦举行总统大选,苏共中央推出的总统候选人一败涂地;苏联解体前夕发生的"8.19"政变,由于没有群众基础,不到三天就告流

# 韩国人的泡菜情结

□ 姚琪琳

提到韩国,一些人戏称为"泡菜之国"。确实,对韩国人来讲,泡菜不仅是一道小菜,还是一种特有的传统和文化,成为生活中不可或缺的部分。

甚至韩国有谚语说:"有韩国人的地方就有泡菜,没有泡菜的饭不是给韩国人准备的。"

## 泡菜与饮食

泡菜是小菜,却很不简单。其种类繁多,达三百多种。按照制作泡菜的原料,可以分为白菜泡菜、萝卜泡菜、小葱泡菜、黄瓜泡菜、韭菜泡菜等。由于泡菜的发酵程度、所使用的原料、窗口及天气、手艺的不同,制作出的泡菜的味道,以及营养也各不相同。

除了一般家庭泡菜,还有宫廷泡菜、寺院泡菜、时令泡菜、乡土泡菜、庆典泡菜等。除此之外,近年来泡菜也被做成馅,就连汉堡包、三明治、披萨饼、寿司、水饺、烧卖中,都能见到泡菜的身影。

---

产。普京总统曾表示,苏联解体是二十世纪最大的地缘政治灾难之一,对绝大多数俄罗斯人民而言是真正的悲剧,许多人失去信仰和追求。

苏联解体的同时,该地区国家决定建立"独立国家联合体",算是"文明离婚"后继续维持藕断丝连的某种亲缘关系。经过20年的"独"与"联"的苦斗,以俄罗斯为盟主的独联体国家正在探索加快经济一体化进程,力图建立"欧亚经济联盟",以适应新的国际地缘政治环境。

上述只是近几十年来苏联发展演变的大体轨迹。从中似可看出,尽管有各种各样的原因,包括某些外部因素,但最主要的症结出在苏其内部,在于僵化体制自身及其领导人的问题,或者说是苏共自己把自己搞垮了,最终导致有着69年历史的苏维埃社会主义联盟瓦解消亡。我想,不应将如此错综复杂的问题,简单化地归罪于外因或某个人,而宜从苏联"亡党亡国"的惨痛悲剧中,科学总结并认真汲取深刻的经验教训,不能再让历史这一页重演!

(摘自《世界博览》2014年第22期)

最早,泡菜的出现是为了应对冬季蔬菜短缺,在物资匮乏的年代,一年四季很难吃到新鲜的蔬菜,所以一到深秋,韩国家家户户就要开始准备过冬泡菜。上世纪70年代,为吸引劳动力,许多韩国工厂不仅为工人提供食宿,还拿出相当于三四个月工资的"泡菜津贴"作为额外福利。

在韩国的许多传统家庭中,一坛泡菜的原味卤汁可以传承多代人:曾祖母传给祖母,祖母传给母亲,再由母亲传给儿媳,然后接着往下传……

在韩国,真正的泡菜也就被称为"用母爱腌制出的亲情"。岁月愈久,味道愈浓,以至于韩国人把泡菜的好味道称为"妈妈的味道"。也许正是出自对母亲的挚爱和感激之情,韩国人也把泡菜称作"孝子产品"。

泡菜还是朝鲜半岛民族乡愁的重要寄托。上世纪60年代,韩国派兵参加越南战争时,母亲为将上战场的儿子准备的多是一个泡菜坛子。即使到今天,不少韩国人去国外旅行时,也都随身带些家乡泡菜聊慰思乡之苦。

## 泡菜与文化

韩国政府多年来不遗余力地将韩国泡菜打造成韩国文化输出的一张名片。在首尔等城市,当地政府都建有泡菜博物馆,以增强民众对泡菜的文化认同感。

与此同时,韩国政府还非常重视保护韩国泡菜的历史传统,并赋予其深刻的文化和精神内涵。由于韩国人冬天要消耗大量泡菜,泡菜制作工艺复杂,需经过清洗、腌制等多道工序,一个人无法独立完成,通常都是邻里之间共同制作。这种互相帮助制作泡菜的文化就是韩国人引以为豪的"分享"精神。

每年秋冬季节,韩国一些大公司和社会团体通常会组织大规模腌制泡菜的活动,并将腌好的泡菜免费捐赠给贫困群体。

## 泡菜的危机

不过,现在"泡菜文化"也面临各种冲击,这让许多韩国泡菜拥趸忧心忡忡。受西方饮食影响,不少韩国人的饮食结构也在发生变化,披萨、汉堡等西式方便食品大量走上韩国人的餐桌,再加上泡菜在制作过程中一般会放一些味道辛香的调料,浓烈的香味和咸辣的口感使得不少韩国人望而却步。据统计,在韩国,泡菜的年人均消费量已由上世纪90年代的35公斤下降到27公斤。

与此同时,由于韩国蔬菜价格偏高,中国产泡菜在韩国市场占有率逐年上升,截至2012年,中国泡菜在韩国的市场占有率已达20%,韩国泡菜的进口量已连续多年超过出口量。

(摘自《环球》2014年第25期)

# 环境与儿童健康的真相与谬误

□杨 天

人们往往会将室内装修与儿童白血病的发生联系在一起,但甲醛和白血病的关系仍在研究中,目前没有定论。

由环境因素所导致的儿童生长发育过程中的疾病和心理行为问题,已成为影响儿童健康的重要原因。世界卫生组织发布的《评价与接触化学品有关的儿童健康风险原则》报告透露,所有疾病中,30%由环境因素引起,这其中有40%发生在5岁以下的孩子身上,每年约有300万名孩子因之死亡。

## 关注生命最初1000天

"生命早期的暴露,尤其是生命早期的1000天,对将来儿童的健康,乃至成人的健康都会产生影响。"上海交通大学医学院附属新华医院"环境与儿童健康教育部和上海市重点实验室"(以下简称"实验室")主任、国家第五批"千人计划"特聘专家张军对《瞭望东方周刊》说。

"孕期是一个很脆弱的时期。此时,精子和卵子结合,不断分化成各种器官,受到影响就很容易改变方向甚至是发育停止。胚胎虽然存在一个胎盘屏障,但是对于很多污染物来说,这个屏障几乎不存在。它们可以长驱直入,由母体直接传到胎儿。"新华医院儿童与青少年保健科主任医师、"实验室"副主任颜崇淮向本刊记者解释。

在张军看来,要研究儿童疾病的起源,首先要研究环境因素如何影响生命早期的生长发育,而最理想的研究方法就是组建大规模的出生队列。

曾任美国国立卫生研究院国家儿童健康与人类发展研究所研究员的张军参与过美国出生队列研究的前期准备工作。2011年,他将出生队列的研究引入国内。一个名为"上海优生儿童队列研究"的项目,自2012年起,陆续在上海10家妇儿医院开展。第一期计划招募4000名孕妇,从孕前开始跟踪至儿童两岁,建立与之相适应的信息采集管理系统和大型生物样本库。

张军介绍,利用出生队列进行生命早期的研究,可以将从胎儿到成人整个过程中的所有生物、环境信息都保留下来,从而有助于我们了解更多"环境病"的病因和病理机制。

已有越来越多的研究表明,孕期妇女暴露在污染物中,可能造成胎儿出生缺陷、功能性异常。包括哮喘、神经发育障碍、智力发育迟缓、自闭症、多动症、肥胖症等在内的儿童疾病,可能与胎儿期的环境暴露有关。而很多成人疾病,比如心脑血管疾病、老年痴呆等,也可以追溯至胎儿期。

"所以,现在全球关于环境与健康的研究都逐渐导向生命早期的暴露,目的是为了能尽早预防,提高人类的整体素质。"张军说。

根据已掌握的样本,张军和他的同事们近期对上海地区孕妇体内的微量元素情况进行了研究,结果发现,上海市孕妇碘、维生素 D 缺乏现象较为普遍。

"过去我们比较关注孕期叶酸、钙质等营养物质的补充,而对微量元素普遍缺乏监测。孕期一些微量元素的缺乏也可能导致孕妇妊娠糖尿病、妊娠高血压和孩子的过敏性疾病、智力低下等问题。因此,建议孕期适量补充碘、维生素 D 等微量元素。"负责此项调查的新华医院儿科主任医师余晓丹告诉《瞭望东方周刊》。

**铅对儿童的智力影响最大**

重金属等无机污染物危害儿童健康的案例曾被媒体普遍报道,其中儿童血铅超标事件的屡次发生更是引起了公众的广泛关注。

作为卫生部儿童血铅诊断标准的起草人之一,颜崇淮长期以来一直从事儿童铅中毒防治方面的研究。上世纪 90 年代初,他就曾在上海地区开展过儿童血铅水平的调查,结果发现当时的平均水平为 90 微克/升。而他们在 2013 年开展的一项全国性儿童血铅水平调查项目的初步结果则显示,这个数字下降为 19.5 微克/升,目前全国的平均水平约为 26 微克/升。

"这个数字的大幅下降,主要归功于我国无铅汽油的推广和铅污染企业的转移。"颜崇淮对本刊记者说。

据他介绍,目前国际通用的血铅超标的标准为 100 微克/升,但是美国疾病控制中心的新近研究发现,低于 100 微克/升的血铅水平对儿童健康也有损害,所以两年前已将这一标准下调为 50 微克/升。"我们课题组也在设法推动我国进一步修改标准。"颜崇淮说。

在颜崇淮看来,我国儿童的血铅状况整体在逐步好转,但个别地区仍存在血铅超标的情况。根据颜崇淮的门诊统计,这种超标约 50% 是源于工业污染,如蓄电池生产和回收、金属冶炼、电子垃圾的回收、电缆制造、造船工业等,另外一半则源自不良的生活习惯,"我国一些省区沿袭祖先的传统,用红丹、黄丹等铅化合物治疗孩子的皮肤炎症,往往会导致孩子的血铅升高。"

颜崇淮介绍,在所有的污染物中,铅对儿童的智力影响是最大的。

"上海目前的血铅水平相对来说比较安全,但还有下降的空间。"颜崇淮说,进一步减少燃煤的使用是控铅的重要手段。在日常生活中,勤洗手、不用铅化合物的药粉,少吃皮蛋、爆米花等含铅食物都可以降低儿童的血铅水平。

## 新兴污染物是儿童健康重大挑战

"近年来,随着我们生活方式的改变,新兴的污染物很多都是有机污染物。"上海交通大学公共卫生学院环境健康科学系主任田英向《瞭望东方周刊》介绍。作为上海优生儿童队列研究的重要参与者,她的关注点主要聚焦在农药、杀虫剂、酚类物质、三氯生等有机污染物上。

"这类物质,量很少,却可以在人体内累积,可能会干扰正常的雌激素受体的作用,影响到正常的雌激素发生作用,所以我们通常把它们叫做环境雌激素或者叫环境内分泌干扰素。"田英说,这些环境内分泌干扰素可能导致女性不育,男性精子质量下降,影响孩子的神经行为学发育等。

环境中广泛分布的这些内分泌干扰物是全球范围、包括发达国家和发展中国家儿童所面临的重大健康挑战。"儿童的呼吸带低,手口动作多,皮肤稚嫩,容易通过呼吸道、消化道及皮肤接触这类物质,导致其暴露水平较高。另一方面,儿童处于生长期,其神经、免疫、生殖系统发育均有赖于内分泌系统调节,对此类物质较为敏感,因此其对儿童造成的危害程度和健康损害大于成年人。"张军说。

田英也进一步指出,不能抛开暴露剂量只谈危害。目前在我们的日常生活中,环境内分泌干扰素的暴露水平还是很低的,相对是比较安全的,人们在减少和避免暴露的同时,也不用因此而产生恐慌。

## 甲醛会是儿童白血病"元凶"吗

在新兴污染物中,由装修等室内活动而产生的室内环境污染物甲醛、苯系物、氡气、氨气、挥发性有机物等也被认为是儿童健康的"杀手"。"这类挥发性物质主要影响呼吸系统,也会对眼睛、皮肤等产生刺激。长期接触则可能导致免疫力下降,神经衰弱等问题。"田英说。

人们往往会将室内装修与儿童白血病的发生联系在一起。但田英的团队曾在上海专门进行了室内装修和白血病的病例对照研究,并没有找到室内装修会导致儿童白血病的直接证据。

田英说,作为室内装修所带来的最主要的污染物,甲醛在2004年即被国际癌症研究中心确定为致癌物。但其主要导致鼻咽癌的发生,而且是在高暴露的情况之下。而甲醛和白血病的关系仍在研究中,目前没有定论。对于另一种确定会导

# 上 海 碉 堡

□孙　炯

碉堡伴随着现代化,比如工业化、热兵器时代而产生。它不是一个公共建筑,用的时候要它尽量坚固,废弃的时候也不像砖木建筑那么容易消失。它是既坚硬又虚无的。

## 1

2013年,我才开始寻找隐蔽在上海各处的碉堡,它们多数在国共内战时期建成。

1949年5月,解放军第三野战军渡过长江,对据守上海的国民党军发动攻坚战。彼时上海人口600万,是中国最大城市与工商业中心。

电影《战上海》中,汤司令有一段台词:"上海的防御工事经过日本、盟邦和我们几次修建,纵深三十多里,一万五千多个碉堡,三四百辆坦克,七八千门大炮,再加上近三十万训练有素的军队,这就足够共产党啃半年了。"

汤司令即汤恩伯,时任京沪杭警备总司令。奉蒋介石命,他在1949年1月,就着手构筑上海防御工事。他责令所属工兵指挥部拟定计划,再会同上海市政府与淞沪警备司令部组成"上海工事构筑委员会"。

国民党军的碉堡战法,在1933年对苏区发动第5次围剿时,已逐步运用。金一南所著《苦难辉煌》一书,将国军将领金汉鼎、戴岳与柳维垣并称为蒋介石的"碉堡三剑客"。金汉鼎最早提出用云南少数民族武装"建碉守卡抗击清军"的战法去清剿苏区;戴岳曾呈书何应钦,建议"修建碉堡,缩小苏区";讨论第5次围剿战略战术时,"碉堡政策"在柳维垣等人的强烈建议下,被纳入决策。

其时,嵌入苏区的碉楼堡垒,总数有1.4万余座。压缩红军活动范围的意图基本达到,"碉堡政策"亦在国军内部走向系统化。

内战全面爆发后,伴随解放军南下的势头,国军的"碉堡政策"由昔日的攻势转为防御。

(摘自《瞭望东方周刊》
2015年第2期)

或是汤司令夸大，或是《战上海》电影夸张，汤恩伯在上海修筑的碉堡，并非有一万五千个之多。根据"大上海防务计划"，汤的亲信吴本一上任上海外围 3000 米纵深钢铁阵地工程的"经理处长"，而承建过百乐门舞厅的陆根记营造公司陆根泉，承包下"碉堡 5000、活动碉堡 3000"以及各种工事的营造。

1949 年以后清点，上海境内存留的国军碉堡，约 4000 座。

## 2

上海战役前夕，蒋介石在复兴岛上对团以上军官多次训话，希望凭借上海丰富的资财，20 余万兵力以及由永久、半永久性工事组成的防御阵地，坚守 6 个月到一年，以便抢运物资去台湾。

抢运的船舶不够多，每船便装得满。1949 年 1 月末，满载人员与物资的"太平轮"，因为超载、夜间航行未开航行灯而在舟山海域被撞沉没。

如同沉海的大船，难以扭转国军颓势的，还有数千碉堡。中共上海地下党组织曾以各种方式联络碉堡营造方陆根泉，要其停建，但陆未响应。地下工作者姚惠泉利用与陆的私人关系，通过其侄陆勋从营造厂取得汤恩伯部在上海郊野的碉堡战壕分布简图，使攻城解放军掌握了情报。

宝山县志同样记载，1949 年春，中共杨行支部党员汪洪昌打入敌方工事修筑工程处，获得杨行、刘行两地碉堡施工平面图各一份，上标明了团、营、连各级碉堡群，以及碉堡的枪眼数量、方向、角度等状况。位置图和施工平面图都被送至前线部队。

1949 年 5 月 12 日，上海战役打响，解放军三野第 9、10 兵团各军分别从浦江两岸向浦西吴淞与浦东高桥集结，以封锁黄浦江，切断国民党军的海上逃路。其余各军在扫清外围守军后进逼市区，待命对市区发起总攻。

指挥战斗的三野副司令员粟裕，在 1977 年撰文批评电影《战上海》，他说："影片突出了敌人内部矛盾，而且把刘义起义的情节，放在紧接着我们在巷战中打敌人据守的碉堡打不下之后，给人的印象是，如果敌人不闹内部矛盾，我们就打不下上海。"

粟裕说："外围战斗打得激烈，我们付出了三万三千多人伤亡的代价，特别是杨行、刘行、月浦和浦东的高桥。"提及的地名，皆是国军碉堡布防的重镇。

但仅 15 天，国民党守城部队便已投降，解放军拿下上海。

## 3

上海现存的碉堡，立碑交代身世由来的，只是极少数。金山嘴渔村的海岸碉楼，在 2011 年由区文广影视管理局立碑，登记为区级不可移动文物。1951 年时，金山嘴驻扎着陆海空三军,并建了营房。同时修筑的瞭望台式碉堡,是为了监视海面,防止国民党军自舟山岛屿渡海偷袭。

位于浦东碧云国际社区的金家桥碉堡,也挂有中英文对照的铭牌,铭牌将碉堡称作掩蔽部。掩蔽部在1968年竣工,混凝土结构,有防护门2道,高3米,顶层厚度8厘米。所提的建造背景是:二十世纪六七十年代为上海市海岸第二道防御阵地。这大抵是中苏交恶,积极备战的时期。

闵行区七宝镇七号桥的子母堡,是汤恩伯部固守上海所修的重要据点。1994年,七宝镇出资100多万元,把它修成了爱国主义教育基地。

那时,子母堡的边上是七宝镇红明村经营的饭店。据《新民周刊》报道,时任上海市委副书记陈至立到七宝视察,镇长介绍碉堡:这里要修爱国主义教育基地。陈至立在当时提出,边上开着饭店,恐怕不合适。随行的市委宣传部副部长也发难,饭店不搬,便不来剪彩。镇里才痛下决心,花120万元盘下饭店。

1995年,借纪念世界反法西斯战争胜利50周年与中国抗日战争胜利50周年,七宝政府在七号桥碉堡旁立了红色石碑,碑文当然没提"盘下饭店"的掌故,但回溯了上海战役。1949年5月,解放军先头部队81师某部4营战士与以七号桥为据点的国民党守军激战7昼夜,终于攻克防线,打开了上海西大门。此役,解放军牺牲数百人。

更多的无名碉堡没有可寻的典故,不知准确的建筑年份。它们或成为市民烟火生活里的突兀物,或封闭于某单位大院,得以留存;或被改头换面,变作街道上的旱桥、小区里的花坛;或在城市化进程里,已烟飞尘灭。

比我更早拍摄上海碉堡的上海工艺美术职业学院老师方光明说,它们是既坚硬又虚无的。"碉堡伴随着现代化,比如工业化、热兵器时代而产生。它又不能说是一个公共建筑,它不是个什么东西,用的时候要它尽量坚固,废弃的时候也不像砖木建筑那么容易消失。"

方光明看来,城市高速发展,好像在建设很多东西,很多东西又要被放弃了。

当年的汤司令,以修筑碉堡来巩固上海的外围防线,这条防线——彼时城市与村落交界的地方,在21世纪初,恰好又是房地产业蓬勃兴旺的地方,发生了激变。方说:"你看到城市不断发展,村落不断退却的过程。"

我想寻找方光明在1992年拍摄的第一只碉堡,在虹桥开发区,他答应回访。隔几天我收到方的微信,他说:路过古羊路,找这个碉堡,已经没了。

(摘自《南都周刊》2014年第47期)

# 香奈儿竟是纳粹间谍

法国时尚大师、著名品牌香奈儿的创始人可可·香奈儿因为香水闻名于世,但很多人不知道的是,她曾在二战期间加入纳粹情报机关。最近,法国一部名叫《疑云》的纪录片播出,公开了香奈尔这一不为人所知的身份。

可可·香奈儿原名加布丽埃·香奈儿,1883年出生于法国西部的一个小镇,她的父母都是贫穷的农民,她20岁的时候当了一名裁缝,下班后经常到酒吧卖唱以补贴生计。

香奈尔在酒吧卖唱期间,引起了曾当过骑兵军官的纺织业富翁巴勒松的兴趣。很快,相貌出众的香奈儿成了他的情妇,把名字也改为"Coco"。除了教给香奈儿上流社会的礼仪,巴勒松还把英国花花公子亚瑟·卡佩尔介绍给她。两人展开了一场火热的恋爱,并在巴黎开了家商店。

10年后,卡佩尔因车祸罹难。此时,香奈儿已在时尚界站稳脚跟,在生意愈发红火的同时,她身边的人也像走马灯般换了又换,高大英俊的英国西敏寺公爵格罗斯维纳便是其中之一。非但如此,经公爵牵线,香奈儿还和日后的英国首相温斯顿·丘吉尔搭上了话。为了把商业帝国开进英国,她开始注重跟丘吉尔等英国军官的往来。

1940年,法国在纳粹的铁蹄下沦陷,年近六旬但依然魅力十足的香奈儿又有了新的伴侣——德军情报组织"反间谍机关"高级特派员汉斯·丁克拉格。此人直接向纳粹宣传部长戈培尔汇报工作。

法国国防部档案发现的一批官方纳粹文件显示,香奈儿曾经被纳粹军方情报局阿博维尔雇佣,她的特工代号是:F-7124。香奈儿也给自己起了一个代号威斯敏斯特,这正是她20年前的一位情人名字。

德国节节败退之后,纳粹政权还指示香奈儿给"老熟人"丘吉尔去信,试图为"单方面和谈"疏通管道。1943年12月,香奈儿乘车前往马德里,认为自己可以利用与丘吉尔的关系达到停战的目的。她在那里约见了英国大使馆的熟人,通过英国使馆工作人员之手向丘吉尔转交了一封信,说希望与他会面。但这个计划失败了,或许丘吉尔正愁于二战一事,觉得自己没有时间与一个时尚设计师讨论政治,又或许丘吉尔十分谨慎,生怕中圈套,便一口回绝了香奈儿的请求,使德国的企图没有得逞。

# 人生逢九必出事？

□胡雯雯　毕梓楷

不少人喜欢在辞旧迎新之际给自己做个总结,再列出新计划。但最近有研究者发现,这种现象在即将跨入新一个十年的人身上会尤其突出。也就是说,每逢年龄到29岁、39岁、49岁……的人,往往会作出一些给人生带来巨大转折的决定,比如说开始跑马拉松,或是寻找外遇,抑或自杀。

这份报告最近刊登在美国《国家科学院院刊》上,由美国纽约大学和加州大学洛杉矶分校的研究者共同发表。"我们最初从 World Values Survey 调查机构的数据库中,分析了100多个国家42,063名成人填写过的关于人生意义的问卷"。研究者之一,加州大学的试验社会心理学家哈尔·赫氏菲尔德解释。"我们发现,即将跨入新十年的人,最倾向于思考人生的意义到底在哪里,并作出一些改变,比如参加马拉松或在外遇约会网站上注册。"

于是,哈尔和纽约大学的奥特·亚当先从 Ashley Madison,一个美国的知名约(偷)会(腥)网站入手,分析了其中八百万注册男性用户的资料,发现年龄到达29岁、39岁、49岁、59岁的人,比其他年龄的人注册几率要高出18%,这些年龄点的注册用户的人数接近一百万。女性注册者的数据也有类似倾向,但没有那么明显。

然后,他们开始研究2000年至2011年间,美国疾控中心登记的十万人口自杀率,发现在25至64岁的男女性中,年龄逢九的自杀者,比其他年龄的人自杀率要高出2.4%。

从耐力跑赛事网站 Athlinks 上得来的数据,统计结果也很有意思:年龄为29岁和39岁的跑者,成绩

二战结束后,香奈儿却没有像其他与纳粹来往的法国名流一样遭到逮捕和审判。据传,这也是丘吉尔暗中干预的结果。

逃过牢狱之灾的香奈儿继续过着奢华的生活,统领着她那庞大的时尚帝国,直到1971年1月10日与世长辞。当时的法国第一夫人克洛德·蓬皮杜本想为她举行盛大的葬礼,但由于一份对香奈儿不利的历史档案意外泄露,该计划最终胎死腹中。

(摘自《参考消息》2014.12.31)

比他们在这个年龄段之前或之后两年都要好，成绩会高出2.3%左右。另外，研究者随机抽取了500名初次参加马拉松的人的资料，发现年龄逢"9"的人数比其他年龄的要多出25%。

为什么会有这种现象呢？纯属巧合，还是背后有某种心理或社会学因素作怪？

研究者们认为是后者。"人们总喜欢说中年危机，好像人到了四五十岁才会突然反思人生，作出转折性的决定，其实这是一种误导。"研究者奥特解释，"当我们投入到一件事里面，通常会埋头苦干勇往直前。而当人生即将进入每个新十年时，我们往往会停下来，审视一下自己到底做了些什么，人生是不是过得有意义。"

我们的文化喜欢强调30岁、40岁、50岁、60岁这些年龄节点，甚至将其神化为"人生里程碑"。当日渐衰老时，人们会加强这种所谓里程碑的迷恋。马拉松的统计数字就说明了，年龄逢9的跑者，显然更容易下定参加比赛的决心，或是增强了训练程度。其实，29岁或39岁的身体状态，跟前后一两年是不会有太大区别的。

这种现象也可能是出于人们对平头数（百、千、万等不带零头的整数）的迷恋。2011年的一个研究发现，参加美国高考的学生中，成绩没有达到平头数（比如1899分）的学生比成绩超过平头数（1801分）的更可能参加重考。回头看马拉松比赛的数据，9百万马拉松参与者里面，大部分人的完成时间都聚集在诸如4:00、3:30的平头数，这意味着他们都在有意无意地往这些时间节点靠拢。平头数让我们有干净和整洁的心理感受，而且给予我们一种单号数无法提供的决心。

哈尔认为，如果纯粹是出于对数字的交代，我们最好清醒一下。"到底是因为你确实有这种需求呢，还是纯粹因为年纪到了某个关卡，觉得应该意思一下，抓住青春的尾巴或是弥补某种缺失？"

"我们不是说在其他年龄点的人不会做重大决定，但我们还想进一步研究，为什么有些人会选择出轨或自杀，而有些人的选择则更健康有益。如果能搞清楚背后的心理因素，也许可以引导人们在面临人生某个转折时，作出更健康的选择，比如激励自己戒烟，开始为退休存钱，或是追求更均衡的饮食。"

他们的研究也发现，临近新一个年龄段的人们，花起钱会更豪爽，一些大宗消费都集中在这个时段，比如买人身商业保险，投资退休金账户，开始储蓄，做整容等。"所以，我们也想通过研究来帮人们认清自己的消费冲动，作出理性的选择。"当然，也许商家们会对这个研究更感兴趣，看看有什么理由可以鼓励大家花钱花得更大方。

（摘自《南都周刊》2014年第45期）

# 人类存在的意义

□薛 巍

## 人类是一个情绪不稳定的物种

一般来说，人类存在的意义涉及价值判断，是哲学的领地。但威尔逊却一反传统，提出哲学乃至人文学科只能回答是怎样的事实问题，科学才能回答为何如此的问题。他说，科学和进化论是理解人类存在意义的基础。虽然他呼吁科学和人文携起手来，但显然他相信人文学科只有接受科学的权威，才能加深人们对存在意义问题的理解。在他看来，人类存在的意义是：虽然人类只是进化链条上偶然出现的物种，是随机变异和自然选择的产物，但是我们现在已经是"地球的头脑"，有拯救或者毁掉它的能力。

在收拾人文学科之前，威尔逊首先推倒了宗教，否认了造物主的存在。他说，在"意义"一词的日常用法中，它意味着意图，意图意味着设计，设计意味着设计者。任何实体和过程都是设计者头脑意图的结果。这是宗教的哲学观，认为人类是为一个目标而存在。个人在地球上的存在是有目标的，人类和个人都有意义，但意义还有第二种更广泛的含义。意义之源是历史的偶然，而非一个设计者的意图。没有预先的设计，只有相互重叠的因果之网。历史的展开只服从普遍的宇宙法则。每件事都是随机的，但又都会有改变后面的事件的可能性。这种意义概念是科学的世界观。随着更复杂的生物体的出现，有机体的行为开始包含有意图的意义。不管有没有意识到结果，蜘蛛织网的意图是捉苍蝇，这就是蜘蛛网的意义。人类的每一个决定都有着有意识的意义。但做决定的能力，这种能力如何、为何会出现，以及随后的结果，都是人类存在以科学为基础的意义。

威尔逊根据他的群体进化理论，提出了他的人性论：群体进化决定了人类在群体内部是相互竞争的，但在跟其他群体竞争时，群体内部需要相互协作。因此，人类的本性不是邪恶的。"我们有足够的智力、善意、慷慨和进取心，去把地球变成一个天堂。问题是我们天生是一个功能失调的物种，进化使得我们适合打猎和采集的生活，进化给我们带来的特征在全球化的都市和科技社会，日益成为障碍。我们好像不能实现统筹稳定的。进而，世界上的许多人仍受到部落性质的宗教的支配,我们对部落冲突上瘾。我们专心于保护自己的余生,继续破坏自然环境。我们很难去关心自己的部落或国家以外的人,关心其他动物就更难了,除了狗、马等少数几种被我们驯服为听话的伙伴的动物。"

进化导致我们的情绪反应很不稳定。"我们的情绪总是在持续、令人眼花缭乱地变化着:傲慢、攻击性、竞争、愤怒、报复、贪财、奸诈、好奇、冒险、宗派、勇敢、谦卑、爱国、同情和爱。所有正常人都是既可耻又高贵,经常是相互交替,有时是同时如此。"但爱德华·威尔逊认为,我们应该去保持情绪的不稳定,因为它是人类品性的本质,也是我们的创造力之源。为了计划一个更理性、避免灾难的未来,"我们需要用进化论和心理学的概念来理解自己,我们要学会守规矩,但永远都不要想着驯服人性"。

威尔逊生动阐述了进化对我们天性的影响。他说他有轻度的蜘蛛恐惧症。他不敢摸蜘蛛,哪怕明知道它不会咬人、即使咬了也没有毒液。8岁时候他被一只突然扭动的蜘蛛吓了一跳,如今他有了许多生物学知识,但仍然不敢碰蜘蛛。他说,人类之所以害怕蜘蛛、蛇、狼、流动的水、密闭的空间和大群陌生人,是因为这些都是几百万年前早期人类会遇到的危险。我们的祖先在峡谷边猎取食物、不小心踩到毒蛇、遭遇敌对部落的抢劫时会面临受伤甚至死亡。最安全的办法就是记住要怕这些东西,看到它们后,不假思索就能果敢地采取行动。相比之下,汽车、刀子、枪和过量摄入食盐与糖是如今人类主要的死因。但我们没有避免这些东西的先天倾向,因为它们存在的时间不够长,我们还没进化出这些倾向。

## 科学与人文

威尔逊说,如果有外星人能来到地球,他们的科学一定很发达才能使他们来到地球,所以人类的科学肯定不如他们,对他们来说,人类身上有学习价值的是人文学科。"科学和人文说的和做的有着根本差异,但从源头上说它们是相互补充的,都源于人脑同样的创造过程。如果科学探索、分析的力量能跟人文学科反省性的创造携手,人类的存在将变得更有创造性、更有趣。"

威尔逊认为,需要发起一场新启蒙运动。在17和18世纪,启蒙运动的学者们用科学法则解释宇宙和人类的意义,他们相信,学术的分支可以借助因果网络统一起来。但到了19世纪初,这一梦想衰退了。首先是因为科学家虽然以指数级的速度做出新的发现,但离满足启蒙思想家的乐观主义期望还差得远。其次,科学发现的不足导致浪漫主义者们拒绝启蒙运动的世界观,从其他更加个人的地方寻找意义。科学永远都接触不到人们通过创造性艺术感受和表达的东西,从那时起,科学和人文就分道扬镳了。物理学家仍然会演奏弦乐四重奏，小说家也会写书思考科学揭示的奇观，但这两种文化被认为是相互独立的。现在重新开始追求科学与人文的统一，是有价值的，也有实现的可能。其价值在于科学与人文的统一有助于解决宗教冲突、道德推理的含混，以及人类的意义。最成功的科学家像诗人一样思考（广泛、狂放），像会计一样工作。

70年代末，社会科学家的倾向基本上是人文学科。他们流行的观点是，人类行为的起源基本上是文化的，而非生物的。到20世纪末，这一倾向转向了生物学，如今大部分人相信，人类行为有强烈的遗传学成分。威尔逊在新书中宣称，现在该提议统一科学与人文这两个学术的两个大型分支了。但威尔逊所说的统一实际上更像是人文屈服于自然科学。他说他希望看到哲学的重生，但他的意思是哲学要学会问生物学家问的问题。他说大约50年前，当逻辑实证主义者放弃哲学时，哲学就死了。现在哲学只是在回顾哲学史，而哲学史包含的主要是失败的大脑模型。我们需要新哲学，以对人类的起源和意义的科学理解为基础的哲学。但一些例子证明，现代科学认可了以前一些伟大哲学家的洞见或直觉，比如亚里士多德所说的人本质上是政治动物，对此威尔逊的理论提供了科学基础。

威尔逊预测，神经科学家不久就能确定意识的生理基础，揭示出我们的情绪和思想的物质过程。如果心灵只是物质过程的副作用，产生于一系列的因果链条，那意识、自由选择就只是一种幻觉。威尔逊说："相信自由意志是生物学上的适应。"它使我们免于陷入宿命论。相信我们能够控制我们的生活，我们就可以不断地繁衍后代。但是在完全受物理法则统治的宇宙中，自由意志在现实中并不存在。那规劝人们接受进化论、保护物种多样性、避免种族冲突还有什么意义呢？我们怎样才能有意识地改变我们的行为和信念？这说明威尔逊对人类前途的乐观主义也是源于信念而非理性。

（摘自《三联生活周刊》2014年第49期）

## 今日说法

在消费社会中，所有的商店与服务网点都像是药店，获得这些商品是幻想这样能够抚慰不适或痛处。无论待售商品的表面用途是什么，大多数商品都像是药品，无法知道自己正确与否的不确定性促使你不停地重返那些消费主义的"药店"。

——英国社会学家齐格蒙·鲍曼论消费主义。

# 国民奴性如何产生

□杨 玲

当前,舆论界对中国国民奴性的认识,均有所偏颇,主要表现在两方面:一是大骂国民品性,而未深层考察奴性产生之根源;二是片面认识"奴性",谈"软骨头"者不谈"贱骨头",谈"贱骨头"者忘提"软骨头",更有甚者,认为国民奴性中的"贱骨头"和"软骨头"是一码事。其实不然,二者差异甚远。本文旨在更为全面地探讨中国国民之奴性,并对其产生之缘由进行深入分析。

## 两种奴性

何谓奴性?就当前社会对"奴"字的认识来看,主要集中在两方面:一是低三下四、逆来顺受之类,二是拜高拍马、阿谀奉承之辈。如此一来,"奴"字包含了两层含义:一为"奴隶",二为"奴才"。按此分析,"奴性"可解释为"如同'奴隶'或者'奴才'一般的品性"。

当然,如此简短定义略显不足,欲进一步理解"奴性"含义,需将"奴隶"和"奴才"作详细区分。"奴隶"和"奴才"的区别有三:第一,人们对其所持的态度不同。"奴隶"唤起的多为同情之心。"奴才"与之相反,不仅不能引起众人丝毫同情,更会招致讽刺贬责、切齿之恨;第二,二者所持目的不同。奴隶是处于被统治的无奈心理,为了保全自身而不得苟活。奴才是谋取一己之利而拜高踩低、趋炎附势、损人利己;第三,"奴隶"与"奴才"所具有的品质存在较大差别。奴隶是安分作为、隐忍不幸命运,寄希望于来世的苟活者。奴才却是自恃几分"才能",贪财图利、厚颜无耻、做事毫无原则可言的自负小人。由其差别可见,可谈中国国民的奴性,需将"奴"字的两层含义分开讨论。

## 麻木的奴隶

对产生"麻木的奴隶"的原因的探讨,也就是对中国国民保守性根源的探讨。国民持有如此牢固的保守性的原因包括如下三方面:

第一,以农耕文化为主的小农经济,是产生保守性思想和行为的重要缘由。农耕文化具有天然的稳定性,它使人们生活安定,较少进行迁徙流动。千百年来,祖祖辈辈在同一片土地上生活劳作,生存所需的生活生产经验代代相传,无须创新。小农经济的稳定性造就了一批

"重稳求安"的保守民众。此外,农耕文化还促使了"天命观"的形成。古代社会生产条件落后,农业收成受天气影响大。可以说"靠天吃饭"是"天命观"的重要成因。再次,小农经济带来人际往来的封闭性。自给自足的家族生产生活方式促使社会交往相对较少、社会关怀淡薄。"各扫自家门前雪,哪管他人瓦上霜"成为封建社会小农情怀的重要组成。

第二,我国封建社会的等级制度,是造就"麻木奴隶"的第一要因。首先,封建等级制度对政统产生了巨大影响。它将君王立于整个金字塔的顶端,造就了封建君主专制的政统形式。封建君主专制有两大要义,一是君主对生产资料的绝对占有,二是依附在生产资料拥有权之上的权力垄断。"普天之下莫非王土",要获得生产资料以求生存,必须顺服于君王的统治。"率土之滨莫非王臣",更加显现出民众的生命也为王的依附财产,可随意处置,所以"君要臣死,臣不得不死";其次封建等级制度也深刻影响着道统。等级礼法的设立,为人们的生活制定了各种条条框框。长期在条框规定下安分生活的民众就会产生具有保守特色的潜意识,最终在不知不觉中为自身的保守性束缚。

第三,我国传统文化的负面作用致使民众的保守性一直存在。一是传统儒文化的集体主义文化色彩促进保守性的形成。集体主义的强化以个体个性削弱为代价。在大集体中,个人作为集体成员的一分子,一方面自己恪守着集体的行为要求(即上文所提的礼法),另一方面又充当着监督他人的角色。所以,历来的起义造反很难成功,因为多有告发之人使之难产;其次,我国传统文化具有较强驯服力。在大东亚文化圈中,凡是受我国传统文化影响较深的国度,如日本、朝鲜,其国民性格都是以保守、静态、依赖、安息、消极为底色的。

## 狡诈的奴才

为何有史以来的"奴才性"具有如此之强的生命力,笔者认为,最根本的透露出在道统与正统的关系问题上。上文已提到,我国封建社会由道统和政统共同治理。但除此之外还有必要进一步认识到,在封建社会中,道统是让步于政统的。道统对政统的让步,让封建礼法对封建君主的束缚力形同虚设,致使人治一直大于礼治。天下还是最高统治者随心处置的天下。这直接引申出两大后果:第一,人治天下,法如虚设;第二,礼法沦为冠冕堂皇的摆设,沦为人治的附属品。

"人治社会"与"法治社会"对个体具有不同的塑造作用。在严格的法律治理的社会中,个体可以保证在法律允许的范围内,通过个人努力实现自身发展。法的稳定性可以带给人们更多的安全感,个人不易产生依附他人的消极思想。法治社会下的个体,容易保持正直、上进、有原则的品质;与之相反,人治社会中法律形同虚设,法的实质不是原则性的规则,而是统治者的意志。"王法"一词表明,在古代"王"就有等同于"法"的性质。一个人的生存发展可由"王"或者"王的辅助者"——"官老爷"来决定。在"王法当道"的社会,人们难免需要几分谄媚技能以求生存和发展。此种情况,官场尤甚。历来以谄媚之技获取高官厚禄之辈数不胜数。

在注重德性修养的古代社会,"狡诈奴才"的成就存在反映出了封建礼治的最大悲哀——道统让步于政统。实际上,在封建社会,为礼法伸张的道统也曾在西汉初期有过一时风光,但结局仍是相当凄凉。欲以鬼神胁天子的董仲舒到最后死得极为悲惨。人治借助专治君主的实力将礼法打得一败涂地。不仅如此,礼法之词甚至沦为了为人治喝彩的奴隶。行贿受贿被称为"礼尚往来",拜高拍马的谄媚者被赞为"识时务者"。何等荒唐!

礼治的屈服,法治的虚设,直接导致权力监督体系的缺失。"狡诈的奴才"正是在道统让步于政统的社会中,由"经济理性"和专制体制所孕育的怪胎。

(摘自《半月选读》2014年第23期)

# 为什么人民币没有3元

古今中外在钱币面额上使用得最多的是 1、2、5、10 这 4 个数字。一般来说,一个国家在确定钱币面额等次时,最高面额与其他各种面额之间是整倍数的关系。

货币面值是依据数学的组合原理来设计的。在 1~10 里,有"重要数"和"非重要数"之分,1、2、5、10 就是"重要数",用这几个数能以最少的加减运算得到另外一些数,如 $1+2=3, 2+2=4, 1+5=6, 2+5=7, 10-2=8, 10-1=9$。其余的就是"非重要数",而如果将 4 个"重要数"中的任一个数用"非重要数"代替,那就会出现有的数要两次以上相加、减才能得到,这样就比较烦琐,日常使用太不方便。

从概率学的角度看:在 1~9 的各种数字排列组合中,3 的出现概率最多只有 18,而 1、2、5 出现的总概率则为 90。如果使用"3"面值的币种,在流通中呈现的概率约为 16.7%,证明以"3"为面值的货币在实际流通中找零替代的作用并不显著,反而会使货币的票面结构有失衡之感。

(摘自《百科知识》2015年第1期)

# 中国核潜艇的第一代设计者

□姚明勤

1970年12月26日,即毛泽东主席77岁大寿这一天,中国第一艘核潜艇在渤海湾下水。

1958年,中国海军在二机部原子能研究所研制压水堆的同时,组织专门机构研制隐蔽性和机动性能好、航速快、续航力大、潜航时间长、攻击力量强的核潜艇。

1970年12月26日,即毛泽东主席77岁大寿这一天,中国第一艘核潜艇在渤海湾胜利下水。

## "核潜艇,一万年也要搞出来"

当时条件很差,一无技术资料,二无必要的实验设备和现代化的计算工具,设计第一艘核潜艇,全凭大家的苦干精神和创造力。按照核潜艇的实际需要,根据国外公开的数据,研究人员反复研究、计算、论述,终于在1960年6月完成了方案设计第一稿。

令人高兴的是,完成的《〇九方案设计(草案)》,更多的是着眼于将来如何把反应堆、核动力事业建设好。

1961年深冬,在中南海怀仁堂召开了中央军委和国务院一些部门领导出席的不寻常会议,讨论中国核工业的建设和发展问题。

会议刚开不久,就陷入了僵局。国务院主持经济的领导同志站在全国经济工作的第一线,艰难地支撑着一个6亿人口大国的吃饭穿衣。面对"大跃进"留下的难以收拾的烂摊子和自然灾害造成的巨大损失,国家急需"输血"。他们担心再拿大笔资金发展核武器会增加国家负担,影响经济复苏,因此建议"暂缓"。

老帅们则从中国的国际地位和世界战略格局考虑,认为只有尽快拥有原子弹、导弹、核潜艇,才能早日确立我国在国际上的大国地位,中国说话才能有分量,也才能从根本上冲破以美国为首的西方国家对中国实行的封锁制裁及核威慑。

在两派意见僵持不下时,刘少奇、周恩来、邓小平认为:不应过于匆忙做出上马还是下马的决定,而应该先将中国核工业起步的现状了解清楚,中央再按实事求是的原则做最后决定。经征询聂荣臻元帅意见,决定由任副总参谋长的张爱萍上将承担这一重大调研任务。

经过一个月的调研以及与核工程专家和技术人员的交流,调研组向中央递交了报告。报告认为,我国核工业已有了相当基础,只要中央主要领导同志亲自负责、亲自领导,1964年或1965年上半年能实现成功制造原子弹并进行核爆炸试验的目标。毛泽东批示:"很好,照办。要大力协同做好这件工作。"

由于苏联撕毁了关于援助中国建设原子能工业的协定和合同,这一工程暂缓。苏联领导人赫鲁晓夫说,中国核潜艇的设计图纸在莫斯科,不在北京。毛泽东听到这些话十分气愤,斩钉截铁地说:"核潜艇,一万年也要搞出来!"

## "〇九"宏图在磨练中雄起

为了加强海军建设,1961年海军七院成立,武昌海军预校集训了从全国各大学挑选的200多名各专业毕业生。跨进刚成立的海军七院,我和18名学员到海军司令部,参与"〇九"项目。为了充实和加强核爆炸测量任务,我与陈开惠从"〇九"工程的海军中被抽调到解放军第21研究所。后来经多次研究,将二机部搞"〇九"的50多名技术人员划归国防科委,与海军"〇九"总体室合并,建制称海军七院第15所。

1965年5月14日,我国第二颗原子弹爆炸成功,中央专委批准了"〇九"工程上马,并要求加快步伐,争取在1970年建成核潜艇陆上模拟堆,在1971年核潜艇下水。

在一、二回路的各单元、各系统、各工序的不同要求下,设计者必须尽快画出施工设计图,做好物理设计的论证和验证工作、热工水力实验,进行元件性能考验并得出结论。

当时"文化大革命"正如火如荼,人人都须"早请示、晚汇报"。但在"〇九"人看来,"忠不忠,看行动",谁搞派性、影响"〇九"工程,谁就是罪人。1968年10月,全所进行"模示堆"抓革命促生产研讨会,要求"尽快拿出'〇九'施工设计图"。

## 决战1970年

909基地(中国核动力研究设计院前身)在峨眉山脚下。陆上模式堆基建已搞三年,1969年秋,全体人员由北京搬到这里。

必须在1970年5月1日之前建成模式堆,6月1日各系统综合调试,7月18日必须达成满功率,保证年底核潜艇下水——这是基地每个技术骨干和行政负责人都知道的任务。

最使人难忘的是7月18日前后的不眠之夜。随着调试阶段关键性的提升功率时间的延长,堆功率指针移动的快慢牵扯着"〇九"工程设计者的心,也牵动着周恩来总理的心。

反应堆启动过程中需要收集大厅上层放射性实验室里放射性本底的累积资料。为此,检测仪器必须每隔一小时测量一次,人不能休息。但仪器热了,烫手,会乱计数,必须

# 十道"柏林墙"至今依然矗立

柏林墙也许是世界上最著名的隔离墙,但并不是唯一避免敌人进入或阻止自己人出逃的屏障。

不幸的是,在中国长城和英国哈德良长城之后,人类又建起了数以百计的围栏、围墙和各类建筑,目的都是实现区域或人员的隔离。柏林墙倒塌的纪念日到来之际,我们来回顾一下几十年来建起的这些羞耻之墙,其中大部分依然屹立不倒。

**一、波兰的"隔都"**

纳粹政权入侵东欧国家之后,迫使犹太人迁入隔离区,便于控制。其中最著名的"隔都"是波兰的克拉科夫和华沙,成千上万的犹太人住在高高的围墙之内。虽然这些隔离墙已经消失,但克拉科夫仍保留了其中几段,从中可以看出,隔离墙的建造外形酷似犹太人的墓碑,似乎预示着生活在里面的大部分人的命运。

**二、约旦河西岸的以色列隔离墙**

以色列的领土实际上是在围墙之内的,将以色列与邻国分隔开来。这些建筑中最著名的是在约旦河西岸修建的隔离墙。这项工程开始于2002年,完工后的长度将达到721公里。隔离墙由围墙、铁丝网和电网组成。隔离墙的修建遭到国际机构的强烈谴责,但以色列似乎下定决心要完成这一破坏了巴勒斯坦人土地和生活的羞耻墙的修建工程。

**三、墨美边境的隔离墙**

1994年开始修建的这道隔离墙同样充满争议。隔离墙的目的是阻止非法移民通过墨西哥进入美国。隔离墙不但没有解决非法移民问题,反而迫使移民通过亚利桑那沙漠等更危险的地区进入美国。隔离墙开始修建以来,这种状况已经造成1万多人死亡。

**四、斯洛伐克的吉卜赛人隔离墙**

停半小时散散热;人热了,着急,汗水向眼里流,更难受。这就是四川七月的特点,那时电扇都没有啊!

经过无数人的共同奋战,第一艘核潜艇终于在1970年12月26日胜利下水!

中国人独立自主设计、建造出的第一艘核潜艇,使中国成为世界上第五个具有第二次核打击力量的国家。

(摘自《世界知识》2014年第21期)

斯洛伐克当局在科希策等多个城市建造隔离墙，将吉卜赛人聚居区与社会其他群体分隔开。当局指出，此举为了避免住在吉卜赛人聚居区附近的人"地狱般的"日常遭遇。斯洛伐克各地共建有大约13道用于隔离吉卜赛社区的隔离墙。

### 五、塞浦路斯"绿线"

1974年土耳其和塞浦路斯战争后，塞浦路斯就被一分为二。北部由北塞浦路斯土耳其共和国控制，塞浦路斯共和国控制南部。"绿线"是指两部分之间的一个非军事区，长约180公里。目前由联合国负责管理的这一区域不仅将岛屿分成两部分，也将城市和人民分成两半，包括首都尼科西亚。

### 六、撒哈拉的隔离墙

这是西撒哈拉地区8道隔离墙的统称。撒哈拉的隔离墙全长超过2700公里，由沙子、石头、沟渠、带刺的铁丝网和雷区组成，摩洛哥当局1980年开始修建，之后不断扩建。目前有大约10万军人把守，隔离墙的目的是阻止撒哈拉居民进入西撒哈拉较富裕的地区。

### 七、北爱尔兰的隔离墙

多年以来，北爱尔兰很多城市的街道都是天主教徒和新教徒之间暴力冲突的舞台。为了避免这种冲突，1969年贝尔法斯特建起了一道隔离墙，将不同宗教信仰的人群分开。从那以后，很多隔离墙先后建起，有的高度达到6米，长度从数百米到5公里不等。北爱尔兰全境估计有上百段隔离墙，总长在20公里左右。

### 八、"三八线"

朝韩之间的分界线于1953年沿北纬38度划定，长238公里，宽约4公里。这里是两国之间持续不断的小规模冲突根源和紧张局势的焦点，这个非军事区是世界上监视最严密和最坚不可摧的边界之一。

### 九、贫民窟隔离墙

以保护里约热内卢周边山丘上的动植物为借口，巴西政府和里约当局从2009年开始在圣玛尔塔贫民窟周围修建混凝土隔离墙，后来又在其他贫民窟周围开建隔离墙。批评人士认为，隔离墙是为了将穷人社区孤立起来，与城市的富人区分隔开，市政当局将此举与缉毒斗争联系在一起，巴西政府则强调环境保护。隔离墙项目至今仍未完工。

### 十、帕多瓦隔离墙

2006年，意大利帕多瓦市政府开始建造一道高3米、长84米的隔离墙，试图将以外国人为主的一个区域隔离开，其中大部分居民是非洲裔。这道隔离墙一年之后被拆除。当局表示这是为了打击贩毒和消除贫困而采取的临时行动。在其存在的一年时间里，批评和支持之声此起彼伏。目前这一地区已经实现了城市化，但隔离墙的残垣仍在。

（摘自《参考消息》2014.11.14）

# 生物武器:用于战争的四大短板

□ 杨　益

2014年,埃博拉病毒在非洲蔓延引起世界关注,而同时让中东恐慌的是极端武装组织伊斯兰国(ISIS)的猖獗。针对ISIS放言要袭击欧美本土,有媒体担忧这个恐怖组织会用病毒制作生物武器,用于恐怖袭击。而美国专家弗朗西斯·博伊尔则宣称埃博拉病毒蔓延本身就是美国生物武器实验室造成的结果。生物武器素来令人谈虎色变,在2001年"9·11"事件后,美国频频发生炭疽杆菌的袭击,导致数人死亡,而整个世界都为之惶恐。生物武器为何这般可怕?它具有哪些类型,应如何预防?

生物武器是以生物战剂,杀伤敌方有生力量和破坏敌人战争能力的武器、器材。"生物战剂",包括立克次体、病毒、毒素、衣原体、真菌等,基本都是微生物。简单说,生物武器就是利用微生物及生物毒素来打击敌人(包括直接杀伤人员,或者杀伤敌军的动植物)的武器。

按照对人体杀伤力的强弱,生物武器可分为致死性战剂和失能性战剂。其中致死性战剂指病死率超过10%的。臭名昭著的炭疽杆菌、霍乱弧菌、野兔热杆菌、伤寒杆菌、天花病毒、黄热病毒、东方马脑炎病毒、西方马脑炎病毒、斑疹伤寒立克次体、肉毒杆菌毒素等均在其列。其中炭疽杆菌死亡率高达80%,鼠疫则在90%以上。

## 生物武器防治三大手段

现代生物武器的防治,主要包括预警体系、防控体系和疫苗库。预警体系是为了尽早发现疫情,发现得越早,控制越及时,损失越小。预警体系既需要民间卫生部门和民众自身信息反馈的有效机制,也包括各种新技术,如可探测悬浮生物战剂的新式雷达。防控体系是指对已经发现的疫情进行有效的控制,减少感染,控制损失。这其中,包括排查传染源,使用新的抗体技术,有效的防护服、防毒面具,并采取措施,紧急隔离感染人员,杀灭可能传染的鼠类、昆虫、鸟类等。而疫苗库则是预先储备和及时更新疫苗,通过疫苗来对抗致病微生物。

## 生物武器战争
## 影响力下降四原因

生物武器虽然有着种种可怕的"特长",但它也存在大量短板。首先,生物武器的攻击生效周期较长。从生物武器投放到感染、大面积爆

# 移民外星还要多久

□蔡文清

"地球是人类的摇篮,但人类不可能永远生活在摇篮中。"这是俄罗斯火箭专家、宇航理论先驱齐奥尔科夫斯基的名言。

**你是火星人,还是地球人**

假如未来地球环境恶化,人类不得不迁移,那最有可能的迁徙地目前来看是地球的邻居"火星"。火星是地球轨道外最靠近地球的行星,离地球的距离仅次于金星,也是太阳系中离太阳最远的石质行星,与地球最为相似。火星周围有稀薄的大气,上千条干涸的河床。由于火星的特殊位置,以及大小、环境与地球最相近,一直作为人类最佳的太空移民场所而备受关注。

多年来,美国、日本、俄罗斯和欧空局共发起30多次火星探测计划,其中的三分之二任务都以失败告终,不过这些任务拍摄了大量的火星图片,获得了丰富的火星表面数据,为以后的火星软着陆和人类登陆火星打下坚实的基础。

在一些乐观的科学家看来,虽然目前火星表面并不适合人类居住,但人类有信心对它进行"地球化"改造:在1000年或更多的时间里历经系统改造,火星颜色从红色转为绿色,最后终于成为与地球一样的蓝色星球。

经过前几代火星移民的艰苦努

---

发,存在一个时间周期。这一方面增强了隐蔽性,使之早期不易发觉;另一方面也给了对手反应时间,只要及时注意到种种征兆,或者在发病之初及时应对,完全可能将损失控制下来。

其次,生物武器的使用受到诸多限制,温度、大风、气候都会影响投放效果。

其三,随着科技发展,战争的维度不断提升,战场瞬息万变,战争更大程度上是对物质、能量、装备、数据信息的有效处理。这就使得以直接慢性杀伤人畜为手段的生物攻击对战争的影响力进一步下降。

其四,生物武器使用成本很高。为了保证生物武器不伤到自己人,对其进行存储运输是极为头疼的事情,一旦发生本土泄漏,就是搬起石头砸自己的脚。

(摘自《北京晚报》2014.11.26)

力,火星人终于在火星上站稳脚跟,第一个"火星宝宝"可能会在移民成功的一两个世纪内诞生,几代之后的火星居民可能会在外观,至少在身高上与地球人有明显差异,假如火星人前往地球探望远祖的故乡,可能会出现强烈的不适反应,他们的心脏、骨骼和大脑都无法适应突然增加了将近两倍的重力,在地球上长时间的超重状态对火星人生理结构是很严重的负担。所以火星居民很大程度是不可能再返回地球,未来人类可能会分为两支:地球人和火星人。

**外星人,真会欢迎我们吗**

作为宇宙中孤独的生命,人类一直在尝试与外星生命取得联系。1972年和1973年"先驱者"10号和11号飞船在升空时分别携带了一块镀金铝板,绘有人类信息图:一个男人和一个女人站立在太空飞船前,男人做出问候的手势。在图案下方是太阳和九大行星的图案,其中的第三颗行星"地球"正是这个太空船的家乡。

为了与外星生物沟通,美国航空航天局以先驱者姊妹船的例子为基础,为后来发射的"旅行者"1号和2号探测器设计了更加复杂及详细的讯息板———一套"地球之声"的铜质镀金唱片。它的内容包括用55种人类语言的问候语和各类音乐。

著名天体物理学家斯蒂芬·霍金曾警告,不要努力去寻找外星人,应该尽量避免与它们接触,否则有可能给人类带来灾难。在霍金看来,在宇宙的很多地方,外星人肯定存在,不只在行星里,还有可能存在于恒星的中心,甚至可能漂浮在星际空间。他说,有1000亿个星系,每个星系含有数亿颗恒星,如此之大,地球不可能是唯一拥有生命的星球。

(摘自《北京晚报》2014.11.23)

# 今日说法

十一的饺子十二的面,十三号快递满街串;十四试衣服十五换,十六号抓狂跟卖家干;十七给差评不服软,盼着十九号给退款;二十号手欠比价钱,居然竟比双十一还贱;数数于余额宝的小数点,看着一屋子的洋破烂,想想到月底只能喝稀饭,恨当初为何不把手砍。

——网友调侃双十一购物。

导致近视最大的因素是缺乏户外活动时间,暴露在日光下有助于视网膜释放一种降低眼球轴长增速的化学物质。

——《经济学人》说,中国近视的孩子多是因为他们中午午睡而不是在外面玩耍,而且年龄越大待在室内的时间越长,这倒不是因为环境污染。

# 武康路:百年沪上名人路

□陈 洋

"走进这里,不会写诗的人想写诗,不会画画的人想画画,不会唱歌的人想唱歌,感觉美妙极了。"80年前,面对武康路的美景,一代大文豪萧伯纳如此赞叹道。

1933年2月17日,英国剧作家萧伯纳乘坐英国皇后号游轮抵达上海,在蔡元培、杨杏佛、鲁迅等人陪同下,去福开森路393号的世界社礼堂,出席国际笔会中国分会的欢迎会。会后,萧伯纳在福开森路(后改名为武康路)散步。虽然他只在上海停留了短短一天,却为武康路留下了这样一句意味深长的评语。

## 租界扩张筑路

武康路位于上海市徐汇区,由上海法租界公董局修筑于清光绪三十三年(1907年)。据《上海市徐汇区地名志》记载:"该路原名福开森路,以美国人福开森姓氏命名。1943年改现名武康路,以浙江省旧县名命名。"

这福开森又是什么人呢?

清末洋务派大臣盛宣怀受李鸿章之托督办南洋公学(上海交通大学前身),苦于找不到熟谙现代大学管理的人才时,巧遇加拿大传教士约翰·卡尔文·福开森在上海逗留,遂聘其为"监院"(相当于教务总长)。为方便教授们从市区乘坐马车到校上课,福开森自掏腰包修筑了从南洋公学到静安寺善钟马房的马车道。这条新辟的乡间小路沿着村庄、河道和田埂的自然走向筑造,当时并没有确切名称。

1907年,汽车进入上海,上海原先的一些土路已不能适应汽车行驶的要求。为改变状况,法租界公董局在租界内外筑路中,拓宽和修整了这条土路,局部取直,并把土路铺成煤屑路,增加了路面的硬度,还将其与西面的徐家汇路直接打通,使其不仅可以通马车,还可行驶汽车。

其时,法租界公董局因扩张地盘,与英、美等国争持不下,又因筑路与四明公所(宁波会馆)迭起冲突,而致血案。当时的两江总督刘坤一与福开森有私谊,即遣福开森以中方划界委员之名,协助上海道台余联沅办理租界扩充一案,兼办四明公所善后事务。福开森这趟差办得不错,法租界公董局亦得了利。为旌其功,法租界公董局便将此新筑马路命名为"福开森路"。

1914年,福开森路所在的西区

正式被划入法租界。随着法租界扩展,法国第一任驻沪领事明梯尼按照当时西方最先进的城市建设理念,实施了福开森路沿线的整体规划,并以福开森路为中心,将这一规划逐步向周边推进,很快形成了以福开森路为标志的法兰西社区。在这片远离嘈杂市区的幽静之处,欧洲人陆续建起各式风格迥异的洋房小楼,偏安一隅过起恰似欧陆本土的恬静生活。住在这里的都是西方派驻沪上的官员和高级管理人员,福开森路成了西方列强在中国的国中之国。

1937年,淞沪会战爆发,经过3个月的浴血奋战,上海最终被日军攻陷,以福开森路为中心的法租界进入了为期4年之久的孤岛时期。来自各地的商贾富豪携巨款涌进这里躲避战乱。由于游资的日愈增多,市面得到了畸形繁荣,人口膨胀之后,一些富商又开始了建设投资,在福开森路周边修建了大批新式里弄,福开森路由此进入了一个新的发展时期。

## 汪伪重新命名

1941年,太平洋战争爆发,侵华日军占领上海法租界,福开森路陷落。1943年,法国宣布放弃以福开森路为中心的法租界,汪伪政府乘机宣布"接收"法租界,并将福开森路所在法租界改称为上海市特别第8区。

汪伪政府的"接收"不被国共两党及国际社会所认可,也不为国内民众所接受。周佛海及汪伪上海市市长等人提出了应对之策,建议汪精卫把"接收"的租界内的200多条以外国人命名的马路,全部改成以中国各省、市及部分县级行政区域名称命名。这样做有几大好处:一是显示了汪伪政府的独立、尊严和民族气节,可以摆脱汉奸骂名;二是借助全国人民反殖民地激愤之力,通过改换马路名称,赢得民心,造成"接收"的既成事实,以堵住重庆方面的嘴;三是换上各省、市地名后,这些马路的名字将会永远存在,名垂青史。

方案形成后,汪精卫只对福开森路等几条重要马路给予关注,他凭自己多次途经武康县(今浙江德清县)上莫干山留下的美好印象,对周佛海说,武康莫干山在山区,福开森路在大都市,但环境和氛围极为相像,不仅洋人喜欢那里,上海滩的政要富商都喜欢往那里跑,福开森路就以武康命名吧。

武康路从此就在上海滩叫响了。

此后,这条马路的名称一直沿用,未被更改;即便是在"文革"时期,全国不少城市的街道都被换成与革命有关的称谓,这里也不曾有过任何变动。

## 名人旧居荟萃

武康路长1183米、宽12~16米,整条路呈弧线、大致为南北走向,北起华山路,可见晚清重臣李鸿章的丁香花园,南至淮海中路接天平路、余庆路,与宋庆龄故居相望。

永不拓宽的武康路上,梧桐婆娑,有分量的名人故居密度较高,有约30处名人旧居。沿线西班牙式、法国文艺复兴式等风格的建筑极富特色,这里也是上海中心城区最具欧陆风情的街区之一:它既风云变幻,又雅致清幽;既有浓郁的欧陆风情,又不失传统风骨。那些叱咤旧上海的达官贵人、军阀政要、洋商富贾、名流学者纷纷寓居于这里,他们显赫的身份和发生的故事几乎就是中国近代历史风云变幻的一个缩影。

沿着武康路缓步慢行,仿佛穿越上海滩百年的时光隧道。

武康大楼

武康路与淮海路交界处的武康路858号,有一座犹如起航巨轮般的建筑——武康大楼,它是武康路的标志性建筑。

武康大楼旧称诺曼底公寓,这个名称和二战中盟军登陆的诺曼底半岛毫不相干,而是为了纪念一战中法国的一艘著名战舰"诺曼底"号。该舰战功卓著,后被德国潜水艇击沉。

诺曼底公寓由法商万国储蓄会于1924年投资建造,请匈牙利著名建筑设计师邬达克设计,是邬达克的早期作品。大楼为法国文艺复兴式建筑,是上海最早的外廊式公寓建筑,楼高9层,坐北朝南。一二两层处理成基座,连续半圆券廊,水泥仿石墙面;3~7层为清水暗红砖,典雅古朴,第3层还特别有三角形的古典山花窗楣;第8层则处理成檐部,仍为水泥仿石外墙。虽然在法国有很多类似风格的建筑,但假若把武康大楼搬到巴黎,它仍是一件不可多得的建筑精品。

黄兴故居

武康路393号是我国近代民主革命家黄兴的故居,人称"黄公馆"。该故居早期部分建于1912年,属新古典主义建筑样式;后续部分建于1933年,为装饰艺术派风格。

1912~1916年,黄兴曾居住于此。孙中山亦多次借宿这里商议革命,并将此地作为途经上海时休息、开会、会见客人的场所。

黄兴过世之后,"黄公馆"几易其主。

13年后,这里迎来了国民党四大元老之一的李石曾。李石曾曾留学法国,倡导"教育救国",是周恩来、邓小平、陈毅、聂荣臻等大批有志青年赴法勤工俭学、寻求救国之路的发起者和组织者。

1932年,蔡元培、吴稚晖等在此创办上海国际图书馆,它是日内瓦中国国际图书馆的分馆,也是中国第一家国际专业图书馆。1937年,图书馆迁往北平(今北京)。

这里还曾是上海电影厂的办公楼,楼梯墙上至今还悬挂着白杨、张瑞芳、上官云珠等昔日大明星的大幅黑白照片。

### 民国总理唐绍仪旧居

武康路40弄1号,黄色洋房群被高高的竹藤围墙隔离开来,只留下一扇狭小的铁皮门。可墙内的风景是关不住的,洋房建筑的气派显然也是关不住的。这座西班牙风格的独立式花园住宅建于1932年,据称是由董大酉建筑师事务所设计。建成时,为比利时与法国商人合资组建的义品银行产业。

整座花园洋房坐北朝南,砖木结构,共3层,建筑外墙用鲜艳的乳黄色粉饰,黄色混水的拉毛墙面在阳光下格外耀眼,典雅高贵。整栋建筑最具特色的是底层入口,为典型的巴洛克风格,拱门两侧是柯林斯绞绳纹立柱,拱门上方有精致华美的西欧古典木雕刻,细腻华丽,和两侧罗马柱头的花纹相得益彰。

民国第一任内阁总理唐绍仪于1937~1938年在此居住,并在此地画上了人生的句号。当年,外界传言唐绍仪和日本特务有往来。1938年9月30日,军统杀手以古董商的身份来到唐绍仪家,将这位民国总理刺杀在血泊中。

时过境迁,如今的武康路40弄1号早已变成寻常百姓家,对信步走到这里的人来说,与其说这里曾是命案现场,不如说是一份属于历史的凭吊。

### 正广和老屋

告别了唐公馆的风云往事,从40弄窄铁门出来,向南走十几米,就看到另一座米色外墙的3层小别墅。因为大门外直立的一根根漆黑的铁栅栏,旁边矮小的红色木门也少有人进出,显得颇为神秘。从外墙的铭牌上可以了解,老屋建于1928年,原为英商正广和汽水行大班住宅。透过围墙,红瓦陡坡的屋顶上,有着红砖砌就的高高的哥特式壁炉烟囱和尖顶的老虎窗,外墙饰以暗红色的半露木构架,透露出浓郁的英伦乡村风味。

这座别墅里曾经住过一位显赫的主人,那便是英商正广和的大班麦格雷戈。正广和汽水在20世纪的上海十分盛行,这些财大气粗的洋行大班,也在那个时代风光一时。

解放后,此房被没收,作为上海市委招待所。"文革"后,全国政协原副主席刘靖基年迈回沪居住于此。

电影《色戒》中女主角王佳芝与易先生私会的镜头就是在此拍摄的。影片最后,放走了易先生的王佳芝装得像没事人一样,叫了辆黄包车,说:"到福开森路去!"张爱玲的小说里,王佳芝最后是要去"愚园路"的,电影中却改为"福开森路",也就是今天的武康路99号。

### 湖南别墅

湖南路与武康路交汇的路口,有一个气派的大宅门,终年紧闭,半个多世纪以来,很少有人进出。无论从哪个角度都无法全窥它的风貌,只知道那是一幢掩藏在浓密绿荫中的西班牙式花园洋房。1934

年春,汪伪政权财政部长周佛海买下这座花园。门前的居尔典路也随着周佛海的到来而改名为湖南路(周系湖南人)。

当时任汪伪政府宣传部次长的胡兰成曾多次和张爱玲一起到湖南别墅拜访。在一次拜访中,张爱玲听到了中统利用美人计刺杀丁默村的故事,并以此为素材写出了《色戒》。

### 意大利领事官邸

20世纪30年代的上海是花园洋房式建筑蓬勃发展的时期,人们在建筑风格上追求异彩纷呈,地中海风格即为其中一种。这种风格的建筑靓丽醒目,主要模仿希腊、意大利、法国南部等地区的洋房式样。但今日这种风格的历史建筑在上海已濒临消失,以致武康路390号在当今尤显珍贵。

武康路390号那红顶白壁的小房子,与武康路上众多老洋房格调很不一样,颇有一种海边度假别墅的感觉,透过敞廊的拱形窗洞就能欣赏到庭院里闲适的景致。

它建于1932年,平缘四坡红顶,一层东、西、南3面均有敞廊,墙角设扶壁柱,人站在敞廊下,唯一的感觉就是"别有洞天"。南立面中部三开间,半圆门廊前出,两边设弧形,环抱台阶。房屋设落地窗和阳台,平拱和圆拱的开窗及山墙上的老虎窗雅致新颖,风格独特。

390号的庭前空间颇大,庭院布局别具匠心,园内小桥流水,假山亭台,绿草如茵。这里曾是意大利驻沪领事馆,现为上海汽车集团所在地。

### 巴金故居

巴金在上海有过几十个"家",但他把最后的时光都留在了武康路113号。这是巴金在上海最后的寓所,也是他在上海住得最长久的地方。

"文革"结束后,巴金老人重回武康路113号。在这里,巴金创作了著名的《随想录》,他在书中忆萧珊、忆友人、讲真实的故事。也许正是因为武康路的宁静,能让饱经沧桑的老人沉淀记忆,记录真实。

这座小楼始建于1923年,曾为苏联商务代表处。从1955年起,巴金和女儿李小林一家就住在这里。巴金在此居住了40多年,写成了《创作回忆录》《往事与随想》《长夜》《一双美丽的眼睛》等译作及小说。

院内一株玉兰,佝偻着身子,需要靠绳子的牵引才能勉强保持站立。据说,巴老最爱玉兰,这棵玉兰还是他当年亲手种下的。即使到现在,玉兰依旧顽强地生长着。

## 文化价值永存

一座城市是一部历史,一条马路也是一部历史。

在沪上众多风景如画、韵味十足的马路中,武康路独具风韵。与其说武康路是一条马路,不如说它是一份文化遗产:这是一条反映上

# 未来,机器是否会取代人工翻译

科技博客用翻译软件来翻译硅谷资讯,大学生使用翻译软件阅读英语论文,海外旅行者已把翻译App作为手机必备应用,看样子机器翻译就要取代译员,如同机器在问答、导航、收银这些岗位做到的一样。那么,现在机器翻译究竟做到什么程度了?

**机器翻译初具"理解"能力**

理想丰满,现实亦可期。尽管现在机器翻译距离人工翻译还有一段距离,但随着技术的发展和人类对语言认知的深入,机器翻译取代人工翻译很值得期待。

单词翻译是最为简单的,就是词典在做的事情,单词与单词放在一起,成了短语也可以应付。短语和单词构成句子,不同场景下有着不同的意思,如果还要考虑这些句子在不同篇章中,基于上下文语境的意思,这对机器翻译而言就有点儿难度了。

举个通俗的例子:电影字幕的翻译大家都很熟悉,也都知道只有翻译者理解了导演要说什么,演员要讲什么,理解了故事的来龙去脉,具备对应的专业背景知识,才能带给观众好字幕。

工业界的翻译技术与它有异曲同工之处,目前尚处于能够准确翻译短语和单词,同时不断提升句子翻译质量的阶段,且逐步向精准的篇章翻译靠齐。

**句子翻译两大难题:
消歧和调序**

机器翻译尚处于"句子翻译"的初级阶段,即准确地理解每一个句子的基本意思。据百度NLP(自然语言处理技术)技术人员介绍,尽管机器翻译在句法理解上有所突破,但最大的难点还在于消歧和调序。

---

海历史文化结点的典型道路。在这条马路上,上海这座城市的历史、文化一点点沉淀了下来,留下了城市发展的印迹。

武康路曾居住过无数在中国历史上呼风唤雨的人物,他们都曾经影响着中国历史的进程。他们在这里用生命之笔书写人生或悲或喜的传奇。

(摘自《百科知识》
2014.12)

一个是顺序问题。长句子,英文的语序和中文的是不一样的,比如中文"在这张桌子上有一束花",英文是"There are a bunch of flowers on the table"。这样的不同是当前机器翻译的一大难点,机器翻译需要做到适当地调整顺序。

第二个问题是歧义问题。一个词有多个语义,比如"看"这个词,看病、看书、看球,是不一样的;打球、打赏、打牌、打脸中"打"的意思也非常不同。如果直接将句子中的"看"简单翻译为 Look 自然不行,而这样的情况又无法穷举。

消歧和调序是机器翻译要解决的最重要的两个问题。如果能够突破,机器翻译未来就可以帮助人们做更多事情。

### 机器翻译突破的杀手锏
### ——NLP 技术

业界如何解决机器翻译所面临的问题呢?不妨看看百度翻译的思路。

百度翻译的核心方案是依靠 NLP 技术。NLP 技术能够基于海量自然语言语料库,通过机器学习自动理解不同单词、短语和句式,模拟人脑思考过程去理解自然语言。

比如,为了增加更多语种之间的互译可能,百度翻译选择中文或英文作为中间语言,在其他语种之间架起一座"翻译桥梁"。由于不同语种间的语料规模不一,并且一些小语种间的直接翻译模型也较小,如果用户想要将葡萄牙语翻译成日语,通过这项中轴语技术,机器将自动从葡语——中文——日语,葡语——英文——日语等模型中识别并过滤出最优模型,进而迅速呈现最优翻译结果。

凭借 NLP 技术的深厚积累和领先优势,百度翻译在很多方面超越同类竞品。大规模语料去噪和过滤技术、基于枢轴方法的翻译知识桥接技术,使得资源匮乏的小语种翻译成为可能。此外,凭借着在中文资源上的先天优势,百度翻译还实现了普通话和粤语、文言文之间的互译。

### 机器面对情绪丰富的人类,会醉吗?

什么才是好的翻译?清末著名学者严复曾提出三个字"信、达、雅"。信是指要准确;达是指说人话接地气;雅则是指译文要词语得体、简明、优雅。最生动的例子莫过于"Bigger Than Bigger"这个口号的翻译。中国大陆版本被译成"比更大还更大",被广为吐槽,只做到"信"。香港版本的翻译"岂止于大"就备受好评。

机器翻译应该会很容易翻译出"比更大还更大"这样的结果,而要翻译出"岂止于大"这样具有信达雅风的语句自然还需要时间。

(摘自《中国新闻社》2014.12.17)

# 昔日北京的春日饮食

□李宝臣/口述　张诺然/采访整理

### 初春的麻豆腐

整个春天,初春是北京食物最短缺的时候。

炒麻豆腐是北京人在初春一种很重要的菜品。用的是羊尾巴油,先炼油脂,但不能煸得太苦,拿出来,然后下麻豆腐(和事先煮好的)青豆、黄豆、胡萝卜丁、口蘑丁。讲究的是分次往里兑豆汁儿,不然就兑水。为什么过去老北京有句话叫"炒麻豆腐大咕嘟"呢?就是说,炒麻豆腐的油要大,但一定得是微火,让它一直处在沸腾状态。随着咕嘟,随着往里兑豆汁儿或水,最后咕嘟到那油都从麻豆腐里渗出来了。在将要出锅的时候把刚才煸的那个油渣加进去,然后倒在碗里。撒青韭,浇上辣椒油,这辣椒油不是现在常见的粉状辣椒,是炸辣椒段。这是通常的炒麻豆腐。据说马连良先生家做的,极为地道。当然兑豆汁儿是讲究的,一般的都是兑水。

满洲人特别喜欢吃羊尾巴油炒麻豆腐,麻豆腐若是用素油炒,就得搁黄酱。先在油里把黄酱炸一炸,然后下麻豆腐,兑水。麻豆腐的材料还是那些,你要是没那么多种,总归得有黄豆或者青豆。出了锅也是撒青韭和炸辣椒。

过去北京旗人有种食俗叫"吃包",好多人认为"吃包"是满洲人带来的,实际上是老北京的传统吃法,明代就有。明朝宫里到了春天吃这"包儿",用的是莴笋叶,叶子大,各种炒菜拌上米饭,用莴笋叶包起来,手拿着吃。老北京炒麻豆腐也拌上米饭,拿白菜叶儿包起来的吃法,据说很受慈禧太后喜爱。

春饼、伙菜与酱肉按平中间涂香油,两张合一起,擀开成薄饼,在饼铛里烙熟,吃时揭开,内面先抹酱,再放上葱丝,搁酱肉等,再加菜,主要就是伙菜,然后卷起来吃。

"伙菜",现在流行称"合菜"。为什么要"伙菜"?就是搭伙的意思。人聚在一块儿吃饭过节,菜品必须丰富,重要的是量一定得大,为什么得有这伙菜,原因就在这儿。这个伙菜过去不是放在盘子里,是用特别大的海碗,里头就是粉丝、肉丝、豆芽、菠菜、青韭。菜品实际上就是肉丝、粉丝、豆芽、菠菜、青韭的什锦混合。

怎么做?葱姜炝锅煸炒肉丝,然后下黄酱煸炒,旗人爱吃黄酱。

这个传统应该源于宋代女真人。女真人在当时的饮食是非常粗糙的，一般就是肉大块煮熟，自行切割蘸酱或盐食用。

酱煸好后兑汤，之后下泡好的粉丝。现在的粉丝都不经煮，纯绿豆粉丝是很经煮的。待粉丝胀开，下豆芽，翻炒之后下菠菜，出锅撒黄韭。若是甜面酱不够甜，在香油之前，稍微搁上点白糖上锅先蒸，蒸完再淋香油，葱切细丝。春饼的这些菜都是在春天比较好的饮食，但基本上没有地里长的东西，都是温室种植的。

酱肉有两种，一种是你家里头自制的，一种就是到大盒子铺买。老北京说的大盒子铺实际上就是过去的熟肉店。比较有名如东四的普云楼、东华门的金华楼、护国寺的仁和坊，西单的天福号。过去交通不便，人们很难远距离购物，也没有哪一家酱肉铺能够通吃全城的。好在过去的买卖不论大小，大都中规中矩地经营，即使一个普通的猪肉铺，做出的酱肘子，味道也不错，我幼年时，居住在东城现在的金宝街一带，我家附近的椿树馆的酱肘子、熏鸡、酱鸭，做得都不错。盒子铺有一个分格的圆漆盒，你买很多样，店家给你切好码在格子里，盒子铺的优势就是熟肉种类多，可以外送。

吃春饼讲究所有的熟肉都要切成丝，其中最主要的是酱肘子，再小肚儿、炉肉、清酱肉、酱鸡、熏鸡、酱鸭、咸肉、叉烧肉等。叉烧肉有京式、南式与广式之分；炉肉实际上是烧乳猪的变种，若不是宴会，整只猪一次用不完，就取嫩猪肥瘦相间的嫩的部位，切成方块来烤，俗称"烧方"。炉肉熬白菜倒是春天里一道不错的汤菜。

清酱肉现在很少有人提起了，俗称叫"京式火腿"，制法跟火腿一样，都是选猪后腿，剡成"元宝"，先搁缸里用盐腌，也得翻缸。腌一些日子后，拿出来稍晾再往里头倒酱油，还得每天翻缸，如此再腌制若干天之所以叫清酱肉，因为老北京把酱油称之为清酱。腌完后挂起来晾干，吃的时候要煮。清酱肉吃起来的感觉比起酱肘子要硬，因为饮食讲究软硬搭配，粗细搭配。

咸肉就是盐腌猪肉晾干，跟南方流行的腊肉如出一辙。咸肉也好，腊肉也好，清酱肉也好，火腿也好，都是由于食物保鲜技术落后而产生的。我年轻时在雁北插队，难得吃上一顿猪肉，为解馋，有时与同学到大同饭馆吃的溜肉片，从来都是咸肉做的。过去火腿是美味，现在人们提倡健康饮食，大都抵制腊味与多盐，反而没什么人吃了。

总之，吃春饼主要就是伙菜，没有其他的肉类最好也要有酱肉，没有酱肉，那么就用摊黄菜替代。或者就只用粉丝豆芽素炒伙菜也是有的。

这春饼多大呢？春饼在过去一般称之为薄饼，现在很多人认为春饼就是吃烤鸭的那饼。其实不一样,烤鸭的饼小,因为只卷烤鸭那一样东西,再添点儿酱和葱丝,夹上两片鸭肉这么一卷。春饼里头有很多菜啊,一次都搁全,得十几样东西呢,若是真如吃烤鸭的那种薄饼,你想这里头才能加多少东西呀。这吃春饼讲究的就是吃"足食"。过去不管上谁家吃春饼,主人都说"多搁菜,多搁菜"。

### 春吃秋菜

北京立春后天仍然很冷,地里没有物产,过去除了皇帝,老百姓们无论穷富,都以储存菜和腌菜为主。

这初春正是青黄不接的时候,腌菜就显尤为重要了。常见的腌菜就是雪里蕻与疙瘩头了,此外还有芥菜、水萝卜、青萝卜、辣椒、柿子椒、芹菜、香菜……只要是秋菜下来的,大部分都是可以腌制的。但得等到立冬后才开始腌,早了天气热,容易坏。储存菜也是如此,储存菜多是根茎菜,大白菜是唯一能够过冬的叶菜。拿雪里蕻与疙瘩头来讲,生熟都能吃。雪里蕻熟吃可以肉炒,也有雪里蕻炒豆腐,雪里蕻炒黄豆、青豆,雪里蕻炖冻豆腐等许多样。疙瘩头生吃比较多,切丝切块切片均有,放香油或花椒或辣椒油,熟吃疙瘩头普通的就是切丝与肉丝、黄豆炒在一起出锅后放葱丝。讲究一点的,切细丝用水去咸味,攥出水分晾至潮干,然后放酱油腌,炒法也是肉丝黄豆,但只要加白糖和料酒。

腌菜的学问在"翻缸"上,到了多少时间就得翻缸,腌菜若是到了时间不翻缸散气,就容易变质。

要是天暖和了,这咸菜缸也要起黏儿,就要尽快处理剩菜和咸汤了,能剩的一般都是疙瘩头,北京有种菜叫熟疙瘩,就是因为这个咸菜缸要起黏儿了,于是就用缸里腌菜的原汤兑上水,搁上大料、桂皮等香料,煮这疙瘩头。过去好多腌菜都不怎么洗,而且这缸在室外,风吹日晒也脏着呢,要澄泥,得不断地熬煮。熟疙瘩特别咸,所以容易保存,差不多能一直吃到春末夏初,新鲜菜都陆续上来了,咸菜就变得不那么重要了。盐汤也不能倒掉,再经过过滤、熬制、沉淀,把咸汤倒在一个坛子里保存。在咸汤中浇炸花椒油,就成了吃面的咸卤,那是极咸!中国过去食物短缺,民众生活甚苦,讲究物尽其用,没有什么可以浪费的。

吃酱瓜就得稍微有点经济实力了。过去大兴秋天产一种黄瓜,瓜身有五条棱,叫"五道眉",体格小,籽少。用这种黄瓜腌制的酱瓜特别脆。旗人过去炒酱瓜,最早的时候是山鸡丁炒酱瓜丁,后来山鸡少了,就改用里脊丝炒,出锅时淋香油,撒葱丝放到瓶罐中保存,节后可以吃好多天。

### "洞"里的菜,树上的"菜"

春天是食物短缺的时候,食品

基本很少有青菜。时令的、比较新鲜的菜也无非是青韭、菠菜还有黄瓜。这几样东西其实都是"暖洞子"里育的,洞子又叫暖房,相当于今天的温室,北京在元朝时候就有,规模比较小,明代就成熟了,宫里头好多食品都是洞子育出来的。北京的暖洞子主要集中在黄土岗,在整个冬季以及"春荒"时节,这种"洞子菜"弥补了没有鲜菜上市的空缺。但是,价格昂贵,非一般人能够经常想用。那青韭,食指粗那么一点,差不多就得一两毛钱呢,我上小学时,一个学生一天的饭费才合三毛钱。青韭现在没有了,过去叫细毛韭菜,特别细,不是深绿,是浅绿色。青韭闻起来的味道也是在所有韭菜中最香的。

豆芽也是春天的主要食品。比如炸春卷,无论肉末的也好,素馅儿的也好,里面主要还是豆芽。要是素的,就是豆芽加些时令菜,比如搁点胡萝卜丝,通常要有青韭,若是没有青韭,可以搁点韭菜或者蒜黄都行。如果是荤馅,先把肉末加酱炒熟备用,包制时先放肉末再放青韭,或者搁上几根豆芽、蒜黄、韭黄,总之里头的料一定不能太多,因为春卷的皮特别薄,若是绷得太紧,容易外面炸脆了,里头还没熟。

青韭之类鲜菜是洞子里育的,豆芽是用水发的,豆腐是水磨点制成形。整个春天,自然生长的,就是清明那几天的香椿,接着是各种树芽儿,比如榆钱儿、柳芽儿、槐花、藤萝花……

榆钱儿也好,柳芽儿、花椒叶也好,都相当于是菜。比如榆钱儿糕,老北京好多人都吃过,做起来很容易的。榆钱儿从树上摘下来洗干净控干待用,可以是白面,也可以是玉米白面混和的,总之做发面的。发面使碱加白糖,调成糊状。将榆钱掺入面中或撒在表面,上锅蒸熟。还有藤萝饼,有点心铺做的翻毛藤萝饼,有饭馆如中山公园的来今雨轩的藤萝饼,有自家应时制作的,做法大概是把藤萝花摘下来,洗完后先用糖腌,然后加猪油或奶油或肥肉丁拌成馅。点心铺的方法更复杂:面粉和成猪油酥面与水油面两种,各揪成剂子,按平叠擀开,叠起再擀开,反复几次,然后包上馅料成小饼,再烤制或烙制。我小时候吃过,说实在的我不怎么爱吃。现在的人们把过去的这些东西想象化和美化了,当时人没把这些当成什么好东西,就好像现在人讲究喝各种粥,过去是穷人才喝粥的道理是一样的。树芽儿通常被认为没法吃,但在春天的北京,这些都可以成为食品,这也说明地里确实没有什么可以尝鲜的了。

作为春天的最佳食品,我认为莫过于炸酱面。这炸酱面一年四季都可以吃,但吃炸酱面的最佳时候,就是春天。因为吃炸酱面有两样东西,一个青蒜,一个香椿,春天是这两样菜刚下来的时候,菜嫩。酱要炸透,面要筋道润滑。

我小时候到一些同学家吃那个炸酱面，那酱是很咸的，在炸酱时还要放盐。为什么要放盐？这就是让你每次吃面的时候少弄点酱。过去一包酱一毛六，那就很便宜了。可一顿炸酱面一家十多口人也不够吃的。所以一定要放盐，这样每人取一点儿就够了，多了齁死你。

## "臭"的海味

黄花鱼在清朝叫"石首鱼"，过去北京吃海鱼的机会很少，甭说百姓了，第一网鱼进贡宫里头，往往都是臭的。从渤海打上来，通常得一个星期才能到北京，时间长，路途远，保鲜技术不行。当然发臭并不是说坏了。崇文门税关每年三月进贡石首鱼。清末有个吏部郎中叫何刚德，在他写的《春明梦录》提到"岁供石首例相沿，远至艰难味不鲜"，说他曾吃过御膳房做的黄花鱼，在当时就是幸事，但味道"甚逊"。因为何刚德是福建侯官人，家在海边，是吃过新鲜的，所以他认为这鱼不好。可对于北京人来说，见过的鱼就是这样的。

老北京做黄花鱼，最简单的是侉炖，就是鱼不炸，葱姜蒜炝锅放酱油兑水成汤，放大料、桂皮、花椒等香料，把鱼搁里头炖，这样省油。还有干烧、红烧、糖醋。我们现在常吃一道菜叫"松鼠鳜鱼"，据我所知，这种做法过去最早用的不是鳜鱼，是黄花鱼。北京过去一家有名的淮扬菜馆，在东安市场的"森隆"，有一道名菜叫"松鼠黄鱼"。黄花鱼从中间片开剔出大骨，皮朝下，肉朝上剔上花刀，之后用水冲一下，鱼肉上划过的纹路就散开了。再蘸上面搁锅里炸两次，出锅浇上糖醋汁。现在做松鼠鳜鱼淋的是番茄汁，与松鼠的毛色相去甚远，有负菜名。糖醋鱼可以这样整条做，也可以做糖醋鱼块。黄花鱼还有一种做法叫"炸瓜枣儿"，就是用黄花鱼肉剔骨、切块、调味、包浆炸的。还有一种做法来自江南，叫牛奶黄鱼，用猪油将鱼炸透，然后放水加白胡椒与雪里蕻滚煮，直到汤成奶白色，这道菜也别有风味。

过去的黄花鱼稍大的也就是一斤多点儿，鱼绝对不能吃一斤半以上的，大鱼的肉必是老的。

## "吃馆子"

春天倒是"吃馆子"的季节，因为青黄不接，吃馆子能稍微丰富点。那种家里趁厨房的主儿自是不必，一般的富户，家里厨房不大，备不了那么多东西，所以到馆子换口味。

饭庄向来是以鸡鸭鱼肉为主，海味也都是干货，所以不受季节影响。但要是配青菜的东西，那就不一样了，所以去吃饭也会根据季节来点菜。比如到这个时节进饭庄，你说"我来个葱烧海参！"人家跑堂就知道你是外行，肯定得照着那贵的菜给你多介绍几个菜。现在一年四季都有葱上市，那时候春天就没法做这道菜，关键是葱不行。

# 满载浪漫故事的中国爱情桥

□宋春阳

许多的故事发生在浪漫的桥上,每座桥都有一个浪漫唯美的爱情故事。也只有中国这样的文化,才能孕育出如此浪漫唯美的爱情桥。新的一年,有时间就和心爱的TA去重温这些浪漫故事吧。

## 一、西湖断桥

断桥,今位于白堤东端。在西湖古今诸多大小桥梁中,名气最大。据说,早在唐朝,断桥就已建成,诗人张祜《题杭州孤山寺》诗中就有"断桥"一词。明人汪珂玉《西子湖拾翠余谈》有一段评说西湖胜景的妙语:"西湖之胜,晴湖不如雨湖,雨湖不如月湖,月湖不如雪湖。能真正领山水之绝者,尘世有几人哉!"

地处江南的杭州,每年雪期短促,大雪天更是罕见。一旦银妆素裹,便会营造出与常时,常景迥然不同的雪湖胜况。犹记得赵雅芝扮演的白娘子,在断桥初遇时一见倾心,在断桥重逢的浪漫悲喜,令人浮想

---

春天可以吃春笋,过去北京的淮扬菜馆,材料都是靠运河从南方往这边运。春笋也是,好在它耐放。春笋若是炒不好,你吃着麻舌头。所以炒春笋必须油要少,先煸,煸透了,把它的那个麻劲儿给煸出来。

还有烧鸭豆芽。烤鸭烤完了总有卖不完的,那就做成丝,然后炒豆芽。这豆芽一定要两头掐,所以叫"掐菜"。为什么要两头掐去呢?一个是为了美观,而且豆芽的头也没什么营养,根部的须子又长,所以过去讲究的是炉鸭掐菜、熏鸡掐菜,还有白鸡掐菜,就是卤的咸水鸡。这都是春令时节的菜。

## 结语

世间有两样东西是在纯书本里得不到的,一个是古玩鉴定,一个是吃喝。吃喝本身来讲,应该是经验之识。袁枚在《随园食单》里讲过,吃喝不要"耳餐"。没有体验过,导致别人说什么都信以为真。之所以会信,是因着人们对饮食的愿望以及附加在饮食之上的社会价值、经济价值、名誉价值等等,这实际上已经离开吃喝的本意了。但作为烹饪技术,还是要讲究的。

(摘自《三联生活周刊》2014年第13期)

联翩。

## 二、过江龙索桥

过江龙索桥桥飞跨两山之间，长达168米，悬空数十米，为海南第一铁索吊桥。两头有林间石径，东面石径之后是有"爱巢"之称的鸟巢度假村（西区），因而又有情人桥之称。走过此桥，体验惊险刺激，感悟自然神奇，品味爱情人生。

## 三、西湖西泠桥

"千载芳名留古迹，六朝韵事著西泠"。古老传说苏小小的故事就发生于此处。苏小小是个南齐才妓，钱塘（今杭州）人，家在西村附近。苏小小聪敏美丽，有才华，知自爱。有一次，她乘车出游，在白堤遇到一个叫阮郁（南齐宰相阮道之子）的青年，骑着马从断桥缓缓而来。两人一见倾心。苏小小就吟了一首诗："妾乘油壁车，郎跨青骢马；何处结同心？西陵松柏下。"诗中的西陵，就是现在的西泠桥，苏小小死后就葬在西泠畔西泠桥侧。

## 四、安澜索桥

安澜桥是我国著名的五大古桥之一，全长320米。最早称绳桥或竹藤桥，这与它修建的材料有关。到了宋代，改称"评事桥"，明朝末年毁于战火。古代又名"珠浦桥"、"许事桥"，明代末被毁。清嘉庆八年（1803），何先德夫妇倡议修建竹索桥，以木板为桥面，旁设扶栏，两岸行人可安渡狂澜，故更名"安澜桥"；民间为纪念何氏夫妇，又称之为"夫妻桥"。它是沟通内、外江两岸的交通要道。

（摘自《内蒙古科技报》2014.12.23）

# 今日说法

世局动荡、时代变迁，你可以把自己关在小圈圈内，却不可能永远阻止外人进来。

——《魔戒》中被电子书读者标注次数最多的一句。统计发现，读者在阅读小说时标注的都是励志的句子，比如"哈利·波特"系列中的这句："重要的不是一个人生下来是怎样的，而是他会长成什么样。"

只有普鲁斯特的本领和坦率才能去完成对过往的追忆，他描述的社会仍旧是稳定的……我们只能拾起历史的碎片、断裂的痕迹、稍纵即逝且几乎无法理解的人类命运。但这就是小说家的使命，在面对被遗忘的巨大空白时，让变得模糊的言语重现，宛如漂浮在海面上消失的冰山。

——2014诺贝尔文学奖得主莫迪亚诺在颁奖典礼上的演说

# 大雅和谐:西安的城市特色之道
## ——专访中国工程院张锦秋院士

□陈 晓

> 为什么有些城市的古城垣这么受重视呢?因为这些遗产是这个国家或者这个城区的图腾或标志,具有民族的凝聚力和感召力。它对现代社会来说,已经不仅是一个城市的概念,而是一个历史文化的概念。

**三联生活周刊**:西安古城墙是农业文明下的产物,这样一个代表农业文明的庞大建筑,对现代城市的价值是什么?

**张锦秋**:古代农业文明的城市到工业文明时代肯定不符合使用要求,所以在全世界,古代城市由于社会发展、城市功能的发展、城市人口的膨胀、城市交通工具的变化,大多会破了古城建新城。但有一些国家和城市的古城比较好地被保护下来,比如罗马。虽然它的古城墙也残缺不全,但好歹保存下来了。再比如雅典、伊斯坦布尔,还有莫斯科,他们有些城墙还是保护得比较完整。不同国家、不同地区都有一些典型的古城垣保护下来了,所以在联合国教科文组织下面有一个很专业性的组织——古城堡保护专家会议。

为什么这些城市的古城垣这么受重视呢?因为这些遗产是这个国家或者这个城区的图腾或标志,具有民族的凝聚力和感召力。它对现代社会来说,已经不仅仅是一个城市的概念,而是一个历史文化的概念。

西安是古都,它从周代开始,从公元前1000多年开始到公元900年前后,作为都城总的跨度是2000年左右。这段时间,中华民族从春秋战国时期的各国纷争到逐步整合成一个完整的强大国家,这是中国历史上非常重要的篇章。作为这个历史时期的中心城市之一,西安沉积了非常丰厚的历史文化。虽然现在地面上可见的古迹已经很少了,但地下的埋藏非常多,历史记载也非常多。西安的明代城墙,在国际上都被认为是保护得最完整、规模最大的古城墙,伊斯坦布尔、罗马的城墙都没有我们这么完整。所以,西安的明城墙首先是在于它的历史价值和意义,它代表这片土地上

3100多年的建城史,它包围的古城曾是隋唐长安的中央办公区,被称作皇城。后来隋唐的古城墙虽然没了,但还能看到它的遗迹。我们看到城墙西北角是圆的,据考古专家说,这是唐代皇城城墙西北角的一部分。还有明城墙的西边,古都大酒店旁边有个叫"西五台"的地方,有块东西走向的高地,上面有一组寺庙。很奇怪,寺庙一般都是南北向,但这组寺庙是东西向。据说那块带状高地,就是当年皇城和宫城之间的城墙。这座明代的西安古城,是在隋唐中央政府办公地1700年延续下来的一个城市。虽然这块地方的房子都没了,但这块土地上,这个城市空间一直留存下来了。

所以说西安城墙,不仅是明代的,也是隋唐皇城的延伸。这块十几平方公里土地上还有很多东西都没有去发掘研究。这样的一座古城,说图腾,说标志,都不足以表达它的历史内容和价值。

**三联生活周刊**:著名建筑师阿道夫·卢斯说过,装饰就是罪恶,所以现代城市对建筑的功能性要求是很高的。如果从功能角度看,古城墙在现代城市中是否具备现实功能?

**张锦秋**:从农业社会到工业社会,到信息化社会,所有的城市功能都装在旧城这个壳里面,不可能,它只是成为现在城市的一个"核"。在经济不发达的年代,旧城是西安的政治、文化、经济中心。从民国到现在,政府机构一直在这个核里,古城是西安的行政中心。早年一些文化设施,比如唱秦腔的易俗社、图书馆,也都在旧城里面。西大街上集中了一些名牌老店,在整个关中地区都算经济很繁华的中心城市。

但解放以后,西安成为国家发展的重要工业基地,150多项援建项目,很多都放在西安。现代城市的发展建设,是通过城市规划来决定的。新中国成立初期西安第一版总体规划,把新的工业建设都放到了城郊。东郊是纺织城,西郊是电工城,南郊是科教文教城,北边当时因为有汉长安城、大明宫等很多遗址,被规划为控制区,一大片都是农村。第一版规划时就有古城保护的思想。

所以,古城要适应新时代的发展,不是意味着在古城里捣腾,去添加新的工业的、信息的东西。它是行政中心,还有旧城的老百姓是这个区域的主要居民,其他功能往城外发展。新的文化设施也逐渐往城外建了。本来省图书馆就在西大街,很小的,现在二环路边建了新的图书馆、美术馆。有种说法,城墙限制了城市的发展,实际这种说法很不科学。它限制不住的。城市的功能,城市的规模,城市现代化的交通,都要向周围发展。由于古城的历史文化价值,它以现代城市历史文化的"核"而存在。这是古城跟现代城市的关系。

**三联生活周刊**:古城作为现代

城市历史文化的"核",这个说法比较抽象。具体到城市的发展,一个"核"可以如何引导或者影响现代城市的建设?

**张锦秋**:古城与现代城市建设的关系,世界范围内有不同的路子。比如罗马躲开了古城,去距离古城还挺远的地方建了个新城,把政府都搬过去了。但是即便建了新城,真正要接待国宾或者国际友人时,还是会在老城卡彼多利广场上的市政厅。他们觉得这才反映他们的国格、悠久历史与自豪感。老百姓要办结婚登记、拍婚纱照,也还会到原来的市政厅来。对现代生活而言,历史的凝聚力、感召力,就表现在这里。

所以,现在建现代化的大西安,将来要西咸一体化,以后还要建国际化大都市,城市规模越来越大,但旧城的历史价值是永存的。如果我们保护得好,还会更好地显示它的历史价值,发挥它的作用。旧城是西安历史文化的核,从50年代到现在的城市规划也把它作为一个核。中国传统城市是井字形格局,不像巴黎那样放射型路网,西安的城市规划继承延伸了方正格局。

中国的城市很讲究轴线,长安隋唐时的轴线是朱雀大街,路宽150米。盛唐的时候,建了大明宫,正对大雁塔,又形成了一条盛唐时期的轴线。到明代时,把城墙圈从唐皇城往东往北扩大了一点,所以明清府的中轴线就比唐长安中轴线偏东一些,就是现在所见旧城南门、钟楼、北门这条轴线。这三条轴线至今依然存在。新的城市规划很好地继承和发扬这几根轴线,把它作为新的城市规划的干道,并且利用广场等形式来加强这些轴线,更好地发挥其作用。比如南门广场,是很典型的,就在明西安城的轴线上。古代南门外没什么重要设施,但在现代城市中对它的功能要求不一样了。西安接待国宾经常是在南门,这是中国的历史文化之门,克林顿曾经称赞它是"国门"。探索中国的大树之根,要从这儿开始。因此,这个大门具有很强的礼仪性,老百姓还可以在这个广场举行各种活动,这是现代西安赋予它的功能。

在旧城外,标志性历史建筑的作用就发挥得更明显了。比如大雁塔,很长一段时间周围都是农田。后来西安城市往南发展,修建了大雁塔北广场、南广场等文化设施,大雁塔这座古建筑,在现代城市里就更好地发挥了标志性作用。

西安在城市规划上很注意在原有主要道路的节点上设计各种广场,给城市添加新的、现代的机理,古今交融。保护、建设和发展交融,而不是互相抵触。

**三联生活周刊**:具体到古城墙,它的修缮完成后,旧城接下来会怎么样发展?

**张锦秋**:旧城的建筑高度是有控制的,因此并非大发展就是建大楼,而是要优化提升,使得老百姓居住条件更好,交通更方便。旧城圈里的行政中心搬走后,交通缓解了一些,但旧城的交通网络还没有完全打通,城里有很多断头路,所以城市交通经常堵塞。比如旧城内的顺城巷,过去有些地段是走不通的,但现在结合城内环境的整治都打通了。老百姓的生活环境也要优化提升。小的工厂该搬出去的就搬出去。有些小工厂都倒闭了,可是在城里还占一块地,都清出去,在旧城里做一些改善居民生活条件的建设。旧城里面还有些很好的民居,比如八路军办事处、七贤庄一片,都是民国时的高档住宅,但现在住得乱七八糟,这些也要逐渐整顿清理,还民居以本来面目。

**三联生活周刊**:在旧城的优化提升方面,您是比较早的探索者。这次南门广场的设计者赵元超就提到您上世纪90年代设计的钟鼓楼广场,将古迹融入现代城市的生活环境中。请谈谈您设计钟鼓楼广场时,是如何考虑处理古老建筑与现代城市的关系的?

**张锦秋**:钟鼓楼广场在旧城十字街的西北角。从解放前开始到上世纪80年代,这里是一大片杂七杂八低标准的房子。西大街的沿街有几家西安老牌餐饮,泡馍馆、饺子馆等等,但房子歪歪斜斜,很破旧。这里地处热闹的商业区,由于没有城市公共空间,老百姓到了这里,没有休息的场所。因为是十字路口,车流量和人流量都很大,过马路都很紧张。游客想参观钟楼,要穿过人车混杂的马路才能进去。

上世纪80年代初,城市规划部门就想在西北角建一个绿化广场,以改善环境,但老百姓不同意,而且拆迁民房,政府也没钱,这个规划设想就一直无法实施。到90年代初政府征集钟鼓楼广场方案,我们提出了开发地下空间的方案,通过现代城市设计的办法来解决问题。设计地下空间,卖给企业家做商城,用这笔资金来完成搬迁,并建设地面绿化广场。后来政府接受了我们的这个方案,但里面有很多技术难题。消防部门规定只能地下一层搞商业,但钟鼓楼广场项目的拆迁量很大,如果只盖地下一层,价值不够。消防部门说,如果能让消防车开到地下去,地下二层也可以做商业,所以我们做了个下沉广场、下沉商业街,这样消防车可以到地下。这些都是现代的设计手法。所以有评价说,钟鼓楼广场的规划设计理念是很新的,是现代的。名牌老店还建在地面上,这就有个风格问题。有人问,你为什么没在这里做个唐风建筑呢?因为钟楼、鼓楼是明代建筑,在这里做唐风建筑就不合适。最后广场边的老牌名店采用了关中地区的明清商业建筑风格,以求与钟楼、鼓楼相协调。

作为历史名城,既要保护,还要解决当前的现实问题,比如交通和人车分流的问题。下沉广场有地道穿过西大街和北大街,购物的人就在下面走,把马路让给汽车,解决人车分流。

有些人认为我的设计平凡,不够震撼,但这个城市已经够伟大了,我们的设计又怎么可以僭越呢?钟鼓楼广场只是找到了一个合适的方式,把传统和现代结合在一起不破坏城市格局。现代的城市建设,通过规划、城市设计,赋予老的历史遗存新的生命。旧城的作用不是仅仅让人看看这个图腾,而是可以与现代城市融为一体。

**三联生活周刊**:哈佛大学专门研究城市的一位学者曾经说:失败的城市总是相似的,成功的城市各有各的不同。现代城市建设的一个陷阱就是没有分别的弃旧迎新,或者毫无顾忌的标新立异,结果要么丧失了城市的特色,要么造成不和谐的城市景观。您觉得如何建设一个既有特色,又在外观上和谐的城市?

**张锦秋**:我觉得,城市文化孕育着建筑文化,建筑文化应该彰显城市特色。比如人家评论我的建筑比较大气,我觉得更多是与西安这个周秦汉唐的千年古都,特别是汉唐文化有关。我认为,西安这个古城,它是都城,并且是中国封建时代最辉煌、最强盛时期的都城。现在大家都觉得北京故宫不得了,但唐代一个大明宫就是北京现在明清故宫的四倍。唐长安城方圆84平方公里,规模之大,国力之盛,文化之发达,绝对是一个高峰。所以我要根据城市的不同性格来设计不同的作品。苏州的小桥流水边,就不能采用西安这种雄浑的建筑;在西安设计出像苏州园林那种秀丽、纤巧的建筑,人们就不会认同它适合汉唐长安。

建筑师在不同国家、不同地域、不同历史文化背景的城市,应该采取不同的策略,不同的方式。我跟年轻人也反复强调,城市文化孕育建筑文化,建筑文化彰显城市特色。改革开放以后,我们把威尼斯的东西搬过来了,把瑞士的东西搬过来了,我对这些事情是坚决反对的。搬过来的东西不是彰显你自己的城市特色,是一个建筑模型,是一个舞台布景。我不否认个人有一些偏好或者兴趣,一定程度上也反映在建筑中,但是最根本的还是处理城市和建筑的关系,建筑要有意识地彰显城市特色,这样就不会千城一面。

(摘自《三联生活周刊》2014年第46期)

---

# 今日说法

真理不是靠法律教诲的,也不需要强力将它带入人们的心灵里。而谬误倒的确是借助于外力的支持和救助才传播开来的。但是,如果真理不以自己的光芒来开辟通往悟性的道路,它就只能是个弱者,因为任何外来的强暴都可以强加于它。

——洛克《论宗教宽容》

# "世界快乐地图"巡礼

□刘 乐

以杰里米·边沁为代表的功利主义哲学认为,政治的目的就是为大多数人带来最多的幸福和快乐。根据这一观点,民众对生活的幸福感就成为一个国家民众满意度和政府治理绩效的重要指标。因此,很多国际组织和机构都从不同的评价标准对全球各个国家民众的幸福指数或快乐程度进行衡量、比较和排序。

## 快乐地图面面观

英国莱斯特大学社会心理学家艾德里安·怀特推出号称全球第一张"世界快乐地图"。在怀特的研究中,健康、财富和教育程度是决定快乐与否的主要因素,在他看来,比起国内生产总值(GDP)等经济指标,总体幸福感(general well-being,简称GWB)——即不仅考虑经济发展水平,还考虑如社会公平、生活舒适度、环境整洁度等综合性因素的评价体系——应该作为更为合理的对国家建设和社会发展程度的评价指标,因此他提出了主观幸福感(subject well-being,简称SWB)的评价标准,即主要依据人们对其生活质量所做的情感性和认知性的整体评价。在这种评价标准中,决定人们是否幸福的并不是实际发生了什么,而是人们对所发生的事情在感受上做出何种解释,在认知上进行怎样的加工。在此基础上,他访问了178个国家或地区的8万多位民众,根据他们对当前生活的"主观幸福感"评价,由高到低进行排序,并以颜色深浅标示幸福程度高低,绘制了一幅色块斑斓的"世界快乐地图"。

在这幅"世界快乐地图"中,丹麦高居榜首,瑞士、冰岛分居二、三;此外,加拿大是第10名,美国第23名,澳大利亚第26名,德国第33名,英国第41名,中国第82名,日本第88名,韩国第99名,南非第109名,印度第125名,俄罗斯第167名。在排行榜中,"最不快乐"的3个国家则是布隆迪、津巴布韦和刚果。

值得注意的是,跻身榜单前列的并不全是传统意义上的发达国家。巴哈马群岛排名第5,是唯一一个排在"世界快乐地图"前10名的拉美国家。它是西印度群岛中的三大群岛之一,3万座岛屿中只有30座被开发出来。虽然和许多热带岛国一样,巴哈马群岛偶尔会遭到飓风袭击,食物也大多依靠进口,穷人占人口总数的9.3%，社会贫富差距比较悬殊，但是当地宜人的气候、碧海蓝天的海岛美景、轻松的生活状态却让巴哈马居民的日子过得悠然闲适，加之政府为国民提供直至中学毕业的免费教育，以及严格维护社会安全的措施，保证了极低的犯罪率，使得居住在这里的人们自得其乐。不丹和文莱这两个亚洲袖珍国家也跻身榜单第8、第9名。以不丹为例，虽然它的国土面积仅为4.65万平方千米，还是一个农业国家，人均收入仅有1400美元，但是长期信奉佛教的不丹人熟谙知足常乐的道理，因而并没有过多的物质要求。此外，政府也从有限的国家预算中拨出近三分之一的资金投入医疗和教育，因此国家整体的社会福利水平很高，国民的幸福感也很高。

根据地图和排行榜不难看出，受健康、财富与教育的主观幸福感的评价标准的影响，一方面，将财富指标纳入考察因素，使得一国的经济发展水平仍然是衡量幸福感的重要因素，因而亚非拉地区大多数的发展中国家都在榜单的中下游位置；另一方面，健康与教育因素的突出，也使得单纯的经济指标并不完全决定排位。如不丹、卢森堡等小国，虽然宏观经济总量并不占优，但由于社会公平程度、社会整体福利水平较高，所以仍挤进榜单前10名。与此同时，日本、韩国等国家，虽然经济实力较高，但由于整体的社会分配不尽合理，教育、社保、公共福利等财政支出占总体支出的比例较榜单前列的国家仍有一段差距，因此即使GDP较高也位居榜单中下游。据韩国保健社会研究院发表的资料显示，韩国的公共部门社会福利支出在GDP的所占比率，在1990～2005年的15年里翻了一番，达到6.87%，但该水平依然落后于不少国家，仅为"经合组织"（OECD）平均值的三分之一（2005年"经合组织"的30个成员国的社会福利支出比率达到20.7%）。像津巴布韦等一些经济发展水平不高，同时财富分配又不合理，社会比较动荡、人民基本的医疗、教育难以得到保障的国家，民众的主观幸福感都普遍不高，因而在榜单居于末位。

由此可见，要想成为怀特地图中的一个幸福王国，较高的经济发展是前提和保障，同时社会整体的公平程度和福利水平也是极为重要的因素，丹麦正是因为具备了这一系列条件所以雄踞榜首。

**童话王国：丹麦**

丹麦是典型的"三高国家"——高收入、高税收、高福利。在丹麦，所得税率高达50%～70%，而这些税收主要投入到社会福利与教育上。根据"经合组织"统计，丹麦的社会福利支出比重是"经合组织"国家中的第二高，占到政府支出的29%（最高的国家为法国,占到政府支出的32.1%)。各部门的教育支出占GDP的近7%,为"经合组织"国家中的第一高。与此相比,2012年我国国家财政性教育经费占GDP比例仅为4%。根据联合国在2006年公布的《人类发展报告》,丹麦贫富差距为世界第二低,在发达国家中最低。

丹麦民众愿意承担高税负,除了明白税收是"取之于民、用之于民"的道理外,他们更将缴税当作一种社会责任,在他们看来:"缴税,这并不是财富的问题,而是立场的问题。有能力的人,就应该帮助能力较差的人。"因此,在丹麦这样的高税率国家,政府拥有较为充裕的财政收入承担国民的社会福利和教育费用,因而每一位国民都可以受到政府的关怀;另外,因为任何一个人都不比别人过得差,人们很少因为收入和社会地位来选择职业,他人也不会对一个人的职业和工作说三道四。在丹麦,人们从小就被鼓励要按照自己的兴趣爱好来生活,教育制度也允许学生自由转换学校和专业;此外,政府免去了公立学校学生的学费,还为大学生每月发放数额不菲的补助金。进入社会开始工作后,由于社会的基尼系数很低(丹麦2011年的基尼系数是0.248,这个数据在1992年也只有0.247,可见近20年基本上没有变化),因此职业间的收入差距并不悬殊,故而人们可以更加相对自由、自主地选择心仪的职业。失业者也会有足够的收入维持正常的生活,政府的劳动部门同时也会积极协助失业者参加再就业培训。由此观之,也许每个人都能坚持自己的选择而无后顾之忧,也没有人来评头论足,就是这个童话王国的幸福秘诀吧。

## 快乐地图上的中国

中国在"世界快乐地图"排行榜中居于中游,较之其他发展中国家排名相对靠前,但是整体来看,与丹麦较高的社会福利和教育投资水平以及整体的社会平等程度差距较大,而当下中国的贫富差距和两极分化是造成人们幸福感缺失的主要因素。总的来看,中国的贫富差距主要表现在:第一,城乡差距。农村的整体社会发展条件普遍落后于城市;第二,地区差距。基于历史和地理原因,东部地区在工业基础、自然条件、政策支持、对外交往等方面优势明显,中西部经济发展受制作用显著;第三,行业差距。我国目前年平均工资最高的行业是金融业,为70146元;最低的是农林牧渔业,为16717元。最高与最低之比为4.2:1,而世界上多数国家行业间差距也仅在1.5～2倍左右;第四,阶层差距。据统计,我国上市公司高管年薪平均值2010年为66.8万元,是当年全国平均工资的18倍多。

根据《中国反贫困发展报告》(2014)统计,按照新的扶贫标准,截止到2013年底,我国有14个连片特困地区,832个贫困区县,12.9万个贫困村。按照我国新的扶贫标准,贫困人口有8249万,而参照国际标准则还有2亿。另一方面,2014年10月,瑞信研究院发布的《全球财富报告》称,中国百万美元富翁人数首次突破百万,达到101.7万人,并预计5年内此人数将翻倍,中国已成为世界上百万富翁增长最快的国家。这表明,在中国绝对贫困人口总数下降的过程中,相对贫困人口的数量却在上升,社会财富的不断增加也伴随着社会财富分配的日益不均和悬殊。

## 条条大路通幸福?

英国有一个民间智库,名字叫作"新经济基金会",简称NEF。这个基金会创建于1986年,目前它的代表学者为伦敦经济学院毕业的政策主任希姆斯。2006年,这个基金会建立了一套评价标准,对地球上各个国家进行评价,其评价结果叫作"地球快乐指数",有人将其简化为"幸福指数"。当年,这个"幸福指数"一公布,立即引起人们的广泛议论。因为英国"新经济基金会"在计算各个国家的"幸福指数"时,用了3个参数:人均寿命、生活满意度、环保成效。显然,它没有引入GDP来计算,也没有引入民主、自由之类的政治因素。从这一"幸福指数"的统计结果大致可以看出一个规律:中美洲和亚洲国家靠前或居中,欧美国家居中或靠后,非洲国家几乎完全在最后压阵。在一个地区内,例如亚洲,工业化程度低的一般靠前,工业化程度高的则"幸福指数"靠后。这样一个统计结果的倾向是很明显的:有钱不等于幸福,工业化程度高不等于幸福。人们在解释这个排名时,大都还依照这样一个观点,尤其是当环保已经成为很流行的观点时,这种"幸福观"似乎变得更加突出。

虽然"世界快乐地图""全球快乐指数"都从自己的评价标准和体系对各国民众的幸福感进行了比较,但是这一对比的前提是操作主义的,是基于特定的评价标准展开的。依据GDP、基尼系数、满意度、贫困人口数量等数字指标的确可以反映一些现实问题,但是数字的局限就在于它既不能体现变化的过程(基尼系数0.39与0.41本质上并无区别,0.4只是一种标志性的界限意义),也不能体现变化的心理过程,即影响人们幸福的因素到底是什么。每个人对于幸福都有一把衡量的尺子,尺量万物却不能自量。

毋庸置疑的是,消除贫穷与实现社会公正是全人类共同的责任,目前全球仍有8亿多人生活在贫困中。贫困人群也经常是歧视和不公正的受害者,并经常陷入被社会排斥的恶性循环之中。为引起国际社会对贫困问题的重视,动员各国采取具体行动,1992年12月22日,第47届联合国大会决定将每年的10

# 中国护照有多少"含金量"

□邓　媛　唐　璐　杨　汀

**美国为什么要给"十年签证"**

以北京APEC为分水岭,美国对华签证有效期从1年骤延至10年。据白宫预计,实施更加宽松的签证政策后,到2021年将有730万中国旅行者来到美国,为美国经济贡献850亿美元,帮助美国增加44万个就业岗位。

美国驻华大使馆总领事古爱德表示,"十年签证"是中美两国政府之间磋商的结果。受此影响,美国驻华使领馆也在一步步提高工作效率,以适应不断增加的签证工作量,并努力缩短签证所需时间。今年1月,美国驻成都总领事馆正式启用了扩建后的新签证等待大厅,其中面谈窗口由过去的3个增加到了7个;从网上预约到前往领馆面试,等待的时间也由一周以上缩短为5天以内。

古爱德介绍说,签证工作一年到头都很繁忙,而每年五六月份以及12月到来年1月之间,一些有孩子的家庭和学生选择在寒暑假赴美旅游,所以美国驻华大使馆签证处在这两个时间段内尤为忙碌。

便利的签证服务将促进中国商人的跨境经济活动。一些律师估计,"十年签证"将大大鼓励私人股权投资、房地产交易等投资活动。中国国际问题研究院院长曲星认为,"十年签证"新政还表现出美国对吸纳中国技术人才的渴求。

**护照含金量提升**

外交部领事司司长黄屏认为,今年中国与发达国家在颁发长期多次签证方面取得了突破性进展,可以说是最大的亮点。除了美国对华"十年签证"外,加拿大已经开始为中方旅游、探亲、商务人员签发10年有效多次签证;英国、法国、意大利、德国、西班牙等国也越来越多地为符合条件的中国公民颁发长期多次签证,英国最长也可颁发10年有效多次签证。另外,荷兰简化了签证办理手续,前往荷兰进行商务活动、短期培训、文化交流及探亲访友

月17日定为"国际消除贫困日"。2014年"消除贫困日"的主题为:"不丢下一个人:共同思考,共同决定,共同行动,对抗极端贫穷。"

（摘自《百科知识》2014年第12期）

的申请人，如全程仅访问荷兰一地，将不用提供机票及酒店订单。

与此同时，美签新政为国人前往其他多国也提供了便利，包括在墨西哥、洪都拉斯、土耳其、日本等国家和地区入境免签或过境免签。另外，在缩短办理签证时间方面，英国有"24小时"签证服务，还有"VIP上门"签证服务。法国、意大利签证时间也缩至48小时以内。

"这么多发达国家放宽对华签证政策，代表着中国国力的增强，说明了国家实力的提升。"曲星评价。

### "含金量"不能急于求成

11月28日，印度公布了一项便利消息：来自43个国家和地区的游客可以直接在印度机场拿到落地签证。但这份名单上没有中国。对此印度驻华大使馆签证处官员解释："43个国家和地区仅仅是经过我们核准的第一批名单。中国肯定会在这个名单之中。"

印度驻华大使馆的数据显示，最近几年中国人申请印度签证的数量基本平稳。为什么印度没能吸引更多中国人前往观光？记者注意到，或许是受到媒体上对于中印关系经常比较负面报道的影响，很多中国人不由自主地认定印度是一个不安全的国家。

事实上，还是有声音认为印度对中国公民的签证发放要比其他国家更严格。对此，印度驻华大使馆公使巴拉·巴斯卡尔先生予以了否认。"事实上印度对中国游客的手续也在逐渐简化。美国、欧洲等地对中国人签证的新政，也客观上影响着印度方面的认知。"

为配合日本政府的观光兴国战略和地方创收政策，日本外务省11月8日宣布再次放宽中国公民个人申请多次往返签证的条件。目前，日本对中国公民开放两种个人旅游签证——单次往返签和三年多次往返签，一律由指定代办机构办理。

日本驻华大使馆指定签证代理机构一位工作人员表示，虽然日本近年几次出台放宽政策，但对经济能力的要求门槛降低并不明显。此外，两种签证都需要在申请时附上赴日机票、在日住宿宾馆的回执。这些条件令不少申请人感到麻烦和有风险——一旦拒签，机票和宾馆费用就打水漂了。

与那些免签程度高的发达国家相比，中国公民投入一场"说走就走"的旅行还有不少难度。截至2014年12月2日，共有50个国家或地区对中国公民实行免签、落地签。其中和中国互免签证的国家有圣马力诺、塞舌尔、毛里求斯、巴哈马。这些数据与其他部分国家相比，显然还有一定差距。但中国旅游研究院院长戴斌认为中国护照"含金量"和到访国家给予中国公民的便利，都需要时间来达成，不能急于求成。

(摘自《文摘周报》2014.12.21)

# 移民：到欧洲去

□ 陈 雨 洪 坡

用北京四环内买套房子的钱就可以举家移民欧洲，这种没有苛刻条件和严格限额的移民新选择，看上去就像一桩两情相悦的美事。

## 七天决定移民

从第一次踏上希腊的土地到成功移民，李彤和刘爽夫妇只花了半年时间。

2014年1月，经过在迪拜和雅典的两次转机和长达一天的飞行后，飞机降落在了希腊哈尼亚国际机场。哈尼亚位于希腊第一大岛克里特岛，是以优美的地中海风光闻名的旅游胜地。

他们此行的目的很明确——看房。9天不到的行程中，接连考察了岛上的四五套房产，第七天时便做了决定：要在这里生活下去。

回国前，他们迅速和当地开发商签署购房合同，预付了1000欧元的订金，并在接下来的四五个月时间内，付清了房款、装修款及相关的税款共31万欧元（约合260万元人民币）。今年7月，夫妇二人取得了希腊为期5年的长期居留许可。

受欧债危机影响，过去几年中，欧洲部分国家相继推出了新的移民政策。30万至50万欧元的最低成本，2至3个月的申请周期，无需资金来源证明，无移民面试，没有移民监，买房即可获得长期居留权。

去年推出"50万欧元换居留权"的西班牙，至今已向300多名中国人发放了居留和工作签证；希腊政府颁布25万欧元购房移民政策一年来，494个永久居留中，中国人占了119席。葡萄牙2012年推出50万欧元买房移民的政策，两年签出了1360个签证，81%都是中国人。

"现在有个说法，北京四环内任何一个有房子的家庭，都可以做欧洲移民。"从业16年的某移民公司总经理郑客印说。

"不是没考虑过去美国、加拿大、澳大利亚，但那边标准比较高，而且成本也高，有点倾尽全力，把所有的东西都押上了的感觉。"李彤说，"而且排队的人也太多了。"

## 移而不走

"您自己算算，北京三环往里，房价最低都得5万一平方米吧？一个60平方米的小一居，保守就300万元。同样的钱，在塞浦路斯可以买一个150多平方米的海景别墅，更重要的是直接拿到永久绿卡。哪个更划算?"近两年来,移民咨询顾问张女士不断和客户计算这笔账。

塞浦路斯,这个只有北京一半大的地中海岛国,如果不是因为只用30万欧元就可拿到永久居留绿卡,大概会一直被中国人遗忘。两国首都至今都没有直航航班,甚至当地华人如果想买瓶山西陈醋,都得拐到越南人开的超市中去碰运气。

"今年还稍微冷了些,去年有超过1000户中国人在塞浦路斯投资落户。"移民专家张跃辉介绍说。一年之内,他帮助三四十户中国家庭移民塞浦路斯,"基本上如果有100个人来咨询,就有10个能定下来。"

在移民欧洲最热的2013年,内地的几家大型中介每个月都会组团前往塞浦路斯。行程大抵是七天六夜,价格在两万以内,住五星级酒店,吃当地最著名的海蟹饺子。"一般情况,去考察一次,就能当场敲定一个。"

李彤和刘爽参加的就是类似的看房团,费用每人一万欧元左右。出发前移民中介发给了他们一张表,填写对房产的意向和考察范围。"他们不会带你看很多,怕多了你拿不定主意,然后一直考虑。"李彤说,"他带你看房很轻松,比如会安排去一个比较好的餐馆吃饭,再带你去逛逛,去当地的博物馆等等。他希望你爱上这个地方,然后再在这个地方找到你喜爱的房子。"

李彤和刘爽最后敲定的是当时看的第一套房子,两层的连排别墅,土地面积200平方米,建筑面积65平方米,两室一厅,门口有个小花园,面海靠山,附近还有一座牧场。房子远离市区,除了小超市和一个餐厅之外,基本没有其他配套设施。"特别安静,风景好,满足我们的一切想法。"

看房回来后,两人没有再去过希腊,物业由当地的房产商直接出租,返给他们半年9万人民币的租金收入。这是海外移民处置房产的主流方式之一。

3年之内,他们还不打算搬过去。目前刘爽经营着一家广告公司,李彤从事IT行业,在公司内任中高层职务。两人住在北京四环外一套100平米左右的三居室里,典型的中产家庭。但对于他们梦想中的安逸生活,李彤觉得时机仍未成熟,他需要时间,学习外语,并且进行资本积累。

移民欧洲的一点关键限制在于,除了葡萄牙之外,其他大多数国家规定移民在正式入籍前都没有在当地工作的权利,包括希腊、塞浦路斯等。而要入籍拿护照,还需满足不同国家对居住年限的要求,以及更为严格的审查。

## 一切为了孩子

给Tracy打电话的时候,她刚吃完早餐,正指挥工人清理客户家的泳池。这个28岁的女孩一年多前转行做移民中介,今年已经去了塞浦路斯五六次,这次来陪客户收房。

"我跟你这么说,来这儿移民(且定居)的80%都是为了子女的教育,10%是老年人过来养老,还有10%可能真是国内犯了事,不安全,就逃出来。"

根据《新财富》杂志2013年的调查76.7%的移民者将子女教育当成他们离开中国的首要原因。在郑客印接触的客户中,妻子带着孩子,与丈夫异国而居是最常见的模式。因为无法在欧洲当地工作,妻儿的花销全靠在国内工作的丈夫提供。

某商务咨询公司总经理钱先生介绍说,他遇到过一些"很精明的客人",孩子还小时先购房移民到欧洲,10年之后全家可能都已经拿到了欧洲的身份,可以更便利地在全球范围内活动。而孩子在选择大学时,享受的是欧盟学生的条件,申请同样的学校,比同龄的中国人被录取的比例要高得多。

虽然绿卡持有者可以享受免费的公费教育,但只有私立学校是英语教学。"所以尽管有公立学校可读,但可能也不会去,因为听不懂。"郑客印解释道。即使这样,大多数欧洲私立学校一年的学费还是要比国内的国际学校便宜一半以上。

Tracy的客户主要集中在塞浦路斯海港城市帕福斯,每到旅游旺季,英国游客的私人飞机挤满了机场。而如今这里是中国投资者的最爱,英国《星期日泰晤士报》认为,有8成来塞浦路斯的中国人选择落户帕福斯。

但即便如此,当地的中国社区仍未成型:没有中国超市,也没有麻将馆(有人想开,却害怕被诉扰民)。母亲们平常通过微信和QQ互相交流,相近的几家轮流送孩子上学。全希腊文的水电单也需请求他人协助处理。妈妈们大多只有在孩子的寒暑假,才能回到国内的亲友身边。

有人在微信群内感慨生活无聊,马上就有回复说:"主要看个人爱好,如果你喜欢唱K、麻将、夜店,确实不如国内的大城市。如果你喜欢划船、骑马、潜水、园艺或高尔夫,就不会寂寞。"

**最后的黄金期?**

《2013中国私人财富报告》指出,约60%的高净值人士表示自己正在考虑或已经完成投资移民。这类人士的标准,是可投资资产超过1000万元。

李彤和刘爽觉得赶上了好时机。加拿大在2014年2月宣布终止投资移民政策,积压未处理的6.6万申请被拒,其中5.7万份申请书来自中国。在这些庞大的移民人群将视线转向欧洲之前,他们先一步完成了购房。"我怕什么事情在中国一炒起来,人就特别踊跃,当

# 环球老年福利趣闻

为适应日益增长人口老化状况,让老年人晚年生活得愉快而有意义,世界各地专为老年人服务的各种社会活动十分兴盛,说来十分有趣。

**晚年通行证** 在美国62岁以上的老年公民和残疾人均有权享用这种终身通行证。该证保证老年公民和残疾人能免费出入美国国家园林,同时只需交半费就可使用园林内的露营、游船和停车场等设施。

**老人乘车帽** 匈牙利海泽士尔市向每位年迈者颁发了一顶精工制作的老人帽。老人们外出时戴上这种帽子,可免费乘坐市内公交汽车。

**托老所** 新加坡有一座和托儿所办在一起的托老所。托老所内设有游戏、休息室和物理治疗室。有专人指导老人进行物理治疗,医生定期为入托者检查身体。有趣的是,院内开辟了一块小菜园,也为老人提供了适当的劳作机会。

**敬老邮票** 1988年印度发行了一枚敬老邮票。票面上用印度及英文写着"爱护和照顾年长者"。图案的设计富有新意。他用漫画式的笔描绘出一名儿童张开双臂来拥抱一对老年男女。

**老翁旅馆** 法国戛纳市老翁旅馆专门为80岁以上的老人服务。内有120间卧室,备有轮椅、手杖等,信号显示大号字体,沿墙有扶手,洗浴间用防滑玻璃纤维修建,备有软垫长椅,十分富有人性化,服务员热情鼓励"顾客"们坚持生活自理。

**老人村** 英国一名年逾古稀的律师,召集了一批无家可归、年逾六十的老人,在一个叫多登吾的地方组建了一个老人村。他们住自造的

(摘自《博客天下》2014年第31期)

屋楼、吃自种的粮食及自养的家禽，村里还设有图书馆、俱乐部、医院、商店、球场、咖啡馆，他们在这里生活得非常愉快。

**老年电台** 法兰西广播公司开办了一个老年电台。它的节目是根据老年人的需要而设置的，有音乐、电影剪辑，各地风光、园艺知识、生活顾问、法律常识等，以丰富老年人的精神生活，增添他们的生活乐趣。

**老人读物** 日本现有70岁以上老人800多万，被称为"老人时代"。出版商根据日本老人喜欢读书的特点，大量出版"老人书"。如今老人读物在日本纷纷问世。它像小人书深受孩子们喜欢一样吸引着老年人。

**白发大学** 目前美国约有700多所高等学府招收退休老人入学就读。仅就读于纽约市大学年过65岁的老人就达数千人，一流的哈佛大学还开设了"白发讲座"。讲座是由一批有学识的"超人"，教导一群富有人生经验的"超人"。

**老人商店** 莫斯科郊区有一家"老人商店"。该店分售货部和订货部两个厅。服务对象是参加过卫国战争的已退休的老人和受伤残疾的老战士。

**银色公寓** 为迎合人口老化趋势，日本各企业看准了大有前途的"银发市场"，积极兴建号称"银色公寓"的自费养老公寓，以完善的设备和管理吸引许多年届退休者。目前，日本的"银色公寓"大致分为四类，除了最主要的都市型外，还有郊外型、田园型、休闲区型，其中都市型最受老年人的欢迎。

（摘自《每周文摘》2015.1.4）

## 今日说法

任何对象都不能使我超越孤独。孤独时，我整体上超越了对象的世界。孤独时，我们不会被物质所灭。我们在物质上灭亡，是不知道孤独的时候。

——日本哲学家三木清论孤独。

我不知道第三次世界大战中将使用什么武器，但我可以告诉你第四次世界大战会用什么武器：石头。我极为蔑视那些喜欢跟着音乐节奏列队行进的人，这种听命于人的英雄主义、这种毫无意义的暴力、这种令人作呕的爱国主义炫耀，我宁死也不参加这种事。

——爱因斯坦1949年接受采访时说。

在运动中关注自己的身体是很容易的。如果你在跑步或者游泳，很可能你会进入一种无言的状念，让你觉得很长时间处在安静之中。实际上，运动的一个令人振奋，甚至有时令人上瘾的特点就是给大脑放了个假，让它从不停构建自我的这项重大职责中解脱了出来。

——蒂姆·帕克斯文章《心的寂静》

# "美式扶贫"有多精准严密

□ 常 青

美国的扶贫体制,让穷人实际享受到社会福利,但也绝不浪费纳税人的钱。

我在美国生活、工作了近15年。在这段时期,我的生活是呈曲线上升的。当生活进入低谷之时,就对美国的扶贫体制有了切身体会,因为那时我也需要政府的经济资助。

## 为穷人服务的医院

在美国,参加医保是国民医疗的主流,但也有专门为穷人服务的医院,可以提供少交费或免费治疗。这种医院一般不叫医院,而叫诊所,由市或县政府来管理,穷人只要申请,就可以参加这种医疗计划。

该计划根据参加者的家庭收入情况分等级资助,主要体现在医疗费的缴交上,有缴交80%、50%、25%等三种,如果家庭困难到了极点,则可免费就医。

我在经济困难时期也加入过这种医疗资助计划达两年之久,根据我的经验,当我家(3口人)的年均总收入在4万美元左右,就让我参加缴交80%那一档;但当总收入下降到2万美元左右,就缴交25%那一档。

这种医院的医疗等服务质量,与有钱人或参加医保的人去的医院或诊所没有差别,就诊设备与环境基本一样,而且相比它们,就诊的面积大、不拥挤且环境优美,有沙发、地毯,还提供读物,就像是一个三星级酒店的接待大厅,就诊者可在里面很安静地看病。

曾经有一户来自中国福州的大家庭,他们都有了绿卡,但均没有正式工作,仅凭在中餐馆打工挣钱。他们的大女儿未婚先孕,立即陷入就医困境。于是,我带着他们去办医疗资助,但主办者表示,这种医疗资助计划只针对美国公民,他们不是美国公民,所以不能享受。鉴于这家人的特殊情况,最后将其归入特殊照顾之列,结果没花一分钱就接受了产前检查与分娩的全过程资助。

## 食品补助金

美国有一个专门给穷人家孩子提供食品的育儿基金,这个基金由政府主办和管理,全称为"妇女及婴幼儿特殊营养补助计划",简称WIC。凡是人均月收入在1500美元以下的家庭,只要出示收入证据,都可以参加。

补助的内容有：从孩子出生到5岁，每月可领取约80美元食品（以支票的形式支付），用于购买牛奶、鸡蛋、大米、豆子、蔬菜、水果、果汁、面食等，如果不买，过期作废。

与此同时，WIC办公室还会对孩子的身体情况进行追踪，为孩子测量身高、体重、视力等，连看病的记录也掌握。营养专家还不时为家长讲解小孩子在不同年龄段的营养需求，指导家长对孩子的进食作合理安排。

此外，政府还有对特别贫穷家庭的"食物补助计划"，叫"食品邮票"。因为在早期，美国政府是以邮票的形式向贫困家庭提供食品补助的，所以至今仍沿用这个叫法。

### 住房补助金

对于因贫穷而租不起房的人，美国政府提供有"住房选择券计划"。家庭收入低于居住地区最低贫困线，就可得到资助。

参加这个计划的人，政府会提供一定数量的钱让他租房，房子自找。找到房后，就可拿政府发放的补助券交房租，遵循贵者自补、少者不退的原则。例如，一个穷人家庭按其收入情况可申请到每月500美元的住房补助，但他们却找了一个月租700美元的房子。于是，政府给他们付500美元，他们自己付200美元。

据我了解，最高的住房补助为每月700美元。用700美元在美国租房，可以租到一套高质量的三室一厅一厨房的公寓房了，不仅是装修好的，且带有冷暖空调、冰箱、烤箱、洗碗机等设施，有的还铺有地毯。

如果低收入的家庭想买房子，则可以找美国住房与城市发展部，这个部掌握有一批房子，但只卖给第一次购房子且是自住的家庭，售价比市价低很多。

### 失业者可获"退税"

一个人失业了，可以向政府申请失业补助。如果这人之前曾向政府纳过税，政府就会从他以前交的税中拿出一部分按月返还给他，资助其生活，但有一个要求：每月需去政府部门报到一次，汇报自己的收入情况。一旦有了工作，失业补助就马上停发。而且，利用失业者每月去政府报到的机会，工作人员还会对其进行如何利用网络来找工作的培训。

对于没有工作但想找一份自己喜欢的工作的人，政府则提供免费或少交费的职业教育，帮他们学会一技之能。这种学校遍布美国各地，一般是与中学合办，有的学校就设在中学的高中部。培训的内容多种多样，有理发、美容、修指甲、木工、按摩等等。

### 无息教育贷款

穷人家的孩子考上了大学，但

无力承担高昂的学费,怎么办呢? 美国政府设有专门基金为这类孩子提供帮助。凡是三口之家年收入在4万美元以下的家庭都可以申请,当然,支助也是按其家庭收入多少分等级的。特别贫穷的,即家庭收入在贫困线以下,可免费上大学。

美国低收入家庭普遍喜欢申请政府的无息教育贷款,让孩子在毕业后用自己的工资来偿还。

就是一些富裕家庭,也喜欢采用这种方式让孩子上大学,因为家长认为,这样可以让孩子有一种责任感与危机感,有利于他们以后独立地面对生活。按美国的法律,孩子到了18岁以后,父母就没有抚育的义务了,但申请这种贷款,一般都是以父母来担保,因为父母有信誉。这种教育支助方式,公立、私立大学都适用。

另外,美国军方的"预备役军官培训计划"也可让学生免费上大学。军方在每年春季挑选成绩好并已考上大学的高中学生,如果他们同意,就可以从军方获取上大学四年的学费与一半生活费,毕业后,他们必须根据合同去军队服役,服役的年限与被资助的年数相等。比如,一个学生大二时才加入这个计划,那么就需要在毕业后到部队服役三年。但服役期间是有工资的,年薪在3万美元以上,与一般大学生毕业后就业的初级工资相当。复员后,在寻找新工作时,各单位也会优先录用复员军人。

## 残疾者救济金

对于残疾人士,美国政府会根据其伤残情况,发放数量不等的补助,以保证他们的生活。

我太太曾在一家美国人开办的小卖部打工,她的一位同事是俄罗斯移民,人高马大的一位中年男子。此男娶了一位美国白人女子为妻,生了一儿一女。他一开始工作还算努力,但一年后就懒懒散散了。一打听,才知他因为腿部有一些残疾,领到了美国政府每月发放的2100美元救济金,这相当于美国中等偏下从业者的月收入了,算是一笔不小的横财,使他觉得不必为衣食太过忧愁了,于是进取心也退却了许多。

最近,我正在出租一套自己的房产。一天,一黑人男子来租房。他说,希望租下我的房子,以供他自己与其母亲及弟弟居住。我问他的收入如何,他回答说租房费将由他与其弟弟支付,并说他弟弟每月有1600美元的收入。当我问其弟的工作时,他说弟弟在专门照顾他的残疾母亲。他看我一脸迷惑,就解释说:他母亲有残疾,美国政府每月给她发放1600美元救济金,但因为其母仍需别人照顾,而他本人又有工作在身,在与其弟弟商量后,让弟弟辞去工作,专门在家里照顾母亲,而那1600美元就算是他母亲付给弟弟的工资了。1600美元在美国算是下等偏上的月收入。

# 我们为何无法及时用上创新药

□刘砚青

"中国只有不到一百人在一线从事药品审评工作,从工作量上来看,他们一直在超负荷工作。"

"你们有人去香港注射过 HPV 疫苗吗？求经验！"刚刚参加工作的莎莎（化名）在微信群里跟小姐妹讨论,她听说香港有一种可以预防宫颈癌的疫苗,打算去接种。

上世纪 80 年代,德国学者豪森发现 HPV（即人类乳头瘤病毒）是引发宫颈癌的主要原因。2006 年 6 月,全球首支 HPV 疫苗在美国、墨西哥和澳大利亚获批上市。作为世界上第一个预防癌症的疫苗,八年来 HPV 疫苗已经登陆了全球 100 多个国家和地区。

以默沙东公司的 HPV 疫苗 GARDASIL 为例,根据默沙东中国发给《瞭望东方周刊》的数据,自 2006 年至今,该疫苗已在全球 132 个国家和地区获批上市,接种超过 1.44 亿剂次,截至 2014 年 2 月,已在 58 个国家进入了国家补贴接种范畴。

但这款已经在中国香港、台湾和澳门地区上市的疫苗却一直没能在内地上市。

## CFDA 一月两提改革药品审评制度

GARDASIL未能进入中国内地

---

## 宁可讨饭不要救济

参加上述扶贫计划者,允许每家拥有一所价值 24 万美元的房产与一辆车,也就是说,这 24 万美元以下的房产与车是不被计算在家庭收入或家庭财产之内的。24 万美元,大约可以买一套使用面积约 120 平方米、两厅三居室带装修且附带地下室与前后花园的单独别墅式房子。

上述这些扶贫计划,相关机构一般每季度或每半年就要重新审核一次,看看申请者家庭实际收入有没有出现变化,以免有的家庭收入提高了还在享受不应享受的扶贫待遇。

美国有这么好的扶贫政策,为什么还会在街头见到一些无家可归者呢？这是因为,不少美国人认为,愿自食其力,宁可讨饭也不想接受别人的救济。

（摘自《羊城晚报》2014.11.8）

市场,主要原因在于受到新药注册审批相关程序限制。

"在中国,进口新药审批等上六到八年非常普遍。"一家外资药企注册事务负责人对《瞭望东方周刊》表示。

在刚刚闭幕的APEC工商领导人峰会上,礼来制药和强生制药的CEO婉转地表达了对中国药品审批提速的期待。

贝达药业董事长丁列明也曾向媒体表示,中国对于新药的审批流程比国外同类产品要多出六七年。

国家食品药品监督管理总局(CFDA)自2014年10月以来两度公开提出改革现行药品审评制度。

10月9日,CFDA副局长吴浈透露,食药监总局拟通过改革药品受理模式、技术审评管理体制和行政审批管理方式等重点环节,以及充实技术审评力量、理顺经费和收费管理方式等,提高审评效率。

10月24日,CFDA党组学习传达十八届四中全会主要精神,要求加快药品医疗器械审评审批制度改革步伐。

## 重复申报过多

提高审评效率的关键之一,是要搞清楚哪些因素导致新药审批速度缓慢。

"有人说CFDA下属事业单位药品审评中心(CDE)的工作效率太低,这不准确。毕竟中国只有不到100人在一线从事药品审评,一直在超负荷工作。"中国外商投资企业协会药品研制和开发行业委员会执行总裁卓永清告诉本刊记者。

在他看来,最重要的原因是低水平重复申请挤占了本就严重不足的人力资源。

在日前召开的第26届医药经济信息发布会上,CFDA药品化妆品注册管理司副司长李茂忠介绍,2013年CDE完成药品申请4491件,积压14235件。在积压件中,仿制药任务为6439件,其中有10家以上药企申请同一活性成分的仿制药任务占比超过六成。

**"美国有三四千人的审评团队,而CDE的人员编制是120人,其中专门从事药品申请工作的只有七八十人,而他们的大量精力都被低水平重复申报的仿制药所占据。"卓永清说。**

CFDA对在国内已上市药品和正在申报注册的药品进行了全面调查,并于2014年9月和11月发布了近百个过度重复上市和申报注册药品品种。

与此同时,2014年10月,CDE公开招募20名审评员。

## 申请门槛过低

美国也出现过大量仿制药挤占审批通道的情况,因此美国政府在2012年出台了仿制药使用费修正案(GDUFA),要求制药企业从2013年起向美国药品监督管理局(FDA)支付仿制药使用费,用以扩大审评人员队伍,提高其工资待遇。

为什么中国制药企业钟爱仿制药?在卓永清看来,缺乏企业申报抑制机制和申请门槛过低是主因。

"欧美日等国家对于申报仿制药没有太多动力。有些国家会对药品价格设限,比如首仿药享受价格优惠,是过期专利药价格的 50%~70%;第二个仿制药比首仿药价格递减。这样后面的仿制药价格压得很低,且要求保持同质性,企业就没动力生产。"卓永清说。

多位业内人士告诉本刊记者,药品审评中心对于中国本土药企的收费标准是单次 1000 元,门槛过低,也会造成企业大量无序提交申请。

**临床试验必须等批件**

药品在上市前必须经过临床试验来观察和评价疗效及副作用。中国政府要求制药企业在进入临床试验之前必须经过药品审评中心批准。

"中国对临床试验采取的是审批制,而美国则采取报备制,企业报上相关资料,如果 FDA 30 天内没有批复就可以自动开始。"卓永清说。

"由于中国所有的食品、药品、化妆品、医疗器械全都在一个地方受理申请,我们通常要抱着资料半夜排队,不然当天就拿不到号。"一位业内人士告诉本刊记者,通常一个药物临床试验申请按照 CDE 的要求要准备十几本材料,递交后通常要等七个月甚至更久。

卓永清说,CDE 的进程之所以缓慢,是因为工作人员必须对材料严格审核。"我国要求审评员对自己所审评的药品终身负责,工作人员也担心审得太快要承担更多风险。"

他介绍说,美国 FDA 要求企业提供的数据必须完全真实,一旦发现造假,企业会付出巨大代价。但中国目前并没有相应惩罚。

为了优化流程、让大众第一时间用上新药,美国、日本和欧盟在上世纪通过各方协调召开"人用药品注册技术规定国际协调会议"(简称 ICH),并为药品研发和审批上市制定了一个统一的国际性指导标准。

"ICH 的目的是更好地利用数据资源,避免重复和浪费,加快新药在世界范围内的安全、有效使用。而中国还不是 ICH 成员国,所以国外新药进入中国市场必须重新开展临床试验。"

由于药品研发与审批标准不能与国际接轨,不仅国外新药不能在第一时间进入中国,中国自主研发的创新药也很难顺利进入外国市场。以天士力生产的复方丹参滴丸为例,从 1997 年 12 月向美国 FDA 提出临床研究申请开始,至今仍未叩开美国市场的大门。

(摘自《瞭望东方周刊》2014 年第 40 期)

# 英国就诊记

□ 安光系

如果不是病痛持续了差不多两个夜晚和一个白天,我想,我还是不会去英国的医院就诊。

上周六晚上,吃完火锅后胃就痛个不停,中间还呕吐了三次。一直撑到第三天早上,疼痛还在持续,我无法入睡,更无法进食。于是我离开家门,跌跌撞撞朝医院方向走去。到了车站,坐上公交,蜷缩着身子,挣扎着不让自己叫出声。

对,我打算直接"闯"医院,而不是预约。英国人引以为自豪的全民免费医疗系统 NHS,虽然费用全免,但预约等待太过繁琐缓慢,所以我决定自己去了。

平时看病,首先需要打电话给你的社区医生,打完电话还得等一两天。如果只是头疼脑热,见到医生时,很可能早好了,而且周末诊所都不开门。所以,你唯一能做的,就是等,耐心地等。

前年爱人需要做个小手术,来来回回预约和写信,一次次因各种小原因而推迟,最终在7个多月后才做上手术。如果在中国,去了医院,可能当天或次日就能做。

更夸张的例子是女儿看牙。在英国,18岁以下的孩子,看牙是免费的。但正因为免费,就需要漫长地排队。先是约社区医生,之后来信告诉你去哪个地方检查,这是初检。之后再来信,再跟你预约时间,到另一个牙医诊所,再检查。到这个时间,已经过去两三个月了。更要命的是,如果你要享受免费医疗,还得再等17个月。或者,你就乖乖交上1000多英镑(一万多元人民币),让诊所优先安排就诊。

我不想打急救电话的另一个原因是,痛得实在不想说话,也没有力气跟任何人说话。英国救护车要是出诊,据说要问一大堆问题。在当时的情况下,我觉得直接闯进医院,也许是最好的方式。

到医院大约是早上7点钟,找到急诊,报上名字、出生年月和家庭住址,然后就坐在空空的大厅里等。坐在我旁边的,也是一些病得不轻的人,或紧皱眉头,或小声呻吟。等的过程中,我又呕吐了一次。

接下来,量血压、抽血、验尿,之后我被安排躺到病床上做心电图。医生几次来检查,一直折腾到下午3点。排除了大病的可能,疼痛也没有那么明显后,才开药让我离开。

在英国医院看病,让我感受颇

深。

英国全民免费医疗（NHS）系统，牢牢确立了"就病看病"的理念，医院绝不会因为患者没钱或没地位，不提供治疗，或者冷眼相对，而且完全没有打招呼、塞红包的必要。

治疗之外，医院甚至提供免费餐饮。如果你躺在病床上时刚好碰到了吃饭时间，护工会过来问你想吃什么，并提供三种菜式供你选择。

NHS 的另外一个优点，是医疗资源共享，这一点特别值得我们国内学习。在我出院时，医生专门写信给我的社区医生，告诉他我检查后的情况，并请继续关注。

NHS 系统之内，每一位病人的所有就医资料，都被统一保存并随时共享。这样可以有效避免我们在国内时常遭遇到的情况：在一个医院做了检查拍了片子，到另一个医院不被承认又要重新再来。

整个看病过程，包括在医院期间吃的药，都是免费的。但医生开给我的出院后继续口服的药，是需要自己出钱。药费共计 16.1 镑（约合人民币 160 元），这也是此次看病的所有花销。

60 多年前，英国建立起 NHS 系统，保证这个国家的每一个公民不会因为没钱而看不起病，成为英国人最骄傲的国家成就之一。但时至今日，对这个庞大免费医疗系统的投入，也成为英国国家财政最沉重的负担之一。

几乎每周，BBC 的《首相问答时间》里，卡梅伦首相都会被问及 NHS 何去何从的问题。由于全民免费，就诊速度也因此放慢，导致许多民众不满意。比如我家附近的诺斯威克公园医院，从 2013 年 9 月到 2014 年 9 月，约有 1437 名病人在从救护车到交给医护人员的过程中，被迫要等待 30 分钟以上，这是一个令人担忧的信号。

所以一个国家医疗系统的"顶层设计"，需要能够有效平衡公平与效率。英国人做到了公平、温暖，但效率上略有滞后。

目前英国解决医疗资源不足的方法之一，是急缓结合——小病直接在社区医生那里解决，医院留给需要深入检查或手术治疗的更重度的患者，与我们在国内大病小病都往三甲医院挤不同。

去年我爱人生孩子时，普通的检查，都会安排在社区医生那里。但一旦她觉得身体异常或不舒服，不管什么时候，医院就会直接要求她来就诊。急病先治，轻病缓治——在医疗资源有限的情况下，这种急缓结合的方式，不失为一种有效的解决办法。

（摘自《瞭望东方周刊》
2014 年第 45、49 期）

# 维也纳咖啡地图

□ 童 木

维也纳的老城里没有新事。来来往往的旅行者也好，一百年前守着一杯热咖啡发呆或看报的希特勒、列宁、斯大林、弗洛伊德等人也好，无论他们最终如何深刻地影响了欧洲和整个世界，中央咖啡馆没怎么变过，一抬头深栗色墙上还是弗朗茨和茜茜公主，上咖啡前依然是一小杯水，皇家蛋饼还是外焦里脆。

除了博物馆和音乐，维也纳的第三件瑰宝就是全欧洲最好的老牌咖啡馆。理清楚一张咖啡馆地图，这个城市最不该错过的那些宫殿博物馆和市井之景，也就一目了然。

曾有人将中央咖啡馆视为奥地利诗歌、剧本、小说的摇篮。毕竟常客名单里囊括了莫扎特、贝多芬、舒伯特、施特劳斯父子等人。20世纪初，托洛茨基和希特勒经常光顾这里的原因除了离家近之外，更多热爱的是那里的蛋糕、报纸、象棋，尤其是紧贴局势的演讲。

大量的报纸是当年咖啡馆的重要组成部分，买一杯咖啡就能坐在咖啡馆里浏览全世界的新闻，这使得维也纳咖啡馆成为了当时知识分子和艺术家们会面的场所。中央咖啡馆甚至曾经在店内放置一本册子，上面列出了所有200份在咖啡馆可以阅读到的报纸。

和大气、社交氛围浓厚的中央咖啡馆相比，萨赫咖啡馆无疑是丝绒色墙壁的闺秀气质咖啡厅。在这个180年历史的咖啡馆里有经典的维也纳咖啡传统。萨赫的招牌咖啡 Sacher Kaffee ( with alcohol ) 的卖点就在于添加了独家酿制的利口酒，并搭配了鲜奶油。樱桃酒和咖啡的组合是这里的招牌款式。茜茜公主是这家咖啡馆蛋糕的忠实拥护者，这里的蛋糕曾经一度成为了奥地利最尊贵的甜点。

戴梅尔(Demel)严格意义来说不是一家典型的咖啡馆，但无疑是维也纳最为著名的甜点屋。直到今天戴梅尔咖啡馆仍以它富丽堂皇的洛可可式的大厅和"k.u.k 皇家甜点屋"的招牌闻名欧洲。

建于1880年的斯班(Sperl)咖啡馆也是维也纳最为古老的咖啡馆之一。不同年龄段的作家和游客在这里感受关于喝咖啡、闲聊和读报纸的一切古老的传统和习俗。提供简单的维也纳料理和家庭自制式面点。

哈维卡(Hawelka)是上世纪60年代深得艺术家们喜爱的咖啡馆之

# 游在南极梦在心

旅游已经成为南极唯一产业。人类不远万里来到冰雪覆盖的土地,感受纯净对于心灵的愉悦。南极可曾是你的梦想之地?

**无限风光在南极**

我们从南极摄影作品和影像资料中感喟南极的绝美。在烟波浩淼中,白色的远山也许只是一座超越海际的冰山;冰清玉洁的冰川也许是地球小时候的印记;阳光下的露岩上是万千享受夏日阳光的燕尾绅士,相伴左右的也许还有它们的天敌和朋友……大自然就是这样,在维持和打破中延续着生物的繁衍。

到南极去,已不再是科学家的专属。1968 年第一位游客飞越南极。而首批游客飞机在 1988 年 1 月着陆南极点:两架飞机一同前往,第一架飞机中的 7 人率先着陆,因此比第二架飞机的游客每人多付了 1 万美元。

目前,90% 旅游者出发地都在阿根廷的乌斯怀亚。在这个位于火地岛的世界最南的城市,来自全球各地的游客都会因为街头的一句西班牙文而激动不已:Fin Del Mundo, Principio De Todo!世界的尽头,一切的开始!

原本只是一座渔村的乌斯怀亚,因为南极旅游而迅速发展起来,如今已经有近 2 万常住人口,主要从事旅游和捕鱼业。这里距离南极半岛只有 1000 千米,很多前往南极探险旅游的船只和科考队都在这里做最后的补给,因此,在街头和酒吧也许就能遇到世界上最有名的极地科学家和探险家。

---

一,直到今天它仍然以其独特的氛围闻名于世。

除了这几家最老牌的,在内城中央的国家美术馆和正对着它的自然历史博物馆,设在其中的咖啡厅虽然是连锁性质,却必须在维也纳咖啡地图上占据名次。这一类开在美术馆旧宫殿里的咖啡厅,拥有全维也纳咖啡厅最无可比拟的宗教画穹顶和华丽的大理石柱。在这里喝咖啡,客人们总是在仰望穹顶。毕竟,当我们在谈论咖啡馆的时候,我们从来都不是在单单谈论它的蛋糕和咖啡。

(摘自《经济观察报》2014.12.22)

南极的夏季（暖季）是11月到次年3月,是适合旅游的季节,但每个月又都有不同的景致。11月夏季到来,冰块破裂,当你乘船突破大片的浮冰,穿行在冰山之间的水道时,也许会有种百年前探险家的感觉。此时是企鹅求偶的季节,岸边,企鹅们正沉浸在爱情的甜蜜中。12月至次年1月,是南极大陆最温暖的时候,每天20个小时的阳光让人忘记了黑夜的存在。二三月则是观鲸的最佳时节,此时幼小的企鹅也开始长出羽毛,等待它们的是第一个寒冬的考验。

去南极旅游一般要乘坐邮轮,比起几十年前,现在只能用豪华来形容,越来越舒适的旅途很难让游客体验到最初的艰辛。邮轮选择IAATO（国际南极旅游经营者协会）成员经营的,这个协会提倡南极洲环保旅游,对船只运营有严格的要求,不仅能确保行程安全,而且更关注南极环保意识的传播。

船分两类,大船载客超过200人,小船载客100人左右。大船更加舒适,尤其在海况不好时更平稳,穿越怒吼的德雷克海峡的速度也更快;小船的好处是在靠近岸边时便于穿行一些相对狭窄而美丽的峡湾,能够近距离欣赏南极大陆的壮美,登岸后也能游览更长时间。

IAATO为了保护南极,对私人和商业旅行管理非常严格,任何游客不能带食物登岸,在乘坐冲锋舟上岸前还要用吸尘器将背包和外衣清理一遍,防止将外来物种带上南极。而离开南极的游客也不能带走任何"纪念品",即便是一块小石子。

南极半岛就像是伸出的臂膀欢迎从乌斯怀亚来的客人。在时下的南极旅游路线中,如诗画般的南极半岛是南极大陆最方便到达的地方。这里是南极大陆最温暖的地区,也是南极洲海鸟、海豹、企鹅繁育地区。冰雪覆盖的陡峭山峰从海平面拔地而起,遍布冰山的狭窄海峡与大大小小的岛屿、多山陆地纵横在一起,这一切壮丽的景观都是你飘洋过海来到这白色世界的理由。

近十几年,南极旅游成为热点,南极半岛的喧嚣其实只是集中在半岛西侧沿岸的几处地方,而半岛东侧的威德尔海区域旅游者很少前往。1915年1月,探险家沙克尔顿的"坚忍"号被浮冰困住,最后在挤压中沉没,船员死里逃生最终在次年8月才奇迹般地全部脱险。这只是众多沉船中著名的故事之一,那里的浮冰封海和事故多发,让旅行者很少选择进入。

在南极半岛中部,很多游船会光顾昂韦尔岛及其附近的岛屿,自然美景和企鹅栖息地成为游人的最爱。用相机记录下雷麦瑞海峡、天堂港和夏洛特湾的旖旎风光;从洛克罗伊港英国基地改建的南极博物馆里寄出最远的一张明信片;探访德塔耶岛上W基地,了解20世纪

50年代南极基地的生活状态;绕到半岛北部保利特岛上倾听阿德利企鹅的大合唱;到雪山岛去看瑞典地质学家诺登许尔德1902年留下的越冬小屋——人类第一次在南极半岛越冬的地方,虽然此刻我们已经无法感受诺登许尔德团队当时的困难,但凶险的威德尔海就在眼前;返回的路上可以去摩西岛看看能不能找到些化石,当然你的"考察"成果是不能带离的。

在南极半岛的基部矗立着南极最高峰文森峰,海拔5140米。从1966年美国探险队首次登顶开始,这里已经吸引了大量的登山家。文森峰周围还环抱着几座高峰雪岭,那也不是一般游客可以抵达的地方。

如果说到了南极半岛还不能算看到真正的南极,那罗斯海沿岸确实值得一去。在英雄远航的年代,这里留给我们丰富的历史遗迹,其中罗伯特·斯科特和欧内斯特·沙克尔顿小木屋,成为人们看到那惊心动魄的探险之旅的时光之门。南极大陆最大的科考站"麦克默多"就坐落在罗斯冰架的边缘,但这里是海豹、阿德利企鹅、帝企鹅的领地,人类只是访客。到罗斯海看看特拉诺瓦小屋,这是斯科特和他的队友从南极点拼死回家的目的地,但最终他们也没能回到这里。观赏火山或登上直升机,在巨大的罗斯冰架的边缘寻找鲸的影子。如果这些还不能满足你对南极的迷恋,那

只有到冰穹A去感受最寒冷的南极,到南极点去感受最远的南方。冰穹A有它正式的名字——阿尔戈斯冰穹。冰穹是南极高原的制高点,离各海岸线都超过了1000千米,相对广阔而平坦的景致苍茫壮观,这里气候条件极其恶劣,人迹罕至,由于斯科特在征服南极点的回程中遇难,让这里多少都留下了悲壮。作为游客,空中飞越是最佳选择。

来到南极,你可以和冰原冰川亲密接触,也可以和海豹、企鹅彼此相望,任海鸥在船尾的浪花中追逐。你将记忆带走,给逐渐变热的地球留一个纯净的南极是多么的必要。当你结束旅程,必将对环保有了最切身的体会。

## 南极冥想

去南极!对于大多数人只是梦想。看看《帝企鹅日记》,也许可以感受严寒中温暖的情怀;看看英国探险家爱普斯勒·薛瑞的《世界最险恶之旅》,也许会感受到百年前斯科特的艰辛和无畏……远远的,可以看到历史;远远的,也可以想到未来……这已是你的南极。

恍惚间,时间已是2050年,地球变暖的进程得到遏制,人类在生存和发展中做出了选择。而在地球的最南,这依然是最纯净的地方。如果说那里有什么变化,那就是人类的足迹更加清晰,也更加干净。

冰架崩塌的频率和规模逐渐减

弱,厄尔尼诺现象开始缓解。海豹和企鹅的数量已经回升,南极动物的生存环境更加良性,不惧严寒依然是这片白色世界主人的天性。当贼鸥飞过,企鹅仍旧警觉,繁育期的喧闹和紧张显现这里的生机。

"南极属于全人类"已经不是警示名句,国际协作已成为南极科考的全新模式。整合后的南极地区只保留30座国际科考站,各国科学家协同推动各项科考项目,不管是气象、地质、矿产研究,动植物跟踪,还是冰川、火山监测都形成系统。所有的矿产资源深埋地下,而不需要以任何名义去开掘。此刻,人类在南极的天空下也拥有一颗纯净的心。

当人类和谐共生成为一种习惯,南极就真的是一片净土,世界也会有更多的净土。

2050年的南极,能够以科学家身份造访南极的人数应该有所限定了。游览南极也不是买张船票那么轻松,钱不是问题,问题可能是你的社会身份。

去南极的游客更多来自环保志愿者,去南极不是什么奢华之旅,而是内心的再次淬炼。南极科考站每天都为游客留出一些"见习科学家"的名额,让游客有机会感受科考队员的工作和生活。

未来的南极,和人类一起等待阳光和风雪。那一年,一部名叫《拯救南极》的电影红遍全球,人类团结一心在地球的最南留下赖以生存的净土。人类时刻保持的危机感提醒着我们:南极并不遥远,人类也不是任性的孩子。

(摘自《世界知识》2015年第1期)

## 今日说法

我们不仅生活在一个监控国家里,而且生活在一个监控社会里。带有极权主义色彩的监控不是政府部门的专利;它还潜藏在经济领域,潜藏在人们对技术的日常应用以及日常交往等方面。

——阿桑奇在《纽约时报》上撰文说,互联网存在"暴政"的一面,这是不可否认的。但互联网太复杂了,它到底是一种"暴政"现象,还是一种"民主"现象,无法被明确归类。

我呀,坚信每一个人看到的世界都不该是眼前的世界。眼前的世界无非是些吃喝拉撒睡,难道这就够了吗?还有,我看见有人在制造一些污辱人们智慧的粗糙的东西就愤怒,看见人们在鼓吹动物性的狂欢就要发狂。我总以为,有过雨果的博爱,萧伯纳的智慧,罗曼·罗兰又把什么是美说得那么清楚,人无论如何也不该再是愚昧的了。肉麻的东西无论如何也不应该被赞美了。人们没有一点深沉的智慧无论如何也不成了。

——王小波

# 盘点各国"出轨观"

□易 茗

出轨是现代婚姻生活中让人越来越无法忽视的问题。在我国，对出轨问题决不姑息、立刻离婚的有之，主张出轨是因为婚姻出现了问题应该好好解决的亦有之。那么，世界各国的人都是怎么看待出轨这件事呢？不同的价值观会带来不同的观点吗？

**日本**。日本想要出轨的人还真是不少呢。据问卷调查显示，同意"绝对不允许出轨"的占32%，不同意的占67%；"身边有出轨的人"的占69%，没有的占30%；"对除了自己伴侣以外的人动过心"的占80%，没有的占19%。允许出轨的人竟然占到了7成。在日本，描写出轨的作品总是能引起话题，像电影《失乐园》和电视剧《致周五的妻子们》等等都曾风靡一时。从这点也能看出人们虽然知道出轨不对，但对这一问题还是很感兴趣。

**韩国**。据了解，以前在韩国出轨是犯法的，但现在好像已经废除了，不过还是经常有新闻报道女演员因搞外遇涉嫌通奸罪被起诉。不过，韩国描写出轨的影视作品好像也不在少数。一部描写和比自己小20岁的男人搞外遇的电视剧《密会》曾引起过巨大反响。在韩国关于出轨的电视剧好像在早上也有被放送过，并且是面向主妇阶层。

**法国**。法国有"出轨大国"之称。国家历代元首出轨绯闻层出不穷，这也使法国日渐坐实这一称号。但是法国人公私分明，并不把政治家出轨当作大事。法国人对出轨的态度也比较包容，普通人出轨会被认为"喜欢上了也是没办法的"，"插手别人的私事不好"，"善恶都在于个人判断"，因此出轨也慢慢成为了一股自由的风潮。

**意大利**。"热情之国"意大利又是怎么看待出轨的呢？会不会没有法律约束？仔细调查后，果然是符合意大利作风的观点。尽管也有人一心一意爱着自己的伴侣，但好奇心强的意大利人总是容易被有魅力的事物所吸引，看见美好的异性，即使已婚也不会停下脚步。甚至于搞"和平主义"，彻底向伴侣隐瞒。但多数会向友人高兴地倾诉，而友人也不会责难当事人，哪怕面临家庭破裂，也不会告密。对于意大利人来说出轨不仅不会破坏家庭，相反是一种积极的事物。总的说来，出轨在意大利并不令人厌恶。

# 玛德琳娜与马卡龙

□ 何 潇

法兰西甜点中最为世界人民倾慕的两种,莫若两个"M":马卡龙(Macaron)与玛德琳娜(Madeleine)。在料理圣经《拉鲁斯美食百科》中,这两个"M"经常前后排列,宛若两个关系亲密的友人。

如果要提名一种对文学史造成重大影响的甜点,玛德琳娜必然在列。在《追忆似水年华》中,作家普鲁斯特用了长达两个自然段的篇幅,描写这个小点心给他带来的剧烈震撼。当这枚小点心混入茶水,在他的嘴中交融,就像是一枚炸弹投入了深海,瞬间爆发激活了没入海底的记忆,作家感到醍醐灌顶,文思之门就此打开。普鲁斯特这样写道:"带着点心渣的那一勺茶碰到我的上颚,顿时使我浑身一震,我注意到我身上发生了非同小可的变化。一种舒坦的快感传遍全身,我感到超尘脱俗,却不知出自何因。我只觉得人生一世,荣辱得失都清淡如水,背时遭劫亦无甚大碍,所谓人生短促,不过是一时幻觉;那情形好比恋爱发生的作用,它以一种可贵的精神充实了我。也许,这感觉并非来自外界,它本来就是我自己,我不再感到平庸、猥琐、凡俗。"通过这个中介物,他的往事被串联起来——就这样,这块小小的点心,启发了一部200万字的鸿篇巨制。

玛德琳娜总能唤起人们的温柔想象。这个名字听来好似一个好人家的小姐,生活为花园和下午茶所围绕。实际上,赐予它姓名的人,是一位叫作玛德琳娜的女厨师。作为点心的玛德琳娜,样貌讨人喜欢,它小巧可爱,躺在盘中,好像一扇金黄的贝壳。做起来也并不复杂,只需将面粉、奶油、鸡蛋、砂糖混合,加上蜂蜜或盐,放入贝壳形状的模具中烘烤,稍候一些时候,便可以了。

一开始,玛德琳娜流行于法国东部洛林地区的官宦家庭,到1845年,这种点心已经普及到一般中产阶层家庭。据说,在普鲁斯特最初的文稿中,使用的并不是这个玛德琳娜,而是"甜面包干"(Biscotte)。相较于这种干瘪的食物,"小小、圆嘟嘟"的玛德琳娜更能打动读者的

各国对出轨的看法真可谓是五花八门。看了以后,是不是有点心情复杂呢?

(摘自《半月选读》2014年第23期)

感官。对于那些腹有诗书又善于联想的人,这个名字或许会让他们想到小说中令基督堕落的罪人抹大拉,在希伯来文里,她的名字写作"Magdalena",与"Madeleine"有着微妙的相似。

马卡龙同样引发了人们对于女性的联想,最多的说法莫过于"少女的酥胸"。如果说玛德琳娜像一个沉静斯文的淑女,马卡龙就像一个生性雀跃的少女——缤纷多彩,明丽可人,好比青春期的洛丽塔,是真正的"眼睛糖果"。

然而,在它的诞生初期,马卡龙并不如现今这般漂亮。据美食学家考证,这种蛋白杏仁小点心的最初配方可以追溯到意大利文艺复兴时期。它的发源与阿拉伯国家有一些关系——在地理大发现时期,欧洲人在这里带回了杏仁及相关制品。来自叙利亚的杏仁粉,在意大利人的厨房里经历了变化与重生,再经过法国人的改良和演进,终于在几个世纪之后,变成了全世界爱慕的马卡龙。

"Macaron"一词来自意大利语"Macaroni"或"Maccherone",意为"混合了芝士的面粉团",这个词也同样用于加入了杏仁的相关辅料。"杏仁面粉团"是制作马卡龙的最早原料,也就成了它名字的来源。根据马卡龙博物馆的记载,"杏仁面粉团"最初在1500年左右进入意大利,在此时,它的主要功用并不是作为甜点,而是作为主食食用的。这就是为什么在早期的历史中,这个"糕点界的小少女"看起来毫不娇俏,外形宛若改良版的农夫面包。

1533年,马卡龙经历了它人生中的关键时刻。法国人应该感谢美第奇家族的凯瑟琳(即后来的奥尔良公爵夫人),这个小个子的女人,不仅给法兰西带来了高跟鞋,还带来了马卡龙。意大利点心在法国普及得很快,人们已经可以在拉伯雷的作品中读到它的存在了。这位法兰西历史上至为重要的大文豪,用了极为朴素的名称来称呼这个小点心:"小圆杏仁团儿。"自路易十五住进凡尔赛宫开始,马卡龙便成为一种宫廷贡品,定期呈献给法王与皇后。主管这一切的膳食官名为Dalloyau——1802年,他的子孙成立了以家族名字命名的甜点屋,如今依然存在。

马卡龙历史上最为著名,也最为显赫的拥趸,当属路易十六的皇后玛丽·安托瓦内特。玛丽自幼便培养了对这个小点心的爱,在她五岁的时候,甚至将自己的帽子命名为"马卡龙"。在电影《绝代艳后》中,导演索菲亚·科波拉打造了一个马卡龙色的凡尔赛宫,宛若一个梦幻的洛可可花园。这部电影给予了许多人关于玛丽·安托瓦内特和马卡龙的认知——当他们说"玛丽·安托瓦内特式的",他们的意思往往是,"马卡龙式的"。

(摘自《青年文摘》
2014年第12期)

# 改变生活的四大心理发现

□何吴明

又到年末,回顾2014年心理学的研究进展,有太多令人意想不到的新发现。不过,这些新奇的发现是否能在短期内改变我们的生活尚难预料,一般来说,学术界的前沿热点离普通民众的生活还很远,要"接地气"尚需时日。那么有没有一些能让我们普通人感到有趣又实用的重要心理学新发现呢?

为了选出最佳答案,我们给出了四个入选条件:一、有一定的媒体关注度,受到学界的关注并能引起普通民众的兴趣;二、研究方法没有漏洞,研究过程严谨,发表在权威的同行评议学术期刊上;三、其结果"接地气",与我们当前的生活相关,并且有可能在日常生活中应用、推广;四、耐人寻味,能引起大家对日常生活行为的思考。

通过严格筛选,终于有四种心理学新发现脱颖而出。让我们一起看看这四大心理发现到底将如何改变我们的生活吧!

### 新发现一:不安的人性

如果有一天你可以什么都不做,"放空"在家发呆,一个人想东西,你会觉得是个好主意吗?2014年7月发表在《科学》杂志上的一篇论文关注了这样一个貌似奇怪的问题。

来自美国弗吉尼亚大学的威尔逊教授及其团队通过11个实验表明,人们并不喜欢独自安静思考,而是耐不住想做点别的东西,甚至是伤害自己也不为过。

实验中,参与者被要求单独坐在一间没过多装饰的房间里,不允许带手机或其他随身物品,只允许思考或做白日梦。在不同的实验中时间跨度为6~15分钟不等。然后,他们报告自己是否享受这个过程以及是否能够集中精神。虽然在这个过程中很安静,没有事情打扰他们,但是大部分人都说自己无法集中精神,容易走神。参与者都认为这种体验并不好。

为了进一步验证这个结果,研究者让实验参与者单独坐在自己家中,也同样只能坐在那里思考,不能做其他事情。结果,有三分之一的人在此期间耐不住寂寞,偷偷在家里进行其他活动,例如听音乐或者玩手机,或者离开原来位置到处逛逛。可见,无论是在实验室还是在家里,人们都无法享受独自一人沉浸在自己的思维世界里。

接着研究者做了一个对比:随

机分配一部分人独自呆着思考或幻想，另一部分人可以做一些与其他事物有互动的事情，例如阅读或者听音乐，但也无法与他人交流。结果显示，独自做点事情比独自思考要更令人开心得多，也更容易集中精神。

接着研究者又提出一个更进一步的问题：人们是否宁愿做点于己不利的事情，也不愿意独自思考呢？

接下来的实验与前面基本一致，不过这些参与者除了独自思考外多了一个选项：可以通过按一个按钮来轻微电击自己。结果，在18个男性当中有12个人对自己进行了至少一次电击，24个女性中则有6人电击自己。在实验之前，所有这些人都尝试过了电击的效果，并且认为自己愿意"破财消灾"，尽量避免被电击，结果在实验中他们却反其道而行之。

由此可见，人们并不"懒"，我们总是在寻求一些外部的刺激。我们难以完全沉浸在自己的世界里做一个孤独的思想者。我们不想被这个世界"抛弃"，总在想方设法与外界互动，包括人和环境，例如不经意地拿起手机看看"朋友圈"，站起来走一走或者随心哼一首歌。

**新发现二：金钱的魔咒**

人穷志不短？世间当然有很多穷人翻身的励志故事，但是贫穷的确给人造成了重重困难，除了经济上的，还有心理上的。这个发现并非基于单一研究，不过麻省理工学院的豪斯霍费尔在回顾了众多研究后，集中指出了贫困的心理危害，并发表在2014年5月的《科学》杂志上。

世界卫生组织估计当前仍有15亿人每天的生活费低于1美元。尽管无法定义什么是真正的贫穷，但是处于金钱缺乏的状态会引起一系列心理后果：同样的事件对穷人来说会产生更大的压力、消极的情绪和抑郁。这些会导致他们在生活工作中倾向于做出短期或者说短视的、保守的或者说无远见的决定，因而他们无法找到一条在长期看来会使自己走出贫困的人生道路。由此，这些贫困的人群形成了一个恶性循环：贫困→消极的心理后果→无法做出正确的经济决策→贫困。

来自不同国家的研究均表明，收入越低的人往往压力越大，具有更高的皮质醇水平。皮质醇是一种压力激素，从生理上反应人的压力水平，皮质醇水平越高表明压力越大。豪斯霍费尔及其同事在非洲肯尼亚做了一个实验，在捐助当地人一笔钱后，他们的幸福感升高、压力和抑郁水平降低，皮质醇水平也降低。瑞典的研究人员发现，在中了大乐透之后，人们在精神药物上的消费降低了。可见收入的提升对心理也有提振作用。反之，研究者在肯尼亚观察了遭遇旱灾的农民的压力水平，发现他们在收入降低后皮质醇水平升高了。可见收入与心理是有因果关系的。

那么,这些心理后果,即压力和消极的情绪对人的决策能力有什么影响呢?研究发现人在压力下或者不开心时,更加不耐烦,喜欢短期投资。例如,有实验在诱发伤心的情绪后,人们对时间的等待更加焦躁。另一个研究中,人们在吃下一颗可以使体内皮质醇水平升高的药物后,他们在决策中也更加缺乏耐心。他们此时更愿意选择获得短期的和稳定的回报。我们生活中一些重要投资,例如教育和健康都是一种长期行为,无法带来短期收益。

穷人要走出贫困的恶性循环必须从心理上战胜自己。对于低收入群体,经济援助是一方面,帮助其换种思考问题的方式也是关键。

### 新发现三:负罪的网络

忙了一天后,坐下来看看电视,看看视频或者玩玩电脑游戏是不是你放松的方式?你会感到内疚吗?第二个问题有点奇怪,但是的确会有人因此感到内疚。德国美因兹古腾堡大学的赖内克教授及其合作者于2014年6月在《传播学刊》上发表了他们对这个问题的研究。

看电视和玩电子游戏应该是能让人恢复精力的休闲方式。但是,研究发现,那些压力过大的人不仅无法感到轻松,而且还会感到内疚和失败。

研究者调查了471个人在研究开始前一天的"媒体使用"情况,即看电视或玩游戏等行为,并且测量了他们的自我损耗程度、拖延行为、内疚感、恢复体验、活力程度和所看的电视内容的难易程度。从心理学上说,工作繁忙的人在劳累一天后会出现自我损耗的现象。自我损耗是指在完成繁重的任务后,人的自我控制能力被耗竭了。也就是说,人的自我控制或者说意志力是有限的,一旦用完后,需要休息重新补充。

结果发现,自我损耗越大的人越容易把看电视看作是一种拖延行为,比如,认为自己因为看电视所以懒得不去健身了。而这种认为自己在拖延的信念使得当事者为看电视而感到内疚。为工作操心越重的人越会认为自己看视频、玩电脑是一种浪费时间的行为。因此,这些人无法充分从"媒体使用"中恢复活力。他们变成了工作的奴隶,对休闲行为有负罪感。

之前的研究表明,"媒体使用"是可以让人放松和恢复精力的。但是这个研究发现了矛盾的结果,即那些应该从中受益最多的人反而从中受益最少。

这个研究让人重新审视看电视、"追剧"、上网冲浪、手机刷微博和微信朋友圈等"媒体使用"对人日常生活的影响。在这个智能手机和移动互联网时代,我们无时无刻不在获取各种媒体内容,但是这些行为是"休息之源"还是一种"压力之源",尚待细致的分析。

## 新发现四:冥想的老人

一个人可能会感到孤独。一个人可能需要与他人沟通交流从而排解孤独。有没有一种方法让你独自一人时不再感到孤独?北爱尔兰阿尔斯特大学的哈根教授等人于2014年1月在《老化与精神健康》上系统回顾了老年人如何降低孤独感的研究。经过系统的分析,他们认为正念冥想是一种较好的干预手段,并援引了美国加州大学洛杉矶分校的科尔教授及其合作者在这方面的工作为典型案例。

孤独是伴随人一生的课题。孤独的婴儿会养成焦虑的依恋人格。孤独的青少年会难以建立亲密关系进而难以融入社会。孤独的成年人在工作和生活中彷如困兽。即使到了老年,人们仍然渴望老伴的依偎和儿孙的陪伴。作为社会性动物的人,始终在为摆脱孤独而努力。科尔教授的这项研究是第一个表明正念冥想可以降低老年人孤独感的研究。

现在有不少老年人都是独自生活,孩子和亲人都不常在身边或甚少有时间陪伴他们,他们通常是一个孤独的群体。因此,研究者选取了这个群体来进行研究。

研究者招募了40名年龄在55~85岁之间的老人,并且将他们随机分配到控制组(即用于对比的组)和正念冥想组。正念冥想组的老人每周要会面一次,每次两个小时。他们在会面时接受正念冥想的培训,并且平时每天进行正念冥想30分钟。正念冥想的理念是让人专注于当下发生的事情,而不是固着于过去或总想着未来。

对比参加正念冥想之前和之后的孤独感测量结果,研究者发现,进行正念冥想8周之后,正念冥想组的老人孤独感显著降低了。由此可见,正念冥想可以让人独自抵抗孤独。

这项研究另外一个意义在于其对正念冥想的应用。正念冥想的好处已被众多研究所证实。美国《时代周刊》曾在2014年2月以"正念的革命"为封面文章标题介绍了正念冥想。

在这个信息大爆炸的时代,科学学术界亦难以"幸免",各种研究层出不穷、良莠不齐。2014年值得回顾的心理学新发现绝不止以上四种,若想面面俱到,反而可能失去其初衷。笔者仅希望亲爱的读者能在此刻放下肩头的经济压力和工作压力,先把电视、手机、电脑放一边,静下心来,独自体会周围的环境,然后尝试一下正念冥想,或者仅仅是思考一下人生,只需6~15分钟。当你回顾一年的收获时,但愿这四种心理研究还能触动你的内心。是时候尝试新的生活方式,迎接更加愉悦、丰富、充实的新生了!

(摘自《百科知识》2014.12)

# 要想老得慢，购物、运动、玩游戏

到了45岁，人的认知能力就开始下降，65岁后认知能力显著下降。近日，有研究发现，老人购物，打游戏、玩平板电脑等，对老人健康都有重要的作用。

## 鼓励购物增强脑力

**原理：**动用腹内侧前额叶皮层提高记忆力选货

据英国《每日邮报》网站报道，在做出购物决定时，老年人会动用一个额外的大脑区域记住考虑购买的消费产品，从中挑选出最好的。

研究发现，老年人做决定的速度和准确性与年轻人相似。老年人在购物时，当记忆的需要增加时，会动用大脑的另一个区域——腹内侧前额叶皮层。

腹内侧前额叶皮层位于大脑前端，眼睛的正上方，大小与一个垒球接近。它通常参与处理风险评估，帮助人们感知奖赏和情感。

## 保持好身材预防神经变性病

**原理：**减缓海马区萎缩认知能力不会快速下降

老年人体重越是增加，大脑海马部位可能萎缩越快。澳大利亚科学家研究表明，肥胖可能导致包括记忆力衰退、注意力不集中等认知能力下降。

不仅如此，肥胖者海马区萎缩速度也比身材较瘦的研究对象快，平均每年萎缩近2%，这样的萎缩速度相当于阿尔茨海默病患者海马区的萎缩速度。与这种萎缩速度相对应的是记忆力的衰退、情绪的波动、注意力不能集中和决策能力的下降等。

多运动、降低体重，有助于预防神经变性病。

## 打电脑游戏对抗抑郁

**原理：**执行功能的改善效果甚至高于药物治疗

研究发现，玩特定电脑游戏可缓解抑郁症的症状，连续玩4周电脑游戏就可以获得通常需要连续服用12周药物才能获得的治疗效果。

研究人员首先设计了一种小球在视频界面上不停移动的游戏。当小球改变颜色时，患者必须通过按某个按钮来控制，从而测试受试者的注意力和准确性。还有一种游戏

# 关于情绪的八个传说与事实

□我爱雨果/译

一、音乐总能改善你的情绪？不是。

音乐可以改善你的情绪，但这要取决于你听什么音乐。最近一项研究表明，志愿者听莫扎特的音乐时，他们的情绪好转了；听某些器乐曲时，情绪没有发生变化；但是听反映大屠杀的电影《辛德勒的名单》的音乐时，情绪则明显变得糟糕。

二、食物能否改善你的情绪？能。

最近一项研究发现，大量食用橄榄油的人会较少抑郁，三文鱼（鲑鱼）和核桃也是非常好的欧米伽-3脂肪酸的来源。研究表明，这种必需的脂肪酸有助于改善情绪。一些研究还发现，人们在压力大或者焦虑的时候倾向于吃的那些高热量的食物可能是减少某些应激反应的"自然奖励"。

三、和陌生人交流能否改善你的情绪？能。

加拿大不列颠哥伦比亚大学的一项研究发现，即便和陌生人简短地交流都能改善人们的情绪。研究人员推测，人们倾向于给陌生人留下积极的印象，并乐于表现出活力和热情，这样就会连带让自己产生

则是把多个单词表重新排列分类，用来测试反应速度和准确性。两种游戏都会根据受试者的成绩，随着时间的推移不断增加难度。

该研究还提示数字化疗法也可以对有脑部疾病的患者产生疗效。

**玩平板电脑轻松不费劲**

原理：更短的视觉定位时间和更少的大脑处理活动

由来自德国美因茨大学、哥廷根大学和马尔堡大学的研究发现，相比阅读纸质读物，老年人用平板电脑之类的电子设备阅读起来更不费劲儿。

经过统计分析后，研究人员发现，21到34岁年轻人的相关参数并没有因为阅读介质的改变而产生明显的变化。60～77岁的老年人明显在平板电脑上阅读时有更短的视觉定位时间和更少的大脑处理活动。研究人员总结说，这可能是由于背光显示屏能够提供更好的文本分辩力。

（摘自《每周文摘》2014.12.12）

良好的情绪。

四、心情好时是不是更容易信任别人？是。

澳大利亚研究人员研究不同情绪如何影响人的怀疑与信任倾向时发现，在心情好的时候，人们比较容易信任他人，而在情绪不好的时候，更容易持怀疑态度。

五、情绪会传染吗？会。

最近一项研究表明，人们可以从身边那些幸福的人身上"感染"其幸福，如果周围的人是抑郁的，则自己也容易变得抑郁。人们的幸福感取决于与其关联的人是不是也幸福。

六、锻炼能使人快乐吗？能。

研究表明锻炼有助于在大脑中建立新的神经元，促进血液流向脑部，提高大脑中负责情绪调节的化学物质水平，比如增加多巴胺和血清素（它们让人觉得更加愉快）的水平。

七、年纪越大情绪会越坏？不是。

几项研究表明，随着年龄变大，人一般会倾向于越来越乐观。研究人员推测，当人们开始意识到自己的生命所剩无多，就会有意识或者潜意识地专注于积极的想法。另一种可能来自生理因素，随着年龄的增长，与情绪相关的部分大脑更容易响应正面映象，而较少响应负面映象。

八、戒烟会让人沮丧吗？不一定。

虽然对一个吸烟者来说，尝试戒烟会让人烦躁，不过美国布朗大学的一项研究发现，吸烟者一旦戒烟成功，心情会变得比以前更好。但是对于那些一直试图戒烟而未能如愿的人来说，他们的情绪状况会变得更糟糕。

（摘自《青年文摘》2015年第1期）

## 今日说法

我们前面只有两条路：要么成为一个与世界分离的单体、一个孤独的公民，或者一个被资本主义鲸吞的匹诺曹。要么藏于恒久不变的无名共同体，如国家、人口、民族、宗族、标准化的劳动力等等之中。权力令人相信什么都没有改变，其实我们要揭露骗局，并面对真相。要刨开鲸的肚子，就把白鲸杀死。

——意大利哲学家安东尼奥·奈格里论共同体与民主。

历史或许是教科书，但教科书并不就是历史。

——宋石男（自由撰稿人）

食堂是学校的良心，能想办法为学生省钱的食堂才是好食堂。

——浙江农林大学1998级的校友们回母校聚会，在学校食堂惊讶地发现，红烧粉丝和炒豆苗这两份菜竟然还和他们读书时一样卖0.5元。一位贫困生说，这两道菜让他觉得很温暖。

# 消费习惯与大脑有关

□础 德

说到消费习惯,有些人挥金如土,有些人一毛不拔。为什么购物狂会花钱如流水,而惜财如命的人则宁愿让金钱在手中发霉?为什么许多人迷恋于网购而不能自拔?科学家认为,这可能与我们的大脑有关。

**购物为何让人心情愉快**

现在,科学已证实:购物能使人心情愉悦。越来越多的大脑研究结果显示,购物能够刺激大脑的主要区域,改善情绪,让我们心旷神怡。购物的许多乐趣都同大脑中的化学物质多巴胺有关。当大脑预见到某种行为会带来利益的时候,它就会分泌多巴胺,让人体感到渴望和期待。一旦人体产生这种感受,就会去积极地执行这种行动。在长期的进化中,大脑通过这种方式来控制整个机体去争取利益,在自然界残酷的生存环境中竞争获胜。多巴胺对我们的身心健康有着至关重要的作用,同时还跟愉悦和满足感有关。当我们经历新鲜、刺激或具有挑战性的事情时,大脑中就会分泌多巴胺。对许多人而言,购物就属于此列。多巴胺能让一个人痴迷于购物,做出错误的决策。

科学家认为,多巴胺可以解释为何一个人购买鞋子后却从来不穿。看到这双鞋后,这个人的多巴胺就大量分泌。多巴胺会刺激你的购买欲望。它就像是行动的助推剂一样,但一旦购买行为完成后,其浓度就会下降。了解购物在我们大脑中引发的实际变化有助于做出更好的购物决策,避免在多巴胺带来购买冲动时过度支出。比如,从想购买的物品前走开,第二天再来选择将会消除购物冲动,有助于做出更加清醒的决策。

**链接1:**

**多巴胺造就购物狂**

多巴胺作为大脑的一种分泌物质,本是为了人类的利益服务,增加人类在生存竞争中的优势。在原始社会,营养丰富的食物是非常罕见的,一旦得到就应当尽量多吃,这显然是非常有益的策略。因为下次再获得食物的时间难以预料,如果仅仅因为感到饱了就停止进食,就太不明智了。除此之外,物资在人类进化历史的大部分时间中都是非常短缺的。所以即使暂时用不到,一旦得到就先收集起来,一般来说都会是明智的决定。不过,现代人类生活在一个与以往大不相同的世界,我们所处的生活环境与人类大脑长期进化时所处的环境有着明显的差别。在进入现代信息社会后,人类在百万年的进化史中第一次面临着营养、物资、信息过剩的问题。大脑的原始经验大都难以直接应用到这个社会。身处现代社会的人类如果还是简单地依赖原始多巴胺的指挥来行动,就会造成类似贪食、购物狂、信息强迫症等这样的行为偏差。

## "购物狂"与"吝啬鬼"大脑有何不同

不久前,卡内基·梅隆大学的经济学家与美国斯坦福大学的研究人员合作,利用核磁共振成像技术(MRI)对志愿者进行脑部扫描。

在试验中,研究人员给志愿者每人发40美元的现金,他们可以用来选择购买一些小家居用品、小电器、书籍或者DVD等。首先,研究人员向志愿者展示一件商品的图片,然后再展示报价,再由志愿者决定是否购买。在这个过程中,研究人员通过核磁共振成像技术监测志愿者的大脑活动情况。结果发现,在做出买和不买两种决定的时候,志愿者的大脑活动存在清晰明显的差异。

研究发现,人类大脑的"伏核区"是一个多巴胺感应区,当人经历愉悦体验,例如赚到钱或者品尝到某种可口的饮料的时候,这个区域就会活跃起来。当志愿者看到心仪的商品时,他们的"伏核区"内迅速活跃,而其中一部分志愿者的活跃程度超过一般水平,这部分人往往有更强烈的购物欲望和冲动。这些志愿者便是"购物狂",而那些"伏核区"不太活跃的人,往往比较节俭。

另一方面,人类大脑的"脑岛区"是一个感受痛苦的区域。当人闻到不好的气味、看到恶心的画面或者准备承受打击的时候,"脑岛区"的大脑活动就会活跃起来。在试验中,研究人员发现,当志愿者感觉商品价格太高的时候,他们的"脑岛区"出现强烈反应。如果一个人的"脑岛区"特别敏锐和活跃,那么他们很可能是那种比较节俭、不太愿意花钱的人。相应地,"脑岛区"比较"迟钝"的人对花钱可能不会太在意。科学家相信,研究结果为治疗病态性的节俭或者浪费行为提供技术上的可能性。针对过分节俭的人,科学家可以采取手段刺激他的"伏核区",增强他在购物时的愉悦感;对于过分浪费的人,科学家可以刺激他的"脑岛区",让他更充分地体验花钱带来的痛苦。

另外,脑部扫描结果显示,在"小气鬼"拒绝消费,以及"购物狂"决定消费的那一刻,他们同样是受到瞬间的感性而不是理性支配。结果,"小气鬼"最后真正花的钱比他们自己认为应该花的还要少,而"购物狂"则往往消费了比他们想象中更多的钱。

科学家通过试验发现,这两种极端的消费观可能源自于人体大脑结构差异的影响。如果一个人大脑中的"伏核区"特别活跃,那么他很可能会是一个花钱如流水的"购物狂";反之,如果一个人的"脑岛区"特别敏锐,那么他很可能就是那种斤斤计较的"小气鬼"。

**链接2:**

### 信用卡让我们"花钱如流水"

麻省理工学院营销教授特雷森·普雷勒克和邓肯·西梅斯特曾经举行了一场真实的拍卖会。一半的参与者被告知只能用现金付款,而另一半参与者需要用信用卡付款。之后,普雷勒克和西梅斯特计算了两组人的平均出价。结果表明:信用卡平均出价几乎是现金出价的两倍。

为什么会这样呢?原来,"脑岛区"并不明白信用卡的工作原理。当我们用信用卡付款时,交易变抽象了。我们不再勉强掏钱,而只是刷一张薄薄的卡片。结果,花钱时的痛苦没了,我们觉得好像并没有付出什么代价(就像科学家说的,"信用卡的本质是让你的大脑对花钱麻木")。因为花钱不再难受,我们就越花越多,最终入不敷出。

### 网上购物为何会上瘾

随着社会的发展,网购已成为人们更加接受的一种购物方式。据调查显示,73.6%的人认为"网购成瘾"的主要表现是"每天上网,会不由自主地浏览购物网站",其次是"时刻关注网上的打折信息"(60.1%),然后是"买了东西,就一直盼着快递赶紧送货"(51.9%)。网上购物为什么更容易上瘾呢?专家分析主要有以下几点原因:1. 便捷迅速。鼠标抢点,确认之后,一件物品即属于你。这样的便捷,在以往物资匮乏的时代是难以想象的。

2. 满足占有欲。尤其是推出秒杀、团购的网站,对于物品属性的描述会让人恨不能马上拥有。就像一句著名广告词所说的一样"一旦拥有,别无所求"。只是在这个物资极度丰富的时代,令人目不暇接的"特别商品"永无止境。因此,网购生涯也是永无穷尽。

3. 提供"超值"体验。物超所值,相信是每一位购物者都意欲达到的目标。秒杀也好,团购也罢,提供的不仅仅是物品本身,更是一种超值体验;让消费者觉得自己占了莫大的便宜,既享受了购物本身的乐趣,也满足了自己"勤俭节约"的表层愿望,皆大欢喜。

4. 满足"收储"欲。当下的网购中,不少物品对于购买者来说都是可用可不用,但他们抱着"总是要用的,先买个便宜的再说"的心态,以备不时之需。这可说是人类收储欲望的天性使然。"晴带雨伞饱带饥粮",让当事人产生自己善于安排生活的错觉。

5. 情不自禁地强迫体验。频繁刷新也好,不停翻页也罢,在网购活动中,当事人或多或少的强迫情绪和焦虑情绪也会左右他们的行为。尤其是秒杀活动中的不确定感和带有赌博性质的"中奖体验",有一种替代游戏的快感在其中。这个时候,物品已经不是问题,购物行为本身包含一切意义。

**链接3:**

### "双11"为什么会成为购物狂欢节

1. 广告的心理暗示效应。"双11"的广告早就充斥于地铁、公交车站等人流量大的地方。在频繁的心理暗示下,人的购物欲望被激发。精明的商家成功地利用了许多心理元素,暗示商品的精神层面附加值,让人感觉购买是必须行为,而非可选择的。

2. 归属和交往的需要。"你都买啥了?""双11"前后,办公室、朋友圈里的热门话题往往聚焦于此。没参与的人会觉得自己落伍,无法与大家保持一致,心里会不舒服。

3. 从众心理。不少人听别人说便宜、划算,往往会不问自己的需求,就跟着买。同时,人常有怕吃亏、想占便宜的心理,生怕打折时不买,以后买就贵了。

4. 获取心理补偿。商家成功利用了"光棍节"这个年轻人的娱乐性节日,宣扬单身者内心的寂寞、空虚,调动他们的心理补偿机制,使不少单身汉或内心空虚的人通过购物来弥补感情上的缺失,获得心理平衡。

(摘自《百科知识》2014年第12期)

## 今日说法

宿命论在历史上是不可缺少的,人们用它解释非理性的现象。我们越是用理性解释历史现象,历史现象对我们来说越是无理性的和不可理解的。

——托尔斯泰说。

我对曼德拉说,你死后我们必须把你安葬在罗本岛。他笑了笑说:"为什么?吸引游客?那样你应该可以赚很多钱,但我想我必须得回家乡古努。"

——罗本岛的看守布兰德回忆曼德拉。

从事劳动的人无暇日复一日地使自身获得真正的完善;他无法保持人与人之间的高尚关系;他的劳动一进入市场就会贬值。他除了充当一部机器外,没有时间做别的。他如此经常动用他的知识,又怎能想起自己的无知呢?——而这是他成长的需要。

——引自《瓦尔登湖》

# 每天吃够 20 种食材

□范志红

每天进食 20 种以上的不同食材,不但有益身心健康,还可以保持最佳的精神状态。

食材品种多,并不意味着需要吃得更多,关键在于要尽量用多种食材来制作食物。比如白米里加点小米煮饭,就多了一种食材;上面再加些红薯丁一起蒸饭,又多出一种食材。饭还是盛一碗吃,但就多了小米和红薯两种食材。如果做八宝粥,一下子就是 8 种食材。又比如吃一碗鸡蛋面条,原来是面条和鸡蛋两种食材,如果在汤里加入小白菜、蘑菇、木耳等一起煮,就多了 3 种食材。

除了每天的食材尽可能丰富之外,还要注意经常轮换。比如今天吃的是菠菜,明天改成菜心,后天改成西兰花;这几天吃的坚果是榛子,下周是核桃,再下周是杏仁。总之,应尽量尝试更多的食材。

## 每天吃 20 种食材方案一

**早餐** 1 碗燕麦片小米粥,圆白菜鸡蛋煎饼 1 张,蒸南瓜两块。

**午餐** 煮玉米 1 段,蒸红薯 1 段,肉片焖豆角,蔬菜沙拉(番茄、生菜、鸡毛菜、紫甘蓝、黄瓜,加少量沙拉酱或调味汁)。

**晚餐** 八宝粥(4 种杂粮、2 种豆子、黑芝麻、干枣),胡萝卜青椒炒香豆腐干,肥牛汤蘑菇煮油菜。

**零食** 酸奶 1 杯,水果半斤。

这项食谱食材种数就超过 30 种了,不算很难。可能有人会说:肥牛汤喝了,肉片怎么办?剩余的肉片可以捞出来放在冰箱里,用来做第二天的营养餐。

## 每天吃 20 种食材方案二

**早餐** 1 碗黄豆、黑豆、芝麻、燕麦打成的豆浆,烤馒头片夹奶酪 2 片和生菜 2 片,蜜橘 2 个。

**午餐** 肥牛蔬菜汤面(黄豆芽、冬笋丝、鸡毛菜、挂面,最后加点昨天煮的肥牛片,少量辣酱、香油、酱油拌匀),老醋花生拌木耳。

**晚餐** 红薯丁、甜玉米粒、大米、小米多种食材做的蒸饭,番茄炒蛋,香油豆腐丝煮茼蒿。

**零食** 榛仁 1 汤匙(约 15 克),苹果半个。

这项食谱操作起来也很简单。只要切实把主食多样化搞好,保证每天都有粮食、豆类、薯类、蔬菜、奶蛋,多吃几种蔬菜、鱼肉海鲜等,再

# 慢吃饭的四大招数

□范志红

吃饭太快不利于身体健康，可要想吃慢还真不容易。下面，我们就来找找吃慢的方法。

### 早餐：分两步吃

早餐是时间不足的一餐，尤其年轻人的早餐时间更是被严重挤压。这种情况下，建议早餐可以吃容易下口的食物。比如牛奶加面包。或者包子加豆腐脑，五分钟解决战斗。

要把早餐的时间拉长，只能分成两步走。出门前吃得狼吞虎咽，两餐间还要来次加餐——在包里放一个水果，一小袋坚果仁，或者一盒豆浆或酸奶，在10~11点之间，把这些东西当成餐间零食吃。这次加餐，就等于延长了早餐的时间。

### 午餐：放松心情

建议上班族中午趁着吃饭的机会调整心情，暂时忘记工作，把注意力集中在吃饭上面。吃饭之前，先做个深呼吸，排除脑子里的工作和杂念，认真数数自己咀嚼了几次，吃加上几种水果和坚果当零食，就很容易达到每天吃20种食材的标准。

了几种食物原料，提醒自己每一口饭咀嚼15次以上，自然而然速度就会放慢。

### 晚餐：蔬菜粗粮

在各种食物当中，蔬菜和粗粮是最需要咀嚼、最占用就餐时间的。所以，晚餐给自己做一大盘子蔬菜，先把蔬菜吃下去一半儿再吃其他食物，自然吃饭的速度就慢了。如果加上一种粗粮就更好了。如此能有效地改善一日营养平衡，又能把晚餐的速度有效地降下来。

### 烹调：增大体积

人们吃食物的时候，如果体积小，内容多，就容易吃得快而吃过量。我们不妨反其道而行之，把食物做得体积膨大，能量密度偏低。这样，胃里面的机械感受器就算感觉到饱满，实际上却没有吃进去太多的干物质。按这种吃法，每餐所要吃的食物体积增加了，于是速度会放慢，发胖的危险却会减小。

（摘自搜狐网 2014.12.23）

（摘自《保健时报》2014.12.25）

**本期精选中国传统文化类书籍,8 折包挂号邮费,欢迎读者向本社读者服务部选购。**

| 书名 | 作者 | 定价 |
|---|---|---|
| 《俗到底的日子——褪色中的风俗记忆》 | 于能 | 35.00 元 |
| 《节趣》 | 盖国梁 | 48.00 元 |
| 《中国生肖成语歇后语》 | 王士均 | 38.00 元 |
| 《中国俗话趣典》 | 张呈富　王士均 | 36.00 元 |
| 《话说人民币》 | 于英辉 | 98.00 元 |
| 《唐诗的智慧》 | 秦　敏　王　晶 | 25.00 元 |
| 《成语的智慧》 | 秦　敏　王　晶 | 18.00 元 |
| 《中华文脉》 | 王显春 | 38.00 元 |
| 《中国人取名的学问》 | 宋健华　王惟清 | 38.00 元 |

学林出版社读者服务部
邮政编码:200235　电话:021-64084572　传真:64844088
地址:上海市徐汇区钦州南路81号　联系人:何　亮
账号:工行上海市习勤路支行
　　　1001228119006514881

图书在版编目(CIP)数据

最合宜的位置 /《读者参考丛书》编辑部编. —上海:学林出版社,2015.4
(读者参考丛书 / 林雨主编;122)
ISBN 978-7-5486-0825-7

Ⅰ.①最… Ⅱ.①读… Ⅲ.①文摘—中国 Ⅳ.①Z89

中国版本图书馆 CIP 数据核字(2015)第 042594 号

本书资料除编者据各种资料汇编而成的文字以外,所用其他文字资料均标明出处及作者。转录文字均酌付稿酬。有未及奉达者,请即与我编辑部联系。

### 最合宜的位置

| 读者参考丛书(122) | 2015 年 4 月出版 |
|---|---|
| 编辑:《读者参考丛书》编辑部 | 执行主编:林 雨 |
| 责任编辑:严 梧 | 封面设计:周剑峰 |

| 出 版 —— 上海世纪出版股份有限公司 | 学林出版社 |
|---|---|
| 地址:上海钦州南路81号 | 电话/传真:64515005 |
| 发 行 —— 中国图书进出口上海公司 | |
| 地址:上海市广中路88号 | 电话:36357888 |

字 数 —— 28万

ISBN 978-7-5486-0825-7/Z · 57

www.ingramcontent.com/pod-product-compliance
Lightning Source LLC
Chambersburg PA
CBHW070530090426
42735CB00013B/2934